JN112648

法律相談・
受任から
交渉・
ADRまで

ローヤリングの考え方

Osamu Enomoto

榎本 修 ｜著｜

名古屋大学出版会

ローヤリングの考え方

目　次

第 II 部　各　論

はじめに

　弁護士の仕事は毎日が刺激的です。日々新たな案件がメールや電話で持ち込まれ，法律相談を行い，事実を調査して証拠を収集し，事件を受任して相手方弁護士と交渉したり，ADR・裁判外紛争解決手続を活用したりして，紛争解決のために積極的に活動します。時に依頼者とともに悩み，時に弁護士が予想もしなかったような驚きの展開となり，依頼者・相手方の涙を見ることもあれば，弁護士自身が感動する出来事に遭遇することもあります。その職務内容は多彩です。

　以上のような職務遂行過程で弁護士は種々の技能・技法を駆使します。本書はそのような弁護士の基礎的技能である「ローヤリング」の入門書です。「依頼者の納得」という目標にむかって，各種技能・技法を駆使していくための体系的・実践的知識を提供するテキストとして，法科大学院生のみならず，実務で活躍されている弁護士にとっても有益なものになるものと信じています。

ローヤリングとは

　「ローヤリング（Lawyering）」はアメリカのロースクール発祥の科目です。

　Lawyer（弁護士）＋ ing の造語である「ローヤリング」には，落ち着きのよい日本語訳が存在しません（I部1章注1参照）。直訳すれば「弁護士がすること」「弁護士実務」なので，およそ「弁護士がすること」は，全てローヤリングともいえます。実際，アメリカでは様々な発展的ローヤリングがあります（解説1参照）。

　しかし本書は，あえて基礎的技能に内容を絞り込みました。こうして基礎的内容に凝縮してみると「基礎にこそ真髄が宿る」ことが分かります。

本書の特徴——ローヤリング全体を対象とする標準的テキストを目指して

ローヤリングを扱った諸研究としては，(a)法律相談における「リーガル・カウンセリング」の考え方，(b)「ハーバード流交渉術」における統合的交渉（交渉動機を開示して選択肢を増やし当事者双方の利益を図る交渉）やウィン・ウィン・ソリューション（Win-Win Solution）の考え方，(c) ADR・裁判外紛争解決手続の理念などに関する多数の著作があります。

しかし，それらの文献の多くは，法律相談や交渉といったローヤリングの一部分のみを対象としています。また，ローヤリング関連の書籍は共著のものが多いことが特徴です。たとえば，日本のローヤリング・テキストの一種ともいえる司法研修所『民事弁護の手引』は，司法研修所民事弁護教官室の合議によっており，*Legal Interviewing and Counseling in a Nutshell*（Shaffer = Elkins [2005]）などアメリカの著作でも共著が多くなっています。これは，ローヤリングのような実務基礎科目は，授業担当者・執筆者の個別具体的（ad-hoc）な事件の実体験を通じて授業や教科書が組み立てられることが多いからかもしれません。

従来，日本のローヤリングは，主にこのような実務家の個別具体的な経験にもとづいて教えられてきました。しかし，諸外国では標準化が進められており，わが国でも，個々の実務家教員の具体的経験に左右されない体系化が求められています。日本初のローヤリングのテキストであり，私も執筆に参加した名古屋ロイヤリング研究会『実務ロイヤリング講義』（民事法研究会，初版2004年）は，そのような標準化を先駆的に共著の形で目指したものですが，初版から18年，第2版（名古屋ロイヤリング研究会 [2009]）からも10年以上が経過しました。本書は，直近の研究や実務動向も踏まえて単著でとりまとめ，日本のローヤリングの標準的テキストを目指すものです。表層的テクニックにとどまらず，法律相談から委任終了まで実務の諸局面全体に対応できる「ローヤリングの考え方」を身につける方法論のテキストである一方，抽象的理論だけに依拠するのではなく日本の弁護士実務の実態を踏まえた記述とするように努めました。

もとより，この種の著作の多くが共著になっている理由のひとつは独善や

偏った考えを排する点にもあるのでしょう。本書で論じる「ローヤリングの考え方」は多数ある考え方のひとつにすぎず，これに対する厳しい批評や異なる観点からの意見を頂戴し，読者のみなさんよりご叱正を仰ぎたいと考えています。

カウンセリング・医療実務と弁護士実務との共通点・相違点

　弁護士の仕事は，人の悩みの解決を目指す点で，心理学を用いて悩みを解決するカウンセリングや，医学を用いて苦痛を取り除く医療と共通します。本書でもデイビッド・バインダーの「カウンセラーとしての法律家」の考え方や臨床心理面接・医療面接の技法等を参考に弁護士実務を検討してゆきます。

　しかし，弁護士実務とカウンセリング・医療実務は異なる点もあります。たとえばカウンセリングは相談者を無条件に受容することが比較的容易ですが，弁護士実務では「法律に反する考え方」「証拠のない主張」は避けねばならないという客観的限界があり，当事者を無条件に受容することは難しい点で違いがあります。

　他方，医学的知見という客観的限界があるために患者の要求や判断を無条件に受け容れるだけでは治療が進められないという点では弁護士実務は医療と共通します。しかし，弁護士実務では，たとえばある相談者の法律相談をしているときであっても，その相談者の「相手方」を意識する必要がある点で，患者の気持ちや状態を考えることだけに専心できる医療とは異なる面があります。

　以上から，カウンセリングや医療の技法を大いに参考としながらも，弁護士としての技能はどうあるべきかを考えることがローヤリングでは重要であり，本書はこのような視点でこれを論じてゆきます。

情報化社会における弁護士──「選択肢の開発と絞り込み」の重要性

　現代の日本の弁護士にとってかつてと大きく異なる社会的条件は，20世紀後半以降に生じた情報技術の飛躍的進展（PC，携帯電話，SNS，インターネットなどICTの出現と発展）による情報化社会の到来です。弁護士のみに独占されていた定型的解決策に関する知識がICTにより世界中に拡散され，誰でも無

償で web 上の定型的な多数の回答にたどりつけるようになったのです。逆に，無数の定型的な選択肢に簡単に到達できるからこそ，その中で一体どれを選べばよいのかという選択の困難（選択肢のパラドックス）が依頼者を「納得」から遠ざけている状況にあります。

このような現代において弁護士の提供する法的サービス（職務）に意味があるとすれば，目の前にいる（あるいは電話，メール，ウェブ会議上での）依頼者及び相手方の感情や言葉遣いの含意までも丁寧に読み取り，当該依頼者・当事者にふさわしい選択肢を多く開発し，これを当事者のニーズに応じて適切に絞り込んでゆく（選択肢の開発と絞り込み）点に求められる，というのが本書の主張になります（I 部 2 章 3 節）。

この「ローヤリングの考え方」により，私たち弁護士の仕事が様々な人たちの「納得」をさらに広げてゆくことを願っています。

本書の構成

本書は，いわゆる「パンデクテン方式」にならって，総論（第 I 部）と各論（第 II 部）から構成されています。初めてローヤリングにふれる方は，抽象的な総論（第 I 部）は後回しにして，まずは各論（第 II 部）の法律相談・面談（第 1 章），事件受任（第 2 章）……という具体的な場面から読み進めていただくとよいと思います。

総論（第 I 部）について　総論では，ローヤリングの意義や目的，法律相談や交渉などの各場面で共通して用いる各種技能について，論拠となる文献をやや詳しく挙げつつ論じました。なかでも「積極的傾聴（Active Listening）」「リフレーミング」や「説明」「説得」といったコミュニケーション技法の基本に加えて，「選択肢の開発と絞り込み」という現代のローヤリングで重要な技能について，これまでは法律相談・交渉・ADR でバラバラに論じられてきた各種技法を，ローヤリング科目全体を通じて総合的に整理・検討しました。

そして，各種技法全体の基礎となる「ローヤリングの目的論」を補論 1 で詳細に論じました。また，ローヤリングが前提とする弁護士像（プロフェッション・モデル，ビジネス・モデル，法サービス・モデルなど）については第 II 部に

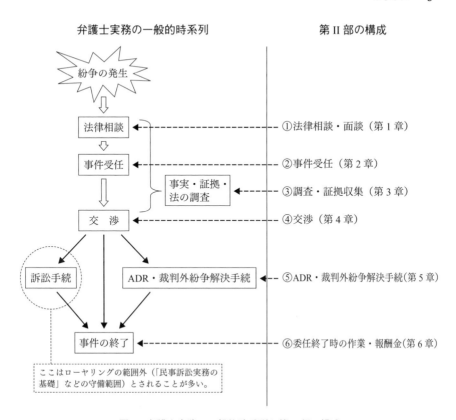

図1　弁護士実務の一般的時系列と第 II 部の構成

補論 2 の形で整理しています。

　法科大学院生の方は他科目との関係や連携，実務家の方は実務とのつながりを感じられるようなコラムとあわせて，ローヤリングの全体像について一緒に考えていただくことを目指しています。

　各論（第 II 部）について　　各論は弁護士実務の一般的時系列に沿って構成しました（図1）。

　また，各章冒頭に「設例」を置きました。若手弁護士のみなさんに「あぁ，そういう場面は体験したことがある」と気持ちを共有していただける例を挙げたつもりです。ローヤリング技能を踏まえると，検討点がどう深まるか。明日

6

からの実務が少しでも変わってくるのか。一緒に考えましょう。この設例は，法科大学院の授業でのロールプレイの素材・ヒントとしても利用できます。各設例の解説やポイントは，各章末に「設例を考える視点」の形で整理してあります。

　なお，第II部では，細かい注はできるだけ省略して入門書としての「分かりやすさ」を追求し，主要な文献は各章末に「文献案内」としてまとめました[1]。

---

[1] 参考文献とのリファレンスを細かく確認したい方は，榎本［2019〜21］をご覧ください。本書の第II部は，これら論考をベースに入門書用に書き改めたものです。

第 I 部

総　論

8

第1章

ローヤリング概論

第1節　ローヤリングとは

1）一般的な「ローヤリング」の定義

　今日，日本の多くの法科大学院では，実務基礎科目として法曹倫理・民事訴訟実務の基礎（刑事訴訟実務の基礎）・模擬裁判・エクスターンシップ・クリニック等の科目の他に「ローヤリング[1]」という科目が開講されている[2]。

　ここでいう「ローヤリング」とは何か。その内容は，法曹倫理等の他の実務基礎科目と比べて必ずしも一義的ではないが，一般には「依頼者との面接・相談・説得の技法や，交渉・調停・仲裁等のADR（裁判外紛争処理）の理論と実務を，模擬体験をも取り入れて学ばせ，法律実務の基礎的技能を修得させること」と定義されることが多い[3]。

1）本書は「ロイヤリング」ではなく「ローヤリング」の表記を用いる。それは，(1)英語 "Lawyering" が "Lawyer" に "ing" を組み合わせた造語であること（佐藤［2009a］2頁，松浦［2009］8頁），(2)日本では Lawyer がローヤー（≠ロイヤー）と表記されることが多いこと（例：ホームローヤー，ビジネスローヤー）という2点を理由としている。松浦［2009］8頁は「ローヤリング」に「落ち着きのよい和訳もまだない」といい，この状況にはその後も変化がない。

2）宮城［2013］によれば，同書執筆当時は45の法科大学院でローヤリング科目が開講されていた。東京大学法科大学院の「法律相談クリニック」「法と交渉」のように，名称にローヤリングの語が含まれないが実質的にその内容を含む科目もある。

3）中央教育審議会［2002］（傍点引用者）。

2)「日本の弁護士の」法律実務を対象とすること

　上記定義をさらに検討しよう。

　そこに「弁護士の」法律実務であることの明言はない。しかし，裁判官・検察官の実務と直接に関わりがない[4]「面接」「相談」「仲裁」の語が置かれている点から判断して，この定義にいう「法律実務」とは，法曹三者ではなく「弁護士の」法律実務を指すと理解してよいだろう。

　また，定義に地域的限定は付されていない。世界中の弁護士の法律実務を内容とする科目も考えられる。しかし，日本における「弁護士」という職業の内容やその置かれた状況は，法曹一元を前提とするアメリカとも，ドイツ・フランス・イギリスなどのヨーロッパ諸国や，中国・韓国・タイなど日本以外のアジア諸国とも異なる[5]。諸外国の弁護士制度やその法律実務との比較は重要であり学ぶべきことは多数あるが，日本に設置された各法科大学院がまず教育しなければならないのは「日本の」弁護士の法律実務である。とすれば，中央教育審議会の上記「ローヤリング」の定義が対象としているのは，基本的には[6]「日本の」弁護士の法律実務の基礎的技能であると考えるべきである。

3) ローヤリング科目の具体的内容

　旧司法試験・司法試験予備試験に合格して弁護士となった者は，司法研修所での短期の集合教育[7]を除いて，ローヤリングを系統だったひとつの科目として学ぶことはないのが通例である[8]。

---

4) 検察官の取調べは一種の「面接」ともいえるし，検察官は弁護人や裁判官と「交渉」もする。「説得」技法は，弁護士より裁判官にこそ必要な技術かもしれない。よって，これらの技術が裁判官・検察官実務と無関係というわけではない。しかし，裁判官・検察官実務が「相談」等と「直接」に関わるとは考えられない。

5) 広渡編［2003］12 頁参照。

6) 発展的内容として諸外国の弁護士実務の参照を排除するものではない。アメリカのローヤリングについては，解説 1「アメリカのローヤリング」，海外のローヤリング全般については，日本弁護士連合会法科大学院センターローヤリング研究会編［2013］311 頁以下「海外におけるローヤリング授業」をそれぞれ参照。

7) 司法研修所編［2019a］［2019b］に，法律相談・交渉・ADR・証拠収集の記載はあるが，「ローヤリング」の語はない。

　これに対し，法科大学院教育においては，「ローヤリング」は実務基礎科目の典型的な科目のひとつと位置づけられている点に重要な意義がある。

　他方，法科大学院で「ローヤリング」の科目名で扱われている事柄は，各法科大学院のカリキュラムによって内容[9]も深さも様々である。そもそも，「法律相談や交渉の技法」や「ADR の理論と実務」といったローヤリングが扱う対象は広範な外延を有し，(a)法的紛争の主体となる「人間」，(b)その客体である「事実」や「証拠」，(c)そこに適用される「法」が複雑に絡み合った深遠な内容を含む。2 年ないし 3 年の法科大学院教育でこれら全てを習得できるとは考えられない。実務法曹である弁護士は，OJT を含む生涯の研鑽の中でその技能を自ら洗練させて拡充し，より豊饒にしてゆくことが求められる[10]。本書はこのような広範かつ深遠な（弁護士としての生涯をかけて研鑽を重ねてゆくべき）法的技能について，その入門書として法科大学院生・若手弁護士が習得すべき技能の道標を示すことを目指したい。

　そして，本書では「ローヤリング」を上記のような法的技能全てではなく，「法律家，就中弁護士として実務に従事する際に使用する実務技能のうち，法科大学院において学生に習得させたく，かつ，習得させることが相当程度可能な実務基礎技能」であるものに絞り込んで論を進める[11]。

　弁護士実務（Lawyering）技能を自動車運転（Driving）技能にたとえるならば，本書でいうローヤリングの学習は，免許取得後の路上運転に至るまでの基礎的運転技能について，自動車教習所内で相当程度普遍性をもって学習することに相当する[12]。このような基礎的技能は，法科大学院生にとって，将来法律実務

8）菅原［2009］18 頁は，これまで個人的に伝授されてきた実務基礎技能は「時間をかけた個別指導」だが「蛸壺的」で「合理性，客観性の検証を経ない不可視的な技術伝達」だったのに対し，ローヤリングでは個別的教育が集団教育に移り，教育内容が可視化され共有される意義を強調する。
9）ADR を含むもの含まないもの，刑事事件や家事事件まで含むものなど。
10）弁護士法 2 条が「弁護士の職責の根本基準」を「弁護士は，常に，深い教養の保持と高い品性の陶やに努め，法令及び法律事務に精通しなければならない」と規定するのは，最新・最善の「法律事務」に「精通」するための生涯にわたる（「常に」）研鑽を，司法制度利用者たる国民等のユーザーが弁護士に求めていることのあらわれである。
11）佐藤［2009a］3 頁。

家となるうえで有用であるし，法理論の理解を立体化・深化させるためにも有用であることはもちろんであるが，加えてすでに司法試験に合格し，これから実務法曹となる司法修習生，不断の OJT が必要な若手弁護士にとっても有用であると信じる。

　このような基礎的技能の先には，さらに発展したローヤリングがある。そのような「先」を見据えるためにも，本書が扱う技能（「ローヤリングの考え方」）はその出発点となる。

第 2 節　ローヤリングはだれのためにあるか

　このように，ローヤリングは，弁護士が用いる「法律実務の基礎的技能」「実務技能」であると定義される。このような「技能」や各種の「技法」は一定の目的を遂行するための手段である。その目的は一体何か。この「技能」はだれのためにあり，だれに奉仕すべきものか。

　弁護士が用いるものであるから，弁護士が一番業務を遂行しやすいように「弁護士のためにある」と考えることもできるかもしれない。また，実務上登場する様々な利害関係者の利益を考えることもできる。たとえば，弁護士の実務には，相手方，相手方の代理人弁護士，裁判所，裁判官・裁判所書記官などの職員，ADR の手続主宰者など，それぞれの者がそれぞれの立場で手続に関わる。交渉技能を考えるなら，相手方の気持ちや心情を理解しなければ十全な手続を図ることは困難である。民事・家事の調停手続で調停委員や調停主任裁判官などとの手続を円滑に図ることも重要であろう。

　しかし，そもそも，弁護士の職務は，「当事者その他関係人の依頼」または「官公署の委嘱」によって「法律事務を行うこと」にある（弁護士法 3 条 1 項）。とすれば，ローヤリングは，ここにいう「当事者その他関係人」「官公署」などの「弁護士に法律事務[13]を依頼する者」（依頼者）のためにあると考えるべきである。

12）これは名古屋弁護士会法科大学院設立検討特別委員会（当時）でローヤリングのカリキュラムを検討した際の到達点である（佐藤［2003］35 頁，榎本［2007］12 頁参照）。

　このように考えると「弁護士にとってはこの技法の方が簡便だ」「この方が弁護士に経済的利益がある」という場合であっても，依頼者（司法制度の利用者）にとってそうではない場合には，弁護士の希望や要望を一歩後退させ，依頼者（司法制度の利用者）の希望や要望を優先することが原則ということになる。これは，言葉でいえば簡単なことだが，実際の運用には困難をきわめることも多い。また，依頼者と弁護士の意見が異なり，よく話し合ったり，場合によっては「説得」したりすることが必要な場面もあることは事実である。しかし，業務の基本が依頼者の意思の尊重にあり，それこそがローヤリングの目的であることは銘記しなければならない。

第 3 節　ローヤリングの目的

　ローヤリングが依頼者のための技能であるとすれば，その技能が奉仕する目的は何であるか。これは，ローヤリングの究極の存在意義を問うことでもあり，最も重要なテーマであるともいえる。この点については，これまで下記の 2 つの考え方が論じられてきた[14]。

1）依頼者の「満足」を目指す（満足説）

　ひとつは，ローヤリングは依頼者の「満足」を目指すものであるべきだという考え方である。法的紛争に直面した依頼者は，たとえば債権の回収，離婚の成立と慰謝料の獲得といった「満足」を目指して弁護士に相談したり，依頼し

---

13) 弁護士法 3 条の「法律事務」は「法律上の権利義務に関し争いがある案件」「新たな権利義務関係を発生させる案件」につき「法律上の効果を発生，変更または保全する事項を処理すること」をいうものとされ（髙中 ［2020］ 35 頁，東京高判昭和 39 年 9 月 29 日高刑集 17 巻 6 号 597 頁），「法律相談」はこれにあたらないようにもみえる。法律相談では，まだ具体的案件処理の委任契約が締結されていないからである。しかし，(1)法律相談が「法律問題の鑑定」にあたる内容のものであるとすればこれに含まれると解され（日本弁護士連合会調査室編 ［2019］ 27 頁参照），また，(2)そのような内容でない場合も，同法 74 条が「法律相談その他法律事務」との文言を用いていることから，法律相談は「法律事務」に含まれると解される。
14) 名古屋ロイヤリング研究会編 ［2009］ 3 頁。

コラム①

「この制度はだれのためにあるか」

　「この制度はだれのためにあるか」を考えることは，その制度が作られた立法趣旨・制度趣旨を考えることとも言い換えられます。新堂幸司「民事訴訟法理論はだれのためにあるか」（新堂［1993（初出 1968）]）は，このような意味で民事訴訟法理論を追究した著名な論文です。そこで提示されたラディカルな問題提起は「手続保障の第 3 の波」の議論を巻き起こし，新堂理論を貫くひとつの大きな視点となりました。その後民事訴訟法の分野を超えて，松尾浩也「刑事訴訟法はだれのためにあるか」（松尾［2004]），鈴木茂嗣「犯罪論は何のためにあるか」（鈴木［2005]）などの論文が書かれました。このような問題の立て方によって制度趣旨の本質に迫っていく手法は大変勉強になります。

　新堂論文は，もともとは裁判所書記官むけの講演（講義）です。新堂先生は，疑問を感じられた最高裁判例を 6 つ検討した後，講演の最後をこう結びます。

　　　以上，6 つほどの判決を手がかりにして，利用者の立場から従来の民事訴訟法理論に光を当ててみたわけですが，利用者の立場を無視してはいないかと心配される理論が少なくないことを理解していただけたと存じます。しかしそうした理論は，私が指摘したものに限らず，もっとたくさん，いたるところにあるのではないでしょうか。ただわれわれが気がつかないだけだと思います。おそらく，実際に自分で原告なり被告になってみればすぐに気のつくような利用者不在の理論が，まだまだたくさんあると思います（新堂［1993］42 頁）。

　民事訴訟法理論は，裁判所・裁判官のためではなく，裁判を利用する「利用者」（裁判制度のユーザー）のためにあるというのです。

　ローヤリングにも共通する点があります。弁護士や裁判官のためではなく，依頼者の視点からみてみると新しい視点が開けることがあります。時には，弁護士や裁判官からみると面倒なこともあるかもしれません。しかし，制度趣旨にさかのぼると，弁護士や裁判官の慣行・行動には，改めるべき点があるのではないか。弁護士実務改善のヒントは，ユーザーの視点をもっと重視することにあるように思います。

　私が今の弁護士実務で一番疑問なのは，「1 カ月に 1 回」しか開かれない裁判・調停が「通常の間隔」とされている司法の実務慣行が，果たして現代の司法制度ユーザーの「通常の感覚」に合致しているのか，という点です。

たりする。とすれば，ローヤリングの目的はこのような依頼者の「満足」にあるとこの説は考えるのである。この点確かに法的紛争は，たとえば手続を尽くした結果，依頼者の言い分が認められず敗訴に終わることもある。しかし，それはあくまで結果であって，いずれにせよ弁護士が目指すのは依頼者の「満足」であるべきだとこの説は考えるのである。

2）依頼者の「納得」と「安心」を目指す（納得・安心説）

　もうひとつの考え方は，ローヤリングが目指すべきは，満足そのものでなく，依頼者の「納得」と「安心」であるべきだというものである。

　法的紛争は，必ずしも依頼者が満足のいく結果に終わるとは限らない。時には敗訴するし，勝訴しても相手方の破産等で回収不能に終わることもある。しかし，その場合でも依頼者が弁護士に求めることは，現在ある証拠をもとに一定の事実が認定され，当該事実に法律が適用された結論を踏まえて，交渉や訴訟，ADR など様々な手続を駆使して弁護士が依頼者と協議して依頼者のために努力し，最終的に出た結果について，仮に満足がいかなかったとしても，それに自分が「納得」できることであろう。そして，その「納得」によって依頼者が「安心」を得ることこそが，ローヤリング技能の目指す目標であるべきだというのがこの立場である。

3）検　討

　このテーマは，ある意味でローヤリングの根本問題である。現在最も多く支持されている見解は，依頼者の「納得」と「安心」を目指す考え方（納得・安心説）である。私見は，さらに進んで「納得」こそがローヤリングの目的であるべきというものである。その詳細は補論1に譲る。

第4節　ローヤリングが前提とする弁護士像

　では，このローヤリングはどのような弁護士像を前提とするものか。依頼者の納得や満足などがローヤリングの目的であるとすれば，どのような目的にむ

けて活動する弁護士像が前提とされているのだろうか。これは，ローヤリングの目的を「弁護士」という仕事のあり方から検討することでもある。

1）プロフェッション・モデル

　ひとつの伝統的な考え方は，弁護士を「プロフェッション（profession）」と捉える考え方（プロフェッション・モデル）である。弁護士は，聖職者（僧侶，牧師，神父等）・医師と並ぶ古典的「プロフェッション」のひとつであるとされてきた[15]。古代ギリシア・ローマの昔から[16]弁護士は「他人の不幸への対処を自らの生業とする」職業である点で他の二者と共通し，弁護士・聖職者・医師の三者にはいずれも「秘密」を守る義務が課される[17]。他人が「不幸」の詳細を隠さずに話せる環境を担保する趣旨であろう。

　では，ここでいう「プロフェッション」とは何か。わが国の弁護士制度は1872（明治5）年に始まるもの[18]だが，そこにプロフェッションとしての伝統はなかったといわれ[19]，法社会学者である石村善助の諸著作[20]が主張したプロフェッション論が一般に浸透したのは1970年代であったとされる[21]。プロ

15）三ケ月［1982］110頁。
16）石井［1970］1頁。
17）刑法134条（医師・弁護士は1項，聖職者は2項）。さらに弁護士には弁護士法23条もあるが，秘密を守ることを弁護士の「権利」とも規定する点に同条の意義がある。
18）代言人（アヴォカ〈Avoca〈仏〉〉の直訳）が司法職務定制に規定されたことによる。以後1876年に代言人規則，1893年に弁護士法が制定され，現弁護士法は1947（昭和22）年日本国憲法施行を経て1949年旧法を大改正して成立したものである。さかのぼれば，江戸時代には「公事師〈くじし〉」があったが，質が千差万別で品性教養を欠き世間の蔑視を受けたことにつき髙中［2020］2頁（東京馬喰町の公事宿を指し「馬喰町人の喧嘩で蔵を立て」の川柳が作られたという）。公事師を日本弁護士の源流と評価するか否かは見解が分かれる（ラビノヴィッツ［1957］，古賀［2013（初版1970）］12頁以下など）が，大野［2013（初版1970）］12頁は，代言人制度が「公事師からの人的継受」により，公事師の甚だ低い社会的評価を引き継いだ，という。
19）ラビノヴィッツ［1957］など。これに対する批判として古賀［2013（初版1970）］。
20）石村［1969］15頁以下など。それまでは在朝法曹（判事・検事）に対抗する「在野法曹」と位置づけられていた（髙中［2020］22頁）。この点，森際編［2019］192頁は，「在野精神」（「権力」と戦って人権を守るのが弁護士であるとするエートス）について，プロフェッション・モデル登場で消滅したのではなく，「そっと背景に退くも連綿と持続」している状況にあると評する。

フェッションという用語の定義については，石村の「学識（科学または高度の知識）に裏づけられ，それ自身一定の基礎理論をもった特殊な技能を，特殊な教育または訓練によって習得し，それに基づいて，不特定多数の市民の中から任意に呈示された個々の依頼者の具体的要求に応じて，具体的奉仕活動をおこない，よって社会全体の利益のために尽す職業である」といった仮定的定義[22]や，三ケ月章の「学問的に磨きあげられた高度の技術を追求するものであって，職業ではあるが個人の利益追求を主眼として営まれるものであってはならず（ただし，生計の手段であることを否定するものではない），他方，学問のためにのみそれに没頭したり，公共の奉仕だけを強いたりするものではない」という定義（アメリカの法哲学者パウンドの定義を引用したもの[23]）が挙げられることが多い[24]。

2）プロフェッション論と対峙する考え方

こうしたプロフェッション・モデルに対し，1980 年代には批判が加えられる。従来のプロフェッション論を，ある種非弁護士職から自らを差異化するための言説として退け，弁護士が依頼者に法サービスを提供する中で弁護士と依頼者の新しいパートナーシップが生まれるべきであるとする考え方（法サービス・モデル[25]）や，プロフェッションの核心に公共奉仕性を置くことを放棄し「専門技術性」を重視して，個々の事件処理を行うことで結果的に自由な社会の形成・発展に貢献できるとする考え方（ビジネス・モデル[26]）があるほか，

---

21) 石井［1970］70 頁以下参照。1970 年代の時代背景として，4 大公害訴訟（水俣病・新潟水俣病・四日市ぜんそく・イタイイタイ病）や 4 大死刑再審えん罪事件（免田・財田川・松山・島田）などに手弁当で注力した弁護士，これを支援した日弁連・各単位弁護士会の委員会活動を行う弁護士らの姿と「プロフェッション」の語が適合した点は無視できない。濱野［1997］4 頁参照。

22) 石村［1969］25 頁。

23) 三ケ月［1982］108 頁以下。同書引用の原著は Pound［1953］。

24) 六本［2004］100 頁は，プロフェッションに共通の特徴として，(1)学理性・体系性，(2)希少性・独占性，(3)利他性・公共奉仕性，(4)信頼性，(5)職業的自律性，(6)利益団体性の6 点を挙げる。

両者を統合する考え方として弁護士とクライエントの協同過程モデルである関係志向モデル[27)]やパーティシペトリ・モデル[28)]が提唱されている。

　その後，2001 年の司法制度改革審議会意見書（コラム⑤参照）は，弁護士のみならず裁判官・検察官をも含めた法曹三者を「プロフェッションとしての法曹」「社会生活上の医師」と位置づけた。法曹三者全体を「プロフェッション」「社会生活上の医師」とするその考え方は，従前の「弁護士像」に関する議論をさらに発展・拡充するものと評価し得るが，他方，「弁護士像」のあり方を不明確なものとしたともいえる。果たして，同意見書にもとづく司法制度改革が実行された結果，企業内（インハウス）の弁護士の数が飛躍的に増加し，任期付公務員の職に就く弁護士も増えるなど弁護士のあり方は多様化した。このような中で，「統一モデル化・単一モデル化しようとするのは本質を誤らせる」から「これらは重畳的に当てはめて議論すべき」という考え方が有力となっている[29)]。このような立場からローヤリングを考えるならば，上記のような様々な弁護士モデルを個々の弁護士の業務に重畳的にあてはめ，プロフェッションとしての弁護士のローヤリング，法サービスを提供する弁護士としての

25）棚瀬［1997］191 頁以下。プロフェッション・モデルが 1970 年代の公害訴訟などを背景とするのに対し，法サービス・モデルの時代背景は 1980 年代以降のバブル経済の好景気，および第 2 次産業から第 3 次産業への重点変化であろう。さらにその背景には新自由主義や規制緩和の流れもある。

26）那須［1997］240 頁。

27）「クライアントの法的問題を超えた過剰な問題意識をそのままに受けとめ，それを尊重しつつ法専門家としての知識と経験のなかから助言を与えていくこと，その過程を通じてクライアントにとっての利益とは何か」，「弁護士としてのあるべき対応は何かを，不断に構築していくような弁護士の関わり方のモデル」を指すものとされる（和田［2021］241 頁以下）。

28）小島［1993］は，「正義の総合システム」における法律家像を，⑴これまでの独特・尊大なエリート職からごく普通の職業へと自らのイメージを刷新し（53 頁），⑵市民の日常のささやかな苦悩に思いを致し平凡な人々の共感を得られる「ヒューマンな法曹」像を大切にし（74 頁以下），⑶個人の問題を心から理解し手を携えて闘いぬいてくれるパートナーとして構想したうえで，対等な関係に立って依頼者にたえず情報を提供し依頼者がこれに積極的に反応していく「パーティシペトリ・モデル」を目指すべきとする（211 頁）。小島のこのような法律家像は司法制度改革審議会意見書の法像と軌を一にすると大澤［2011］232 頁は述べる。小島の思想については本書 218 頁以下も参照。

29）髙中［2020］22 頁。

ローヤリングを個々の依頼者の「納得」が得られるよう提供することが現代日本の弁護士実務のあり方である，ということになろう。

　こうした問題について筆者自身は，改めて弁護士法3条の「職務」の文言に着目すべきであると考える。すなわち，ローヤリングが前提とする弁護士像は，貸金返還請求や離婚調停，契約書の文案起案といった具体的な個々の「職務」（弁護士法3条）の遂行を通じて「基本的人権の擁護と社会正義の実現」（同1条）という使命を果たす弁護士であると考えているが，詳細は補論2に譲る。

解説 1

アメリカのローヤリング

ローヤリング発祥の国はアメリカであり，その誕生時期は今から約 50 年前の 1970 年代です。ロースクールによってローヤリングの授業内容が異なるのは日米共通なので，その概要をつかむのは容易ではありません。しかし，2004 年の法科大学院開校で始まった日本のローヤリングよりはアメリカでの取組みに一日の長があるので，取り入れられるものがあれば学びたいところです。

現代のアメリカのローヤリングにおいて時代を画する出来事は，(I)法律相談の分野では，1991 年に「依頼者中心主義」を打ち出したバインダーらの *Lawyers as Counselors*（『カウンセラーとしての法律家』，Binder et al.［2019］。初版 1991 年）が出版されたこと（67 頁以下参照）。(II)交渉の分野では，1981 年に統合的交渉やウィン・ウィン・ソリューションを提唱したフィッシャー = ユーリーの *Getting to YES*（本書では第 3 版の Fisher et al.［2011］を参照した）が出版されたこと（168 頁以下参照）。(III) ADR の分野では，1976 年のパウンド会議でのアメリカ最高裁長官バーガーやサンダーの問題提起（Multi-door Courthouse：複数のドアをもつ裁判所）を端緒として発生した「ADR ムーブメント」（220 頁以下参照）。この 3 つといってよいでしょう。

ローヤリング科目の基本的内容については，1992 年にアメリカ法曹協会（ABA：American Bar Association）法学教育・資格付与部会が，いわゆる「マクレイト・レポート」を発表しました（アメリカ法曹協会［2003］参照）。そこでは，基本的ローヤリング技能（Fundamental Lawyering Skills）として，(1)問題解決，(2)法的分析と法的推論，(3)法情報調査，(4)事実調査，(5)コミュニケーション，(6)カウンセリング，(7)交渉，(8)訴訟手続・裁判外紛争解決手続，(9)法律業務の組織・管理，(10)倫理上のジレンマの認識と解決（法曹倫理）の 10 項目を挙げています。上記のうち，日本の法科大学院では，(3)は「法情報調査」，(8)の一部（訴訟手続）は「民事訴訟実務の基礎」，(10)は「法曹倫理」というローヤリング以外の科目で取り扱われることが多いですが，それ以外は全て日本のローヤリング科目の守備範囲と基本的に共通します。

たとえば，アメリカの代表的なローヤリング教科書のひとつである Krieger et al.［2020］は，総論的な第 I 部「弁護士になること（Becoming a Lawyer）」と，各論的な第 II〜V 部（面接〈Interviewing〉・説得的な事実の分析〈Persuasive Fact Analysis〉・カウンセリング・交渉）で構成されており，その内容は上記ローヤリング技能と重なります。

ロースクール教育では「弁護士のように考える（think like a lawyer）」ことが強調され

ます。アメリカ臨床法学教育学会がロースクール教育のベスト・プラクティスを示した Stuckey et al.［2007］（邦訳の書誌は巻末参照）では"Lawyering"の語が 93 回も登場します。"Lawyering"は，「弁護士（lawyer）のように」考える力を養成するために不可欠な科目なのです。

　以上は法科大学院科目としてのローヤリング（基礎的ローヤリング）を分析したものです。しかし，もともとローヤリングは Lawyer＋ing から成る英単語ですから，本来は「実務法律家が専門職としてやっていることの実像」（松浦［2009］8 頁）「弁護士がやること全て」というような意味も含んでおり，様々な「弁護士実務」が「ローヤリング」の名で語られることもあります。この場合，その内容は各分野に特化・細分化され，技術的にもさらに専門的なものとなります。

　このような「発展的ローヤリング」の中で一番よく知られているものは「コーズ・ローヤリング」です。これは，「弁護士自身が支持する社会的・政治的目標ないし価値を追求するための弁護士活動」で，「アメリカで 1960 年代以降，公民権・環境保護・フェミニズムなどの社会運動等を背景に活発化した」（大塚［2009］133〜134 頁）ものです。「ロースクールの実務教育が社会改革という理念と深く結びついて発展してきた」（松浦［2009］14 頁）ことを背景にロースクールの教育内容・理念とも深い関わりがあります。

　このような発展的なローヤリングには，たとえば，(a)コミュニティ・ローヤリング／ポバティー・ローヤリング（人種差別・貧困・性差別に対処するローヤリング），(b)ミドルクラス・ローヤリング（中産階級に焦点を合わせたローヤリング），(c)ガバメント（レジスレイティブ）・ローヤリング（連邦政府の法律家実務），(d)ローヤリング・イン・マス・リティゲーション（集団訴訟・集団 ADR），(e)プリベンティブ・ローヤリング（予防的なローヤリング），(f)ビジネス・ローヤリング（企業トップに対するローヤリング），(g)マルチカルチュラル・ローヤリング（植民地主義批判・法整備支援等の観点からのローヤリング）などがあるといわれます（松浦［2009］14 頁）。

　本書で検討する基礎的ローヤリングは，このような発展的ローヤリングの基礎を提供するものと位置づけることができます。実務の最先端で様々な課題に取り組むための出発点として，まず本書では，法律相談や交渉，ADR の基礎的技能を学んでゆきましょう。

第2章

ローヤリング技法の概観

　ローヤリングでは面接・相談・説得のための各種の「技法」（ローヤリング技法）が用いられる。弁護士の活動（ローヤリング）は，全て依頼者・相手方・仲裁人や裁判官等といった「人間」とのやり取りとかかわりであるから，他人とのコミュニケーションのあり方が重要な意味をもつ。なかでも，弁護士と一番近いところにいる「依頼者」とのコミュニケーションを充実したものとすることは，ローヤリングの基本である。以上から，本章では，依頼者とのコミュニケーションの基礎を成す「依頼者への説明と報告」について論じた後，依頼者との法律相談のみならず交渉やADR等の場面でも重要となる「基礎となるコミュニケーション技法」について説明し，最後に現代のローヤリングで最も重要な技法のひとつである「選択肢の開発と絞り込み」について解説する。

第1節　依頼者への説明と報告

1）依頼者への説明・報告が必要である理由

ア）形式的根拠

　一般に弁護士が依頼者から事件を受任する契約は，委任契約であると解釈されている[1]（民法643条）。依頼者への説明・報告が必要であるのは，形式的には委任契約にもとづく報告義務（同645条）があることにもとづく。(a)依頼者の請求があるときは「委任事務の処理の状況」すなわち委任を受けた訴訟等の

---

1) 厳密には法律行為以外の事務委託に関する準委任契約（民法656条）と狭義の委任契約（同643条）の混合契約である。内田［2011］289頁。

処理状況について「報告」しなければならず（同条前段），(b)委任が終了した後，すなわちたとえば訴訟が終了したときは，依頼者の請求がなくても「その経過及び結果」を「報告」しなければならない（同条後段）。

　以上のとおり民法は「報告」だけを受任者（弁護士）の義務であるとするが，弁護士職務基本規程はこれに「説明」「協議」を加えるなどして弁護士の義務を加重している[2]。すなわち(c)弁護士は，事件受任時に，事件の見通し，処理方法，弁護士報酬及び費用について「適切な説明」（同規程 29 条）及び不利益事項の説明（同規程 32 条）をしなければならず，(d)事件受任後も必要に応じて，事件の経過・事件の帰趨に影響を及ぼす事項を「報告」し，「協議」しなければならない（同規程 36 条）。そして，これら(c)(d)の弁護士の義務は依頼者の請求がなくても「必要に応じ」て行わなければならない（同規程 36 条）などという形で，弁護士の義務は民法の規定より加重されている。

イ）実質的根拠

　しかし，このような説明・報告が必要なのは，単に民法や弁護士職務基本規程上の義務であるからというだけではない。ローヤリングが依頼者の「納得」のためのものであるとする本書の立場からは，このような説明・報告がなければ信頼関係を十分醸成できず，到底「納得」には至らないということを強調したい。

　たとえば単に「第 1 回口頭弁論期日が開かれ，当方は訴状を陳述し，相手方は欠席し答弁書が擬制陳述されました」と書面やメールで報告しても，そこにあるのは「口頭弁論？」「擬制陳述？」という依頼者にとっては外国語のような言葉[3]であり，依頼者はそれがどのような意味をもつか簡単には理解できない。とすれば，具体的にその内容を「説明」することが重要である。それらを理解せずに依頼者に「結論だけを「納得」して欲しい」と言っても難しいであ

ろう。弁護士の仕事はこのような日々の細かい説明・報告を繰り返して依頼者の「納得」に向かって進んでいくプロセスの積み重ねということもできる。このような日々の説明・報告なくして，依頼者の「納得」を得ることは困難である。

2）弁護士の説明・報告に対する依頼者の評価

　では，実際の弁護士の説明・報告は十分になされているか。

　「弁護士に対する苦情・不満の中には，「説明・報告の不足」の占める割合が多い」とされる[4]。携帯電話やメール，リモート会議など通信手段が発達した今日は，昔よりも緊密に説明・報告することが可能である。他方，依頼者はインターネットで様々な情報を検索して，正しい情報・間違った情報に日々多数ふれながら不安を抱えて過ごしている。そのような意味で現在は，かつての弁護士業務よりも緊密な説明・報告が可能であり必要となっている。この点を十分に念頭に置いて依頼者に対する説明・報告を行わなければ，依頼者の「納得」を得にくくなっていることを理解する必要がある。

3）説明・報告のポイント

　依頼者の「納得」を得るための説明・報告のポイントは何か。名古屋ローヤリング研究会がまとめた 6 点の「説明・報告のポイント[5]」に適宜加筆・解説を加える形で，以下説明しよう。

　第 1 に，「重要な事柄および依頼者が知りたいと思うところをできるだけ詳しく説明・報告する」。弁護士がこのような説明・報告をするためには，相談

3）「口頭弁論」「擬制陳述」という日本語が外国語のように聞こえるのは，ひとつには専門用語だからであるが，もうひとつは現在の日本の法律・条文の多くが日本古来のものでなく，明治時代に外国語の翻訳（直訳）によってスタートした沿革があるからである（不平等条約改正という政治的動機からフランス法の用語を直訳的に模倣したことにつき三ケ月［1982］72 頁）。依頼者や当事者が「法律用語は外国語のようだ」と認識するのは，その用語をむしろ正しく受けとめたものであるともいえる。

4）加藤［2009］287 頁。田中［2009］184 頁も「弁護士会に寄せられる苦情のなかで相当の割合を占めているのが，連絡がないなどの対応・態度に対する苦情です」という。

5）加藤［2009］287 頁以下。

や受任の段階から「依頼者（相談者）が何を「重要だ」と思っているのか」
「どのようなことを「知りたい」と思っているのか」という点を十分理解す
ることが必要である。それは，紛争の要件事実に関わる事柄である場合もあるし，
法律の要件とは直接関係ないが依頼者にとっては重要な事柄（たとえば，相手
方は怒っていたのか，謝っていたのか）である場合もある。

　これは簡単にみえて意外と難しく，相談当初・受任段階からしっかりと注意
を払っていなければ，十分な説明・報告を行うことはできない。

　第2に，「平易な言葉でわかりやすく説明・報告する」。依頼者が法律用語や
様々な事柄について，どれほど理解能力があるのか，弁護士の説明が十分に理
解されているのかといった点についてよく確かめながら進める必要がある（37
頁「人を見て法を説け」参照）。

　第3に，「説明・報告のプロセスこそが信頼関係を形成することに役立つの
であるから，決してせっかちになってはいけない」。弁護士はいつも時間に追
われているから，電話などで報告を始めると依頼者から様々な質問や不満をぶ
つけられて邪険にしてしまったり，早々に切り上げることに必死になったりす
ることがある。そのような場合は，別に時間を取ってじっくり，腰をすえて落
ちついて説明をすることが重要である。

　第4に，「報告はその都度，速やかに，まめに行う。報告の方法としては，
場合によって封書，ファックス，メール，電話，面談のいずれかを選択する。
重要なことについては，文書で報告するとともにその後電話でも確認をする」。
弁護士は多数の事件を同時に受任して弁護士業務を遂行しているから，依頼者
にどこまでの話を報告したのか分からなくなることもある。折にふれて文書・
メールなど文字の媒体で報告することは依頼者にとっても便宜であり，将来の
自分の記憶喚起のためにも役立つことがある（将来の自分は，今の自分にとって
「他人」であるともいえる）。

　また，近時は直接面談ではなくてもリモートの打合せによる面談報告が時宜
にかなうこともあろう。

　第5に，「依頼者にとって受け入れ難い内容の事柄について報告しようとす
るときには，原則として面談をし，丁寧に時間をかけて行う」。依頼者の「納

得」のためには，ここが特に重要なポイントである。「これは仕方がないことです」「諦めましょう」と単に言われるだけでは，依頼者にはなかなか受け容れられないことも多い。どうして「仕方がない」のか。なぜ「諦めた方がよい」のか。弁護士も心の余裕をもち時間を取って説明することが重要である。時間がかかることが見込まれる場合には，後ろに予定を入れないなどの工夫をする場合もある。

　第6に，「説明・報告を一通り終えたら，必ず「何かお尋ねになりたい点はありませんか。遠慮されずに何でもお尋ねください」という言葉を添えるべきである」。説明・報告も一大作業であり，弁護士としてはこれが終わったところで次の仕事に移りたくなるが，ぐっとこらえて最後にこのような質問を投げかけることが大切である。

　この点をあまり急かすと，「今ここで質問しなければ」と依頼者が緊張して答えられなくなることもある。「今気づかなくても，後で思いついたら電話やメールなどで尋ねていただいてもよいですよ」と添えて緊張をほぐすことも有効である。このような「弁護士との一通りの会話の後の最後の質問」は，法律相談の「ドアノブ・クエスチョン」への心構え（101頁以下参照）と共通する面がある。

第2節　基礎となるコミュニケーション技法

　以上のような依頼者への説明・報告をしっかりと行うためには，依頼者と弁護士との間で十分なコミュニケーションが確保される必要があり，弁護士はそのためにコミュニケーション技法を習得することが必要である。

　このようなコミュニケーション技法が必要とされるのは，依頼者への説明・報告の場面に限られない。ローヤリングでは，法律相談・交渉・ADRなど様々な場面で強調される各種のコミュニケーションの技法がある。弁護士の実務を円滑化し，関係当事者の「納得」が得られるような充実したものとするためには，法律相談では相談者との，交渉では相手方との，ADRでは仲裁人などの手続主宰者や事件の相手方とのコミュニケーションがそれぞれ重要にな

コラム②

依頼者に「納得」してもらう力を身につける方法

　タイトルのように書くと簡単に見えますが，弁護士が目の前に座っている依頼者，しかも紛争で相手方に対していきり立っている依頼者に「納得」してもらうことは簡単ではなく，かなり「難事業」です。

　どうしたら，依頼者に「納得」してもらえるのでしょうか？

　依頼者や紛争には，それぞれ個性がありますから，単一の答えはありません。各依頼者・各事案と必死にむきあって，弁護士ができる「精一杯」を尽くすほかありません。その「精一杯」が，弁護士実務を積み重ねるにつれ，徐々に幅広く深みのあるものになる，というような成長を目指したいものです。弁護士になったら突然に「成長」するということは残念ながらありません。筆者自身，振りかえると，依頼者に「納得」してもらう技能の基礎は，法律を勉強し始めたころの姿勢につながっています。

　法科大学院生の方は特にエクスターンシップ・クリニックで実感してほしいのですが，目の前の依頼者に「あなたの主張は法的に通りません」と伝えることがどれだけ辛く，ストレスフルか。弁護士は毎日そんな現場に立っています。依頼者という，その人からもらうお金で生計を立てている相手に対し，弁護士は「それはできません」「無理です」と言わなくてはならない場面がたくさんあります。

　結論に至るまでに丁寧な聴き取り（法律相談）と調査（法律・事実・証拠の調査）があることが前提ですが，弁護士はそこに法を適用した厳然たる結果を依頼者に伝えます。ここで「納得」してもらうには，弁護士の人間力など様々な要素が関係しますが，大切なポイントのひとつ，それも法科大学院生のうちにこそ養うべきこと，それは，「法の趣旨の深い理解」と「分かりやすい説明」です。

　・なぜ，この条文があり，どのような立法趣旨なのか。
　・それがあなた（目の前の依頼者）の場合，どのように適用されるのか。
これを法律の素人である依頼者に分かりやすく説明する能力です。

　みなさんは，法を今まさに学んでいる立場だからこそ，「法律の素人」が，どの点の理解に支障をきたし，どう説明すると分かりやすいかという点について，理解できる立場にあります。法科大学院生同士の自主ゼミ等で他人に説明することは，このような「納得」を得る練習にもなり，法律基本科目を深く掘り下げ，地に足をつけた立体的な理解に資するメリットもあると思います。

る[6]。

　これまで，このようなコミュニケーション技法は，法律相談や ADR など場面ごとに分けて論じられることが多かった。しかし，ローヤリング科目全体でみると，これらは共通する技法であるから，全てを統合して多面的に捉え，各場面で状況に応じた修正を施して活用が図られるべきである。

　そして，このようなコミュニケーションは様々な学問分野で研究されている[7]が，弁護士の基礎的技能たる「ローヤリング」の入門書である本書では，(1)臨床心理学（カウンセリング）で発達してきた「他人の話を「聴く」技法」，(2) ADR・調停の技能として発達してきた「聴いた内容を他人に「伝える」技法」，(3)上記(1)と対になる関係にあり，(2)の一部ともいえる「「話し方」の技法」，の 3 点に絞って検討する。

1）他人の話を「聴く」技法

　依頼者や相手方のような「他人[8]」の話を「聴く」技法は，弁護士にとって非常に重要である。この点については，カウンセリング理論の中で発展してきた「積極的傾聴（Active Listening）」や「非言語的アプローチ」の考え方が参考になる。

　このような考え方は，ローヤリング全体の中でも主として法律相談の場面で

---

6) 司法制度改革審議会意見書も「弁護士は」「国民との豊かなコミュニケーションの確保に努めなければならない」という（傍点引用者）。

7) 「コミュニケーション」は「社会生活を営む人間の間に行われる知覚・感情・思考の伝達」と定義され（新村編［2018］），文系（言語学，心理学，社会学，教育学，経営学など）から理系（情報工学や通信工学など）まで多岐にわたる学問と関わる学際的性格をもつ。臨床倫理学者である清水哲郎は「コミュニケーションとは共有（share）すること」「ラテン語の communico は「共有ないし共通になるようにする」の意」であり，「手渡す」こと」によって「手元からバケツはなくなる」「バケツリレーとは違う」と強調する（清水［2005］）。同様に，池田［2000］3 頁も，日本語でいう「コミュニケーション」は伝達先に焦点があるが，英語の"communication"には，伝達元にも焦点があり，伝達先と伝達元で「共有する」「分け合う」という意味合いが含まれることを指摘する。

8) 調停人・仲裁人など ADR の手続主宰者として，当事者やその代理人弁護士から話を聴く場面でもこの「聴く」技術は同様に重要であり，ここでいう「他人」はそのような者も含む。

強調されてきた。しかし，積極的傾聴などは ADR の手続主宰者にも必要とされる技術といわれる。さらにいえば，交渉の場面において，最初から自分の主張をまくしたてるより，まずは相手方（他人）の話をよく聴いてから話を進めた方がよい場合も少なくない（「日本人同士の交渉において重要なポイント」となる「立場」「ラポール（信頼）」の重視などを論じた 204 頁以下参照）。とすれば，依頼者（相談者）から話を聴くのか，相手方から話を聴くのかという根本的違いはある（特に法曹倫理上，相手方から依頼者同様の信頼関係をもたれると利益相反のリスクがある）が，他人の話を「聴く」技法としては共通する面がある。

　まるで依頼者から話を聴くかのように，相手方の話をよく聴く弁護士は交渉上手であり，まるで自分の依頼者から話を聴くかのように，当事者の話をよく聴く仲裁人はよき仲裁人といってよい。とすれば，法律相談の分野でこそ最もよく発達しているこれらの他人の話を「聴く」技法が，ローヤリングの法律相談以外の部分（交渉や ADR）でも，もっと活用されてよいはずである。よって，詳細は各論で検討する（Ⅱ部 1 章）が，特に本節では，他人の話を聴く際のポイントを 2 点に絞って説明する。

　ア）積極的傾聴

　カウンセリングにおいて，カウンセラーは，助言や指示を与えるのではなく，ただよく Active Listening（積極的傾聴[9]）し，クライエントの発言や気持ちを受けとめ，うなずき，理解を示すことを基本とすべきであると強調されることがある。ここでいう「カウンセリングの技能」とは，クライエントの感情を自由に表現してもらい，それを受容することであり，これによってクライエントの否定的な感情も自己受容され，肯定的な感情が生まれるものとされる。

　そして一般に，面接には(a)専門家がクライエントに「訊く（asking[10]）」ことにより必要な情報を得るための面接（調査面接）と，(b)専門家がクライエントの語りに積極的に耳を傾け「聴く（listening[11]）」ための面接（臨床面接）とがあるとされる[12]。従来の弁護士の面談（面接）は，要件事実とそれを裏づける証拠を集める（Ⅱ部 3 章参照）という(a)が中心であったが，(b)の観点にも重きを置いてゆくことが重要である。

イ）非言語的コミュニケーション

　他人の話を「聴く」ためには，言葉以外の非言語的コミュニケーションも非常に大切である[13]。たとえば，(I)うなずきや(II)適度なあいづちは，「相手に話を聴いてもらえている」という実感をクライエントなど（交渉であれば相手方，ADR 手続主宰者であれば当事者）にもたらし「もっと話をしたい」という気持ちにさせる[14]。これに加えて(III)肯定的な表情で話を聴けば，ロジャーズが挙げるセラピストの 3 条件（解説 2 参照）のうち(2)無条件の肯定的関心や(3)共感をもって聴いていることをクライエントに伝えやすくなる。さらに，(IV)姿勢も重要である[15]。前のめりがよい姿勢かどうかはケースバイケースであるが，ふんぞり返った姿勢の人に特にたくさん話をしたいという人はあまりいないだろう。(V)相手の目を見て聴くということもひとつのコミュニケーションである。この点，欧米人に比べると日本人は目と目を見つめ合って話すことには警戒心をも

9）まずクライエント（依頼者）の話を遮らずにじっと聴くことが出発点である。医師の例について，オーフリ［2020］270 頁は，クライエント（患者）の話を聴く際に「医師がすべきことは，少しのあいだだけでも黙ることである」という。しかし，ここでいうActive Listening はそれにとどまらない。発言者の発言について共感をもって聴き，内容だけでなくそれにともなう感情をも理解することを指す。「傾聴」と訳されることも多いが，本来の日本語としての「傾聴」の意味を一歩進めた概念で，本書では "Active" という形容詞に特に重点を置き「積極的傾聴」の訳語を採用した。同様に「積極的傾聴」の語をあてるものとして佐治＝岡村＝保坂［2007］14 頁。なお，この点について，J. C. ロア教授によれば，アメリカにおける一般的定義では，Active Listening には必ずしも「共感」や「同情」を含まない。たとえば，相手方の話に共感せず，ただ「あなたの話は聞いています」という姿勢だけを示す方法も Active Listening の一部であるとされる。ただ，確かにそのような方法もあり得るが，多くの場合は積極的傾聴を続けてゆけば共感につながりやすいし，「共感を含まない積極的傾聴」は時としてかえって冷たく感じられるリスクもある（共感を含まないあいづちを繰り返されたらどう感じるかを想像するとよい）。交渉や ADR の場面と異なり，傾聴の対象が依頼者に限定される法律相談の場での積極的傾聴においては特にこのような共感が重要であるし，交渉や ADR においても，共感をもって話を聴くことは，日本における交渉などのローヤリング実務で特に大切な「ラポール」の醸成のために重要である。

10）下山［2007］30 頁以下。

11）菅原［2004a］937 頁は(1)「聞く」（一般的に聞く），(2)「聴く」（受容的に聴く），(3)「訊く」（罪を裁き審理するために訊く）の 3 語のニュアンスの違いを説明する（英語の(1) hearing, (2) listening, (3) asking の各語に対応する）。

12）下山［2002］54 頁。

つことも多い。たとえば，目の少し下を見たり，時々目と目を合わせるくらい
にとどめるという方法もあるだろう。

2）聴いた内容を他人に「伝える」技法

　話を上手に「聴く」には，聴いた内容を他人に「伝える」技法も重要である。
これは，調停などの ADR で一方当事者から聴いた話を他方当事者に「伝え
る」場合や，法的交渉において当方依頼者の話を相手方に「伝える」場合にも
もちろん重要であるが，話をしてくれたクライエント本人に「伝える」ときも
非常に重要である。「あなたの話してくれたことをこちらは理解しましたよ」
と話をしてくれた人に伝えることは，簡単で，いつも行っていることのように
思われるが，意外と難しく，我々はこれを省略してしまいがちである。

　弁護士に話をしてくれる人は，交渉の相手方などであればもちろん，依頼
者・相談者であっても，弁護士にとって「他人」である。相手の話を(a)きちん
と理解すること，(b)弁護士が理解していることを相手に「伝える」こと，(c)相
手が「弁護士が自分の話したことを理解している」ことを認識していることは
それぞれ別個の事柄である。特にこの(c)が，相手に「この人にもっと話をした

13) 鹿取＝杉本＝鳥居＝河内編［2020］188 頁は，会話の最中に行う身振りや表情，顔色の
　　変化，視線の動きなど，人の「非言語的コミュニケーション行動」が「「目は口ほどに
　　ものを言い」といったことわざが示すように」「ときには言語によるコミュニケーショ
　　ンよりも重要かつ効果的な情報を相手に伝え」「対人関係に影響を及ぼ」すという。ま
　　た池田＝唐沢＝工藤＝村本［2019］229 頁で唐沢は，非言語的コミュニケーションのう
　　ち重要なものとして，(1)空間的距離，(2)視線，(3)顔の表情，(4)ジェスチャー，(5)近言語
　　（またはパラ言語〈paralanguage〉。声の大きさや高さ・抑揚・テンポ・「間」の置き方・
　　咳払いやため息など意味や意図を伝える手段）を挙げる。伊藤［2005］168 頁は，法律
　　相談でもこのような「ノンバーバルなメッセージ」に気を配ることが重要であるという。
　　中村＝和田［2006］46 頁で中村は，「基本的かかわり行動」として(1)視線を合わせるこ
　　と，(2)身体言語に気を配ること，(3)声の調子・言葉遣い，(4)言語的追跡（相手の話につ
　　いていく弁護士の基本的態度）の重要性をマイクロ・カウンセリングの観点から指摘す
　　る。マイクロ・カウンセリングとは，アイビイが開発したカウンセリング技法で，カウ
　　ンセリングに関する各種のマイクロ技法を階層表などを用いながら統合してゆくもので
　　ある。
14) 菅原［2004c］70 頁参照。
15) 長岡［2004］68 頁。

い」という気持ちになってもらうためには有益である。このような観点から，この「伝える」技法は，弁護士が相手（相談者・依頼者）に相手の話自体を理解したことを「伝える」技法としても重要である。

　ここでは，そのような技法の代表例として，サマライジング，パラフレージング，リフレーミングの 3 技法を取りあげる[16]。

ア）サマライジング（Summarizing：要約）

相手の話を要約する技法である。人の言葉には一語一語意味があり，前後のつながりによるニュアンスがある。また，人は思っていることを言葉にする段階で考えの全てを言葉にできるわけではないので，言葉の奥にある本人が意図した意味と，実際の言葉とは，表面上異なった形で現れることもある。そのような状況で弁護士がクライエントから聴いた話を要約することは簡単ではないが，非常に有益である。たくさんの話の中でどこが特に重要であると弁護士が理解したのか，その理解がクライエントとの間でずれていないかなどを確認する意味もあるし，そのように要約した内容がクライエントが話していることと一致している場合には，クライエントは話を聴いてもらっている実感がより高まり，さらに話をしたいという気持ちを喚起することが可能になる場合がある。

イ）パラフレージング（Paraphrasing：言い換え）

相手の話を言い換える技法である。翻訳のように聴いた発言を違った言葉で言い換えることによって，相談者は自分が話を聴いてもらっているという満足感を得られ，かつ，自己を客観的に見つめなおすのに役立つとされる[17]。

「反映・反射」（II 部 1 章 4 節 4 項ア①参照）の方法により，ただ「ミラーリング（話を繰り返すこと）」を行うだけだと，「私の話を本当に聴いているの

---

16) 和田＝大塚［2014］49 頁以下では，これらの技法が「同席調停（メディエーション）の技法」として紹介されている。このような技法は医療現場でも有用とされていることについて，和田＝中西［2011］197 頁参照。

17) レビン小林［1998］69 頁。同書 160 頁は「パラフレイジング」を「翻訳のように聴いた発言をそのまま違った言葉で言い換える」ことであると解説する。他方，Cochran Jr. et al.［2014］p. 38 は「パラフレージングは，文字通り繰り返すことでも翻訳でもない」という。単に文字どおりに繰り返すとミラーリングの問題があるが，他方，依頼者の言葉を法的用語に置き換える形で「翻訳」するのは望ましくないという。

か？」と訝しがられる可能性もある[18]。しかし，この方法であれば言い換えを行うので，そのようなことは避けられる。(a)言葉の角を取り，(b)感情的でなく客観的な表現に直し，(c)誰それといった特定の名前をできるだけ一般の名前に言い換えるのが基本とされる[19]。他方，要約する際には「正確さ」が最も重要で，相談者から示された重要な点や感情，考えを含んでいなければならないものともされる[20]。

　たとえば，アメリカの弁護士の法律相談の例では以下のようなものがある。

> 　　　　　相談者：私は，白人がするような，こんなチャレンジングな（困難だがやりがいのある）仕事をしたことはなかったんです。
> 　パラフレージング1：あなたはこれまで良い仕事を与えられなかったのですね。
> 　パラフレージング2：あなたはこれまでチャレンジングな仕事をすることが許されなかったのですね。
> 　パラフレージング3：彼らは最も良い仕事は白人に与えてきたのですね。
> 　パラフレージング4：彼らはあなたを他の労働者と平等に扱わなかったのですね。
> 　パラフレージング5：彼らはあなたを白人の労働者とは違った扱いで遇したのですね。

　これらは全て，相談者の発言を間違って言い換えてはいない。その意味では「正確」である。そして，「これらの5つのフレーズは，仕事の割当てに関する相談者の発言の異なる側面をそれぞれ強調している」。しかし，パラフレージング1は「仕事の割当てに関する人種的な偏見をあえて省いている」[21]（これが，「(a)言葉の角を取る」ことである）。

18）Cochran Jr. et al.［2014］p. 38.
19）レビン小林［1998］70頁。
20）Cochran Jr. et al.［2014］p. 39.
21）この例はCochran Jr. et al.［2014］p. 39.

　このように，これらのパラフレージングは厳密には「正確」とはいえない。それは，ある意味仕方がないことである。言葉はひとつひとつ意味をもっている。少しでも変えてしまえば，意味や取り方が変わってくることは避けられない。しかし，これらのパラフレージングは相談者の主張の本質をつかまえてさえいれば，法的には（もしくは相談者の感情を表すうえでは）「正確」であるともいえる。むしろ大切なのは，そのようなパラフレージングを行うことによって，「聴いてもらっている」という実感を相談者にもってもらい，相談者にもっと話し続けようと考えてもらう[22]ことである。試行錯誤（トライ＆エラー）を繰り返しながら，弁護士のもつ情報をより正確かつ豊かなものにすることによって，相談者と弁護士が事実認識を共有することにこそ意味がある[23]。

　ウ）リフレーミング（**Reframing：再構成**）

　言い換えの一種である。re（再度）＋ frame（枠づける）という単語から分かるように，事実を別の形で枠づけて再構成する技法である[24]。臨床心理学では，リフレーミングは「客観的事実に対する否定的思い込みを再解釈し，肯定的に受け取り直させること[25]」「クライエントに新しい視点を提供すること[26]」など

22）　その後，「そのとおりです。実はこんなことがありましてね……」と法律専門家の発言と同方向で話し続けようとする場合もあるし，「いやいや違います。私に能力がないのではなく，彼らは肌の色だけを見て仕事を割当てていたんですよ。たとえば，こんなことがあったのですが……」というように法律専門家の発言とは反対方向に発言し，法律専門家の理解や表現の足りないところを補い修正する機能を有する場合もある。いずれの場合も相談者や事案に関する法律専門家のもつ情報を豊かにし，事実認識をより正しくする機能を有する。

23）　以上，Cochran Jr. et al.［2014］p. 39.

24）　レビン小林［2004］67 頁はコップに水が半分入った絵を示す。「あと半分しかない」と考えている人の意見を，「まだ半分もある」とリフレーム（再構成）することができるという趣旨であろう。心理学では「ルビンの盃」という反転図形（見方により「向き合った人の顔」にも「黒を背景にした盃」にも見える）が知覚の仕組みを理解するために挙げられる（無藤＝森＝遠藤＝玉瀬［2018］74 頁）が，これも同じものが見方によって変わる例である。

25）　坂野編［2005］242 頁は「クライエントのフレーム（枠づけ）に対し，カウンセラーがリフレーミングをデモンストレーション」して「認知的再体制化を促進することがある」という。

26）　無藤＝森＝遠藤＝玉瀬［2018］570 頁。

と定義されることもある[27]。これらはひとつの事実を違う角度から見るという意味の再構成であるが，もう少し違った意味でリフレーミングが取りあげられる場合もある。

　そもそも，相談者が直面している「事実」は無限の広がりをもっている。相談者が，その全てを弁護士に伝えることはできない。相談者は，そのような事実の「一部」を相談者が思う形で「切り取って」弁護士に伝えることしかできないのである。その切り取り方が変わると事実が全く異なって見えてくるということは私たち弁護士がよく体験する事柄である。このような別の枠組みを示すことによって，相談者が納得したり，相談者の悩みとは別の異なる世界が開けたりするようになって，相談者の中で問題が解決する場合もある。

　たとえば，離婚調停中の夫婦で相手方配偶者（ここでは妻）の問題点を論難するコメントが続いている場合は，相談者が設定した枠組み（フレーム a）は「夫婦 2 人」の間の人間関係ということになる。そこに，当該夫婦の 15 歳の子どもの話をも話題に入れて話した場合（フレーム b），話の枠組み（フレーム）は少し変わってくる。「あなたがそんなに非難する妻は，あなたが愛する子どもの「お母さん」でもあるのです。面会交流の現場で直接非難するのはやめませんか？」という話になることがある。「親子 3 人」のフレームに変わるのである。さらに，夫の母親と妻の折り合いが悪く（嫁姑問題）それを夫は持て余しているのが夫婦不仲の原因という話をも枠組み（フレーム c）に入れて話をするとまた風向きは変わってくる（「家族 4 人」のフレーム）。このように，相談者は無限に連なって存在する生の事実の一部を枠に入れて，まるでスマートフォンの写真で切り取るように弁護士の前に持参するのであるから，フレームの設定や位置づけを変えることで相談や交渉が変わってくることは十分あり得る。

　なお，リフレーミングは「言い換えの一種」であると言われることもある[28]。この考え方ではリフレーミングはパラフレージングと似たような意味となって

27）中村 = 和田［2006］114 頁では，中村もリフレーミングを「クライアントの抱えている問題を肯定的に再定義すること」と定義する。
28）レビン小林［1998］160 頁。

くるが，リフレーミングの積極的な意義は，単なる言い換えにとどまらず，従前とは異なる視角による事実の再構成という点にある[29]。

3）「話し方」の技法

　依頼者・相手方・ADR 手続主宰者（仲裁人・調停委員など）との口頭でのやり取りは一種の「対話」である[30]。「対話」は，日々，我々が日常生活の中で行っていることであるが，人間には，それぞれ話し方の癖や傾向がある。そこには個性として大切にすべき部分もある。たとえば，早口で理路整然と話をする弁護士よりも，訥々と（すなわち，少しつかえたりしながら）言葉少なではあるがゆっくり話す弁護士の方に，人は心を動かされたり，納得させられたりすることがある。そのような各弁護士の個性を大切にすることは前提としなければならないが，他方，一般論として考えると，医師が診察・医療面接の際に気をつけるべき事柄があるように，弁護士は「話をすること」を仕事とする「プロ」として，依頼者や相手方と話をするときに気をつけるべき事柄があるのではないか。

　これは簡単なことのようにみえるが，意外に難しい。話す側にも，聴く側にもそれぞれ異なった身体能力（耳の聞こえやすさや声の大きさ），傾向や嗜好があるからである。

　この点，医療面接について内科医によく参照される基本書が，「情報が相手に届くように工夫する」ための医療面接技法を以下のとおり整理しており[31]，参考になる。

　　医師の声が小さすぎたり，口調が早すぎたりして，言葉自体が聞き取れずに仕方なく肯いている患者は多い。聞こえにくそうであれば，距離を近

---

29) レビン小林［1998］72 頁は，アメリカでは，パラフレージングという言葉とリフレーミングという言葉を同意語として扱う調停者がほとんどだとしながら，同書 73 頁ではパラフレージングにおける人の話の「言葉の角をとる」ステップを，リフレーミングでは「まとめる」（それが再構成〈Reframing〉である）ステップに置き換えるなどすることで，両者は別の言葉で理解されるべきであると主張する。

30) 大澤［2004］［2011］参照。

づけたり，大きな声でゆっくり話すなどの配慮をすると，患者の信頼や安心感を得ることにもつながる。紙に文字で書いたり，図を描いたりして説明し，その紙を患者に渡すことも効果がある。

ア）相手に聞きやすい声とスピードで

「対話」においては声の大小やスピードが重要である[32]。筆者も家庭裁判所の調停委員を経験したことがあるが，家事調停で当事者本人と弁護士が話しているのを見て「弁護士さんはとても良い話をされているのに，ご本人は聞こえているのかな」「この早口の説明で，ご本人はこの法律用語の意味が分かっているのかな」と感じることがあった。

いかに良い話でも，声が小さすぎたり（大きすぎたり[33]），早口すぎたり（ゆっくりすぎたり）ということでは理解してもらいにくい。また，「ハッキリと」話すこと（明瞭さ）も大切である[34]。

電話やウェブ会議での相談・打合せが増えている昨今では，特に声の大きさとスピード，明瞭さを意識することが重要である。

---

31) 大滝［2017］。これは，医師である著者が実習や授業で紹介している技法のひとつとのことである。同書では他にも「「物語」の聴き方」（オープンクエスチョンを推奨する），「解釈モデルを聴く」（語りとしての法援用と類似する），「患者の気持ちの動きに注目する」（最後に「何か質問がありましたか」でなく「どう感じましたか」と聞くとたいてい「不安」を抱いていることが分かる），「受療行動を聴く」（薬を飲んだのか早く寝ることにしたのかを聴くことで共感しやすくなる），「間違いを責めない」など弁護士実務に役立つ示唆が多い。

32) 西田［2019］は，紛争や問題解決等の過程で「声」がどんな働き方をするかを検討する。同書の主な関心はここことは逆に，紛争当事者の語り（ナラティブ）の「声」にどう耳を傾けるかという点にあり，本書でいえば「他人の話を「聴く」技法」と関わる。

33) 医療現場では，むしろ「聞こえていないのでは」と考えるあまり声が大きくなりすぎる場合も問題で，「医者・看護師の声が大きい」「そんなに大きな声を出さなくても分かります」という苦情もあるようだ。斎藤［2000］28頁は「時と場合に応じて，声の大きさや調子を患者さんにあわせて，自然に使い分けられるようになればベスト」とする。また，医療面接の例で飯島［2006］60頁は，「準言語的コミュニケーション」として(1)声の高さ・大きさ，(2)話す速さ，(3)抑揚，(4)語尾の変化（たとえば「分かりました」と言う場合，「分かりました！」と語尾を強調すれば「いちいちうるさいな。何回も言うなよ」という意味となって相手に伝わる例など）を挙げる。

34) 中村［2016］34頁「7 話し方，聴き方のポイント」は，「(1)口調は緩やかに，ゆっくりと」「(2)説明は明確に」と提唱している。

イ）時には字や図を書いて

人名や会社名・地名などの固有名詞は，弁護士が字を書いて見せることで誤解や行き違いを防ぐことができるし，相手にも「確実に聴いてもらっている」という実感をもってもらうことができる。

法律用語などは分かりにくいので，弁護士が字を書いて説明した方が良い。打合せ時に話題が決まっているのならば，あらかじめ話しあうテーマの要点を簡単にまとめたレジュメ・アジェンダがあると「どこを話しているのか」をお互い理解しながら話を進めやすい。弁護士が想定していない話題や議論においても相談者（法律相談の場合），相手方（交渉の場合）や当事者（自身が仲裁人などの場合）が話しやすいように，テーマの中に「その他」の項目を入れておくことも重要である。

直接面談であればホワイトボード[35]，オンライン面談であれば画面共有などを使って図を描いたり表を作成したりして，資料を共有しながらやり取りするとお互いの理解が進む。

ウ）相手に分かりやすい内容で

①「人を見て法を説け」　　この言葉[36]は，もともとは仏法に関するもののようだが[37]，法律家が「法」を語る場合にも通じるところがある[38]。

弁護士は難しい法律用語を当然の前提として話しがちである。相手（依頼者であることも相手方であることもある）がその用語を当然に理解しているのかどうか，いつも注意しながら話をしなければならない。どんなに良い話をしても

---

35) 長瀬＝長瀬＝母壁［2018］34 頁は，法律相談は弁護士の相談者へのプレゼンテーションでもあるから，座って話を聞くだけでなくホワイトボードやパワーポイントといった視覚的なツールを使い相談者の法的問題点や解決方法などを分かりやすく伝えることが有効であるという。

36) 原［2019］42 頁「2.7.2　例えを使う（人を見て法を説く）」。髙中＝石田編［2020］323 頁（鳥山半六発言）は「相手の属性と状況に応じた適時・適切な十分な説明を尽くす」という趣旨で「機を見て法を説け」と表現する。

37) 釈迦が仏法を説く時に，相手の気持ちや性格，気質を考慮して説いたことに由来するとも，「法華経」によるともいわれる。

38) 六本［2004］105 頁は「法的に妥当であると考えられる結論を，当事者に受け入れやすいように工夫して説明する（人をみて法を説く）技術は，法律家にとっても重要な技術であることはまちがいない」という。

相手に理解してもらえなければ意味がない。

　内科医のオーフリが，医師の仕事について以下のように述べている[39]のはローヤリングにも参考になる。

　　言葉は解釈されるためにあるのです。私は，だれとしゃべっているか，そしてどんな状況なのかによって言い方を変えます[40]。

　　……医療従事者が研修期間中に覚える言葉が1万語ほどあるということを考えれば，患者が理解できない言葉がたくさんあるのも不思議はない[41]。

　医学の世界に限らず，どんな分野の人でも本当に能力がある人は，難しいことを分かりやすく説明できることが多い。標語的にいえば，(a)難しいことを難しい言葉で語るのは普通の実務法曹，(b)難しいことを簡単な言葉で語るのは能力ある実務法曹，(c)簡単なことを難しい言葉で語るのは唾棄すべき実務法曹といってよい[42]。

　②当事者が何を「法」だと考えているかを理解する　法律用語だけでなく，依頼者・相手方と弁護士との間で「法」についての理解が異なることもあり得る。これは本来は，おかしいことである。「法」は一義的であるはずだからである。しかし，ある特定のグループ（部分社会）にのみ通用する「法」もあるし，少なくない人たちが（本当の「法」とは違うにもかかわらず）「常識的にはこれが法のはずだ」と考えていることがある[43]。これは不合理なことのようにもみえる。しかし，日本には幾多の法律や条令があるだけでなく[44]，それについての判例も無数にあり，その全てを正しく知ることは法曹にとっても容易で

---

39) オーフリは，内科医でニューヨーク大学医学部准教授。オーフリ［2020］211頁は「代償不全」(decompensation) という単語が医学専門用語かどうかについて友人と「辞書を引いてみましょうよ」と言い合いになった例を挙げる。
40) オーフリ［2020］207頁。オグデンの発言を紹介したもの。これが「人を見て法を説く」ことにあたる。
41) オーフリ［2020］211頁。
42) 愛知県弁護士会法科大学院委員会編［2012］446頁。
43) たとえば「請求書を相手に毎年送っていたら消滅時効は完成しない」「契約書の最後の条文に「本書に定めのない事項は甲乙誠実に協議して決定する」と書いてあるから相手方は協議もしないでいきなり訴訟を提起することはできない」など（コラム④参照）。

はなく不可能かもしれない。私たちは，本当の「法」を知っているのではなく，私たちが「法」だと思っているものを本当の「法」とみなして日々生活しているといってもよいかもしれない。そこで，当事者（依頼者や相手方）が「法」だと思っているものと弁護士が「法」だと思っているものとの間に齟齬が生じることがある。

　当事者が思う「法」が何であるかは，「語りとしての法援用」という形で現れる。そこを「「法」はそうなっていませんよ」と単に排斥するのではなく「つなぐ」作業が大切である（72 頁以下参照）。このような「語り（ナラティブ）」を重視する「つなぐ」作業は，これまで法律相談の場面において強調されてきたが，交渉の場面で弁護士が相手方とやり取りする場合や調停等の ADR の手続主宰者として弁護士が各当事者とやり取りする場合にも銘記すべき重要な点である。弁護士が交渉する相手方には，自分の依頼者の言い分とは異なる「語り」がある場合がある。ADR の手続主宰者として話を聴く場合も，一方当事者の「語り」と他方当事者のそれが異なることはむしろ通常であるので，その差異の原因が各自の「法」の理解の相違にある場合，それぞれの「語り」を十分受けとめて，それぞれの理解を「つなぐ」作業が紛争の解決のためには有益なことがある。

第 3 節　選択肢の開発と絞り込み

　ローヤリングには以上のように様々な技法があるが，PC や携帯電話，ICT が格段に進歩した現代におけるローヤリングにとって特に重要な技法は，(1)依頼者や相手方が選択できるための選択肢を多く開発することと，(2)それを適切に絞り込んでゆくことの 2 点である。

44）総務省提供の e-Gov は，「法律」を「日本国憲法の定める方式に従い，国会の議決を経て，「法律」として制定される法」と定義し，その数を 2078 とする（https://elaws.e-gov.go.jp/registdb/　2022 年 5 月 16 日最終閲覧）。

1）「選択肢の開発」の意義

ア）インターネットの登場と私的自治・契約自由の原則

　インターネットの登場以前は，個々の法律問題について定型的な解決策や解決案を提示できること自体に一定の大きな価値があった。

　しかし，現在は弁護士以外の者もウェブ検索などを通じて簡単に定型的な選択肢に無償で到達できる機会が格段に増えた。今後 AI 技術の発達などによってその傾向はさらに強まってゆくだろう。

　このような現代において弁護士の提供する法的サービスに意味があるとすれば，目の前に座っている依頼者や相手方の感情や言葉遣いまでも読み取り，当該依頼者・当事者にふさわしい選択肢を多く開発してゆくことである。

　これは非常にクリエイティブな仕事であり，弁護士にとってはどちらかというと不得手な仕事かもしれない。弁護士は，一定の事実に法律を適用して法律要件にあてはめ，その法律効果を検討するという思考方式には慣れている。しかし，「この当事者のこの事案には，どんな解決方法があるか」といったことを法律面だけでなく，経済面，心理面，税務面その他一切の事情（登記や行政手続などが関わることもあろう）も考えて創造的に多数提案することは必ずしも得意ではない。これを法律論でいえば，民法には 13 の典型契約がある（民法 3 編 2 章 2 節から 14 節）が，これからの弁護士は，もっと「私的自治」や「契約自由の原則」（民法 521 条[45]）を大切にして，事案に応じた典型契約以外の契約（非典型契約・無名契約）を案出することができるのではないか。様々な契約案を多数提示してその得失を依頼者や相手方に説明し，その中から依頼者に自分でどの案がよいか選んでもらう。どの案を選ぶかを決定するという，依頼者の幸福追求権・自己決定権（憲法 13 条）の行使に助力することにこそ弁護士の職務の意味があり，そのような弁護士の職務によってこそ当事者の「納得」が生まれやすい環境が整う。そして，そのような弁護士の職務のあり方こそが「社会正義」（弁護士法 1 条）にかなうものではないか。

45）同条は債権法改正（平成 29 年法 44 号）によって新設された条文であるが，本書との関係では「契約の当事者は，法令の制限内において，契約の内容を自由に決定することができる」とする同条 2 項の規定が特に重要である。

イ）選択の科学と幸福追求権・自己決定権

　アイエンガーは，著書『選択の科学』の第 1 章を詩人マクリーシュの言を引用することで始める。

> 　自由とは何か？自由とは選択する権利，つまり自分のための選択肢を作り出す権利のことだ。選択の自由を持たない人間は，人間とは言えず，ただの手足，道具，ものに過ぎない[46]。

　考えてみれば，「選択」にこそ，私たちがこの世に生きている大きな意味がある。ある選択をすることは，他の選択をしないことを意味し，選択できるということは，自己の意思にもとづいて自由に生きることができる状態の具体的内実であり，人にはそのような権利がある。憲法の考え方でいえば幸福追求権や自己決定権であろう[47]が，そのような人権でさえある「選択の権利」を十分な情報と自身の考えにもとづいて，できるだけ他の人的・物的制約を排除し，制限されることなく十分に行使できるように援助する。それが弁護士の重要な仕事である[48]。そして，法的紛争に多数接してきた弁護士は，その第 1 案（叩き台）を示すことに長けている。この情報化社会において，個々の人間が置かれた具体的状況に応じた選択肢を相談者自身と一緒に開発することにより，相談者の自己決定を援助してゆく弁護士の仕事の重要性は，より一層高まっている。

2 ）「選択肢の絞り込み」の意義──「選択肢のパラドックス」

　他方，情報が氾濫する現代では，無数に選択肢を提示されるだけではかえって適切な選択に困難を生じ，不幸を招く。選択肢が多ければ多いほど幸福であるとは限らないという「ジャムの研究[49]」を考えると，上記のように多くの選

46）アイエンガー［2010］16 頁。
47）芦部［2019］128 頁，高橋［2020］155 頁。
48）太田［2020］49 頁は，これからの法律専門家は「問題解決エクスパート（Lawyer as General Problem Solver）」として，「問題を発見し，社会的に望ましい解決策を創造し，それを法制度化する能力を有する専門家」であるべきだと主張する。本書の「選択肢の開発」は，まさにこの「解決策の創造」のひとつにほかならない。

択肢を開発した後に，弁護士が依頼者（相手方）と一緒に適切に絞り込んでゆくという作業が依頼者などの「納得」のために重要である。選択肢が多くなると選べなくなり，思い悩む時間が増え，選択後にも選ばなかった選択肢を後悔する時間が増えるため「選択肢の多さが逆に私たちの幸福度を下げる」，という「選択肢のパラドックス[50]」と呼ばれる問題にも弁護士は配慮すべきである。

　したがって，弁護士が最初に示す選択肢の数は 3 つ程度が適切である[51]。示す選択肢の数が少なすぎれば弁護士がパターナリスティックに案を押し付けたのに近くなり，多すぎれば相談者は選択に困難をきたす。とりわけ，インターネット上に様々な法的情報が氾濫していて容易にアクセス可能である現代において，相談者があえて法律相談に訪れるのは，知識の切り売り・一般的教示や他のリソース（税理士など他の専門職，行政，ADR 機関など）の一般的紹介を求めてではなく，法的知識のより統合的・多面的な適用にもとづく，紛争解決への具体的道筋を期待してのことと考えられる。このような時代背景と上記の「選択肢のパラドックス」を考えるならば，むしろ現代の弁護士は「選択肢を多数開発する」ことを当然として，その先にあるさらに「適切な選択肢に絞り込んでゆく」ことにこそ力を注ぐべきであり，それこそが相談者の「納得」につながる点を銘記すべきである。

---

49) アイエンガー［2010］218 頁以下。24 種類のジャムの品揃えの場合より，6 種類の場合の方が売上が多いという実験（試食客のうち前者は 3 %，後者は 30 % が購入した）は，選択肢が多ければ多いほど幸福とは限らない例として挙げられる。
50) シュワルツ［2012］。医療につき，大竹＝平井［2018］が「人生の大切な選択をする場面では，情報が多すぎると人間の脳は混乱を来し，考え間違いや判断の誤りが生じる可能性がある」（68 頁）とするのもこれと通底する。同書は，行動経済学の観点から「ナッジ（nudge）」の活用を主張する。ナッジとは「（合図のために）肘で人を軽く押す」という意味だが，ここでは「相手の行動を促すためのちょっとしたきっかけ」の意味で用いられている。
51) ホロウェイ［2021］325 頁「5.2.5.4 可能な限り選択肢を提案すべきである」は，「人間は自分で選択することを好む動物である。少なくとも，選択の幅がちょうど良いくらいに限られており，明確に示されている限りは，自分で選択したがる。問題の性質が許す限り，判断権者に対して 2 つか 3 つくらいのどれも妥当な範囲の選択肢を提案すると良い」という。

3）選択肢開発能力を身につける方法

　このような選択肢を開発・提供できる能力，少しでも多くの充実した選択肢を開発する能力を身につけるには，どうしたらよいか。まず，単純に多様な事件を多数経験した者が有利である。ここでいう「多様」とは，法的に多様な事案だけをいうのではない。紛争には必ず人間が関係しており，その関係した人物の人間性が紛争解決のあり方には大きく影響を与えている。そのような人間関係についての経験も多種多様であればあるほど，より多数の現実性のある選択肢を開発して提供することができる。

　専門家としての経験が浅い者は，この点は鍛錬を積むしかない面はある。しかし，情報を積極的に収集する姿勢をもてば有利になるし，無為に経験を重ねている弁護士に比べ，経験には乏しくとも上記のような姿勢を強くもった弁護士の方がより良い選択肢を開発・提供できる場合もある。何より大切なのは「目の前にいるこの相談者の役に立ちたい」という気持ちである。この気持ちが強ければ経験の少なさを補って余りある場合がある。他方，どれだけ経験があっても「相談者のためになりたい」という気持ちがない弁護士は十分な法律相談を行うことはできないだろう。

4）選択肢開発能力を高める方法

ア）多数の判例を多角的に学ぶ

　単に判例を法規範や事実認定の参考例としてみるだけでなく，紛争解決の手段・方法として当事者がどのような選択をし，どのような解決に至ったのか（訴訟に至った経緯や別訴の状況，和解や取下げに至った経緯なども含む）を強く意識して，判例を多数学ぶことで経験不足を補うことができる。

イ）他の法曹の例に学ぶ

　他の法曹との何気ない話の中に学ぶチャンスがある。酒席の場合もあるし，出版物に記載されているものもある。「老人の自慢話」「最近の若い弁護士の考え方はわからない」などと最初から遠ざけるのではなく，それを見分してみる中で様々な選択肢の開発方法を学ぶことができる。

ウ）契約書の条文に学ぶ

弁護士は，様々な契約書の書式や例文にふれる機会が多い。このような書式や例文をどのように活かすかは，契約自由の原則のもと，弁護士の取捨選択にかかっている部分が大きい。しかし，広く考えてみれば，そもそも，このような契約書の個々の条文・条項は，過去の弁護士などが実際に直面した（または実際には直面していなくても，直面を想定した）事例についての対処方法が列挙されたものと考えることもできる。特に新人弁護士などの経験の浅い弁護士の場合，このような条文の個々の事例を想定して対処を学ぶということも考えられる。

エ）相談者や当事者に学ぶ

弁護士は法律の専門家であっても，世の中を生きていくうえで，全ての面で相談者より知識があるというわけではない。むしろ，相談者や相手方などの当事者とより深く話し合う中で解決策が生まれてくる場合もある。たとえば，「こういう場合，これまではどうやって解決していたのですか」「同業者でも同じような目にあっている人がいると思うのですが，どうやって解決しているのでしょうか」と聞くことは，決して恥ずかしいことではないし，そのような質問から得た回答は選択肢を開発するのに役立つことが十分あり得る[52]。

オ）選択肢絞り込みの評価基準

このような選択肢をどのような基準で評価して絞り込んでゆくかという点については，様々な考え方があり得るが，標語的にいえば「速くて安くておいしい」解決ができる選択肢がよい選択肢であり[53]，スピード（速さ），費用（安さ），内容（「おいしい」解決であること）の3点が重要である。

この3つのどれを重視するか，どの程度のスピードや内容であることがよいかという点を決めるのは弁護士ではなく当事者であり，弁護士は当事者がこの3要素をどのように位置づけているかをよく理解し，どの選択肢ならばよりよ

52）柏木［2003］70頁は「選択肢の開発作業は，本来は依頼者と弁護士の共同（協同）作業であり，場合によっては依頼者のほうがその開発には適している場合もある」とする。

53）柏木［2003］74頁は，助言技術を評価し向上させるための指標として「①結論の適正さ，②速さ，安さ，③依頼者の満足度」を挙げている。

い「納得」が得られるのかを考えて絞り込んでゆくのがよい。

カ）法律以外の点についても検討すべきか

　以上のような選択肢の開発・絞り込みの作業では，法律以外の要素（たとえ
ば，経済的な判断，税務上の判断や人間関係など）も関わってくる。法律の専門
家である弁護士はこのような法律以外の点についても検討すべきであろうか。

　伝統的には「弁護士は，法律の専門家であって経済や人間関係の専門家では
ないから，必要以上に法律以外の事柄について助言しない」という考え方が支
配的であった[54]。しかし，リーガル・カウンセリングの考え方の中では非法律
問題の重視が強調されている[55]。

　そもそも法律的な問題は社会に独立して存在しているのではなく，様々な問
題と複合した形で存在している。法律相談はその一部を切り取った（フレーミ
ングした）ものにすぎない（33〜35頁参照）。とりわけ，情報の洪水である情報
化社会，複雑な人間関係を前提とする現代の社会で弁護士に求められる役割は
もう少し広く考えてよいのではないか。

　もちろん，専門外の事柄に対する謙虚さは必要である。しかし，それを意識
しながらも相談者と「一緒に（協働的に）悩む」「考える」姿勢が必要ではな
いだろうか[56]。なぜなら，相談者が置かれている現実は，法律問題だけで構成
されているのではなく社会的・経済的・人間的な様々な側面も切り離せない状
態で存在しており，弁護士はかような現実と直面している相談者を援助すべき
立場にあり，そのような援助活動によってこそより相談者の「納得」を得るこ
とができると考えられるからである[57]。

54）柏木［2003］26頁参照。

55）菅原［2004a］932頁は，「非法律問題の重視」こそがリーガル・カウンセリングの「従
　来の法律相談の考え方と一番異なるところ」だという。

56）柏木［2003］は「弁護士は法律の専門家であると同時に紛争解決の専門家でもあること
　が期待されて」おり（60頁），日本では，たとえば隣人に訴訟を提起した場合に相手か
　ら訴訟外で嫌がらせをされるか否かというような非法律的な問題が特に重要であり，
　「どのような選択肢を選ぶかという問題に関しては決定的な要素となる」。「非法律的結
　果の予測に関しては，社会的結果，関係者の心理に及ぼす影響，政治的結果，経済的結
　果，倫理問題等が関連してくる」ので「この予測のためには，経済学，心理学等の法律
　以外の周辺学問の知識や社会学的知識経験が大きくものをいう」という（71頁）。

　以上のように，「選択肢の開発と絞り込み」は，現代のローヤリングにおいて重要な意義を有する。本書ではこの技法について，法律相談・交渉・ADRなどの各場面でさらに具体的に論じてゆく。

---

57) 中村 = 和田［2006］116 頁は「法律的選択肢以外の開発スキル」として，(1)クライアントのニーズの延長線上で考える，(2)クライアントのこだわりを別の視点で捉え直してみる，(3)法律的ではないが，クライアントにとって納得・満足・不満の軽減につながる方策を考える，(4)交渉・調停といったプロセスやその果たす役割に期待する，(5)クライアント自身の知識・経験を利用する，(6)第三者の手を借りて選択肢を探す，(7)暫定的な提案をする，(8)クライアントに相手方・第三者の視点に立って考えてもらう，(9)クライアントの問題を外在化する，(10)タイミングをねらう，(11)代償的な満足が得られる方法を考える，という 11 のスキルを挙げる。

解説 2

心理学とローヤリング

　ローヤリングは，法律相談，交渉や ADR の各場面で「人」を対象とします。依頼者や相手方といった個々の「人」の「納得」を得るためには，人の「こころ」のあり方を理解することが有益です。これからのローヤリング・弁護士業務は心理学の成果から学び，技法を発展させることが望まれます。

　歴史的には，心理学（psychologia）の成語が登場したのは 16 世紀ごろと比較的新しく，日本では 1873 年に開成学校（東京大学の前身）のカリキュラムに「心理学」の語が使われたのが最初であるといわれます（鹿取＝杉本＝鳥居＝河内編［2020］297 頁）。世界的にも「こころ」の探究自体はギリシアのヒポクラテス，アリストテレスの時代から行われていますが，「心理学の過去は長いが，その歴史は短い」（エビングハウス）の語のとおり，ヴントがライプチヒ大学に世界最初の公式の心理学実験室を創設した 1879 年が，他の分野から心理学が正式に独立した年とされており，心理学の学問としての歴史自体は 100 年余しかないともいわれます（長谷川＝東條＝大島＝丹野＝廣中［2020］8，11 頁）。

　しかし，その後，現代社会の「こころ」への関心の高さを背景に，心理学は短い期間に様々な形で発展しました。その整理手法には種々あるようですが，ひとつの整理は，(a)基礎心理学（認知心理学・学習心理学・発達心理学・パーソナリティ心理学・社会心理学等）と(b)実践的心理学（臨床心理学・教育心理学・産業心理学・司法心理学等）とに分類するものです（丹野＝石垣＝毛利＝佐々木＝杉山［2015］4 頁）。

　弁護士の基礎的技能の入門書である本書では，臨床心理士の専門知識の基盤であり（無藤＝森＝遠藤＝玉瀬［2018］553 頁），公認心理師が学ぶ対象である「臨床心理学」の基礎的活動である「カウンセリング」を主として法律相談の場面で検討します（II 部 1 章 3 節）。

　「カウンセリング」は，もともとは学校・組織などの現場の相談活動から生まれ，学校カウンセリング・結婚カウンセリングのように専門分野ごとに分かれています。その中心となる「カウンセラー（Counselor）」の仕事は「それぞれの分野で悩みや問題を抱えた人に対して，情報を与え，問題解決を図ること」（下山［2002］51 頁）であり，カウンセリング理論は数え方次第では 300 も 400 もあるといわれます（無藤＝森＝遠藤＝玉瀬［2018］553 頁）が，わが国で現在の主流でありアメリカの「リーガル・カウンセリング」の考え方を理解するうえでも有意義なのは，カール・ロジャーズの唱えた「ク

ライエント中心療法」の考え方です。

　ロジャーズ以前のカウンセリングは基本的に「指示的」でした。クライエント（相談者）に対して助言・指示することが中心だったのです。しかし，この指示はクライエントに受け容れられにくかったため，ロジャーズは，クライエント自身の成長や適応力を信頼してその主導性に委ね，クライエントが自らの道を見出していくことをカウンセリングの基本に据えました。その前提には，クライエントは自分自身で問題を解決していく能力を有するという，人間に対する深い信頼があります。

　そしてロジャーズは，カウンセラーに必要な条件（セラピストの 3 条件）として，⑴自己一致（Genuineness：純粋性。カウンセラー自身がクライエントにありのままの自分を見せることができて自己の内面に矛盾がないこと），⑵無条件の肯定的関心（Unconditional Positive Regard），⑶共感（Empathy）の 3 つを挙げます（無藤＝森＝遠藤＝玉瀬［2018］559 頁）。

　弁護士の仕事は，相手方に対してはもちろん，依頼者・相談者（クライエント）に対しても，法の専門家として彼らとは異なる視点の問題意識を提示することがむしろ本来的に要請されています（中村＝和田［2006］3 頁）から，構造的にロジャーズの上記 3 条件（特に⑵と⑶）との矛盾を内包しています。しかし，逆にそうであるからこそ，このようなクライエント中心療法の基本的態度は，弁護士にとって大きな示唆を含みます。

　クライエント中心療法の考え方は，特に「リーガル・カウンセリング」としての法律相談を考えるうえで重要です。また，相手方との交渉や仲裁人としての弁護士活動でも，（上記の限界はあるとはいえ）「話を聴く姿勢」には共通する点があり，上記 3 点を念頭に置くとより豊かに「聴く」作業を行うことができます。

　法律相談以外の場面でも心理学は有用です。交渉の場面では，認知バイアスを利用した「係留効果」（182〜183 頁），団体における意思形成交渉での「集団極性化」（173〜174 頁）がテーマとなります。ADR の場面では，法律相談の場面と同様に心理学の成果を用いた様々な聴き取りの技法を活用できます。また，仲裁人と当事者が着席する場合，対面・横並び・直角の配席が関係者にどのような心理的影響を及ぼすか。これは交渉技法のひとつです（177 頁）が，ADR にも応用が可能です（234 頁参照）。このように心理学の分野にもアンテナを張れば，私たちのローヤリングの考え方は，より豊かなものになると思います。

補論 1

ローヤリングの目的論

　第 1 章で述べたとおり，ローヤリングが（弁護士ではなく）依頼者のための技能であるとすれば，その技能の目的は何であるか。補論 1 では，この最重要テーマについて，さらに深く掘り下げて論じる[1]。

第 1 節　ローヤリングは何のためにあるか

1 ）満足説と納得・安心説

　本書ではすでに I 部 1 章 3 節で，ローヤリングが貢献すべき目標について，依頼者の要望を満たすこと，すなわち「満足」にそれを求める説（満足説）と，成功・失敗にかかわらず法的紛争の過程および帰結に依頼者が「納得」し「安心」できることを重視する説（納得・安心説）を紹介した。

　医師が病気という苦痛を取り除くこと，すなわち「満足」を目標とする点とのアナロジーからは，依頼者の「満足」，すなわち債権回収により現金を現実に手にすることや依頼者が思うような慰謝料を獲得するといった「満足」こそが弁護士業務（ローヤリング）の目的であると考えるべきにも思える。

　しかし他方，実際に法律事務を遂行してゆくと，当初，依頼者が思っていた「満足」とは程遠い形で事件が終結することも決して少なくない。それを日々見ている実務家である弁護士として，単純に「「満足」を目指すことこそがローヤリングの目標である」と言い切ることには躊躇を覚える。それでは勝訴

---

1) 名古屋ロイヤリング研究会編［2009］3 頁。

至上主義になってしまうようにも思われるし，依頼者が最終的に求めていることが本当にそうしたことなのか疑問を感じることもある。

　また実態として，訴訟の多くが判決ではなく和解で解決している[2]ことをどう考えるか。弁護士が全員「満足」だけを追求していては，互譲（民法695条）を要素とする和解は成立しない。和解が多すぎるという現状への批判もあり得るかもしれないし，依頼者の意思を無視した和解が押しつけられているとすればそれ自体が批判されるべきだが，そうでないならば，裁判所という第三者が国家権力を背景に強制的に解決を押しつける判決よりも，当事者双方の同意にもとづく和解による解決の方が紛争解決のあり方としては望ましいはずである。

　もともと依頼者が，弁護士のところへ法律相談に来るとき，何をもって「満足」したいと考えているか。依頼者は「法規範」を知らないことも多いから，依頼者は客観的には法律ではとても認められないことにしか「満足」を感じない場合も十分あり得る。たとえば，一般に「裁判所が認める慰謝料の金額が低すぎるのではないか」という批判があるが，犯罪の被害にあった者の場合，「加害者には1億円の慰謝料（逸失利益などの客観的損害ではなく，「慰謝料」として1億円）を支払ってほしい，それでも足りない」と思うことがあるだろう。「満足」は個々の人間の感情であるから，それ自体が責められるべきことではない。しかし，依頼者の「満足」がそのような法規範で認められる内容を超えるものであった場合でも，そのまま[3]それを「ハイヤード・ガン（雇われガンマン）」[4]のように法廷に持ち込むことは「社会正義の実現」（弁護士法1条）とはいえないのではないか。依頼者の「満足」「不満」は複合的なものであり，

---

2) 平成30年司法統計年報民事・行政篇「20 第一審通常訴訟既済事件数 終局区分及び審理期間別 全地方裁判所」によれば，地裁の事件終結件数のうち，裁判上の和解による終結件数（51445件）は，判決による終結（57376件）のうち欠席判決を除いた対席判決による終結件数（33489件）を大きく上回っている（約1.5倍）。

3)「そのまま」持ち込むことを問題としているのであって，弁護士が様々な点を十分考えた上で，「この事案には1億円の慰謝料がふさわしく，判例を乗り越えていくべきだ」と考えるケースならば，躊躇があってはならない。その場合は，それこそが「社会正義」（弁護士法1条）であるとも考えられるからである。

4) Hired-gun の直訳は「雇われた拳銃」だが，「（金で雇われた）殺し屋」「ボディーガード」とも訳される。髙中＝石田［2020］15頁参照。

個々の依頼者の個性や考え方によって異なるものであるから，必ずしも「法的
に」解決することでしか「満足」には至らないとは限らない。法律とは異なる
解決方法であっても，その方が依頼者の「満足」につながり，また社会正義に
合致する場合もあるだろう。同じような事案に直面した場合であっても，個々
の事例に即して考えると，人はそれぞれ異なる個性と考え方をもっているから，
各個人が思う「正義」と相手方の「正義」とは一致することもあれば異なるこ
ともある。一致しないときは個々の価値観や利害が衝突しているのだから，各
個人が思う「正義」と弁護士が考える「社会正義[5]」とを照らしあわせ，両者
が適合すると考えれば，弁護士が依頼者を代理して相手方と交渉し，相手方に
弁護士が選任されれば相手方代理人弁護士が「社会正義」と考える点を提示し
て交渉し，交渉の妥結にむかって協議していく。そこで本当に妥結があるとす
れば，それは「満足」ではなく「納得」の結果なのではないか。

2）本書の立場──最終目標としての「納得」

　筆者はやはり，「納得」こそが目指すべきゴールのように思う。証拠と事実
と法を依頼者と弁護士が共有し，ともに考えを尽くし，手続を尽くす中で「こ
ういうことなら仕方がない」「ここまでできたから「納得」しよう」と依頼者
が思うことができるかどうかという境地がゴールであるべきではないか。

　もちろん，「満足」を目指した結果「納得」してもらえることも多々あると
思われ，両者は相反するものではない。しかし，あえて主従をつけるならば，
「主」は「満足」そのものというより「納得」であるべきではないだろうか。

　「納得」と「安心」の関係はどうか。この論点について日本で初めて検討し
た名古屋ロイヤリング研究会の議論の結論としては，「納得と安心」の双方が
目標とされた[6]。しかし「安心」は「納得」した結果の心のあり方のひとつで
ある。もちろん，法的紛争の状況や手続について常によく理解し，不安に思う
ことが少ない心の状態である「安心」というものも目指すべき重要な価値のひ

5）弁護士自身も人間であるから，その当事者がいう「正義」が弁護士の個人的「正義」と
　一致する場合，しない場合があるだろう。しかし，ここでいう「社会正義」（弁護士法
　1条）は，そのような弁護士の個人的な正義感とは厳密には異なるものである。

とつであろう。しかし，それはある意味では「事件の状態」「手続」についての「納得」の一種であると言い換えることもできるのではないか。

　他方，「解決」（競争・紛争状況の解除）こそが目的であるとの意見もある（解決説）。この考え方は，「ローヤリングにおける様々な技法を駆使すれば，依頼者の主観や認知に働きかけるリフレーミング（33〜35 頁）などの技法によって，紛争状態は未解決のまま「納得」を生み出すことも可能だが，それは弁護士のあるべき職務遂行姿勢ではない」という意識にもとづく。

　確かに，紛争状況の解除（解決）は目指すべきひとつの大きな価値ではあろう。しかし，人間の心のあり方は実に様々であり，「客観的に紛争は解決していても，その人自身は「納得」していない」ということは多々ある。たとえば，貸金債権が時効消滅（民法 166 条）したため請求棄却判決が確定したというケースでは，客観的にみれば「あなたは，もう争っても無駄です」という状況であり，この観点では紛争は「解決」したのであろう[7]。しかし，依頼者は簡単には「納得」できない。自分が長らく権利を行使しなかったことがいけなかったのか，相手を信用しすぎたことがいけなかったのか，法律や判例を知らなかったことがいけなかったのか，そもそもこんな相手に金を貸したこと自体がいけなかったのか。そのあたりが腹に落ちない限り，依頼者は紛争が「解決」していても「納得」ができない。このような状況で弁護士が一緒に考え，法的な知識・経験も提供し，ともに悩み，振り返ることによって「納得」できたとすれば，それこそ弁護士が目指すべき状態ではないか[8]。

6）名古屋ロイヤリング研究会編［2009］4 頁。
7）この点について議論した研究会では，「そのような状態は「解決」ではない」という意見も出された。しかし，少なくともこれまでの民事訴訟法学では，判決の確定・和解の成立・訴えの取下げや請求の放棄を訴訟という紛争状態の「解決」と定義づけてきた。敗訴判決の確定が「解決」でなければ，紛争は永遠に続くことになってしまう。
8）この点，石田［2019］63 頁が，ADR 利用者調査の結果にクロス分析を加えて分析し，「不利な結果を得たと考えてもなお，弁護士代理利用者グループでは，手続全体について 45.5％の者が満足していると回答した」ことを「特筆すべきこと」と評価し，「弁護士の代理人は」「利用者である依頼者の満足（または納得）に大きな影響を与えているようである」と評価している点が注目される。

コラム③

ローヤリングと民事弁護科目との違い

　若手弁護士から，「「ローヤリング」って，結局，研修所の民事弁護科目（民弁科目）と同じものですよね？」と尋ねられることがあります。民弁科目の教育内容は司法研修所の弁護教官が合議により毎年改善を重ねて進化を続けています。従前は手薄だった法律相談・交渉・ADR などの分野も視野に入れており，ローヤリングとの共通点も多いですが，相違点があります。

　ひとつは，ローヤリングは「実務」だけでなく「理論」も視野に入れることです。ここでいう「理論」には法解釈のみならず，法社会学，経済学（法と経済学），心理学（コミュニケーション技法）などの諸科学の理論も含まれます。

　もうひとつは，民弁科目が中心とする訴訟実務（litigation）が「ローヤリング」の定義からは除外されている点です。この点は，きわめて大きな相違点です。司法研修所編［2019a］『8 訂民事弁護の手引（増訂版）』，［2019b］『7 訂民事弁護における立証活動（増補版）』では，訴訟代理人弁護士の活動，訴状などの訴訟関係書類の起案の解説に多くのページが割かれています。司法研修所は最高裁に置かれた機関です（裁判所法 14 条）から，「訴訟中心」の民事実務観となるのはある意味当然ですが，連携開講される民事裁判科目とあわせみると，「裁判所こそ中心である」「裁判所からみた弁護士はどうあるべきか」という観点での教育となりがちです。

　これは司法研修所編［2019a］冒頭（2 頁）に掲げられた下記記載に端的に表れています。

　　　　活動分野を広げたとはいえ，民事弁護活動において最も重要視されるものは，
　　　　紛争の最終解決機関たる裁判所における訴訟活動である。

　確かに訴訟活動・訴訟実務は重要です。しかし，「最も重要視」すべきか否かについては，別の考え方もあります。たとえば，ADR 論で論じられる小島武司「正義の総合システム」は「裁判」をシステムの中心に配置しますが，これを「富士山志向である」と批判し，訴訟・仲裁・調停・相対交渉を並列に位置づける「八ヶ岳志向」を唱える井上治典の考え方には注目すべきものがあります（詳しくは II 部 5 章 2 節参照）。

　世の中の価値観や考え方が多様化する中で，このような訴訟中心の民事実務観自体も理論的な観点から相対化する点に，ローヤリングの民弁科目とは異なる存在意義と醍醐味があると筆者は考えています。

3）「満足」「解決」の意味から考える

　このように議論してくると，この議論は実は同じことを異なる言葉で言い表しているだけとも考えられよう。満足説についていえば，自分が当初思っていた内容が実現しなくても「「満足」だ」と思うレベルになれば「満足」した心理状態なのかもしれないし，解決説についていえば，単に何でも「解決」すればよいということではなく，「これならよいな」「仕方がないな」と思う「解決」こそが「紛争状態の解除」なのかもしれない。しかしその場合，もとの「不満足」が「満足」に変容した，「紛争状態」が解除されたのには，何か欠けているパズルピース・見えない橋渡し・ミッシングリンクがあるはずだ。それは「ここで「満足」しておこう」という「納得」であり，「ここで紛争状態を解除してもよいな」という「納得」なのではないだろうか。

第2節　「納得」をめぐる論点

1）「満足」と闘争・戦争状態

　誰もが「満足」を目指して「闘争」を展開したとする。誰かは「満足」でき，誰かは「満足」できないかもしれない。お互いに満足できない結果で終わることもあるだろう。「満足」をどこまでも追求したら，全員が満足することはあり得ない。とすれば，満足できなかった人は，その不満をどこにもっていったらよいのだろうか。不満が残ることは，仕方がないことなのだろうか。

　人間はみな考え方が違う。誰かが不満な気持ちをもつことは避けられない。極論すれば，それを解決するには，「納得」するか，もしくは相手と全面戦争して相手の主張を握りつぶしてしまうか（相手を殺してしまえば一番簡単である）のどちらかであろう。しかし，私たちの法秩序が自力救済を禁止し，司法権を裁判所に属させて戦争までしなくても紛争を解決するシステムをもっている[9]のは，そのような闘争・自力救済・実力行使（戦争や暴行脅迫）を防ぐためなのではないか。

　「今の世の中で，そんな愚かなことをする人がいるはずがない」と思われるかもしれないが，そのような「闘争」「自力救済」「戦争」は遠い昔・遠い世界

の話ではない。日本国内でいえば，豊臣秀吉の刀狩（1588 年）以前には，他人の振る舞いに「満足」できない農民，僧兵なども自分の刀で相手を殺すことが容易にできた。大正時代の愛知県では鳴海小作争議と呼ばれる地主と小作人の紛争が生じ，地主側が土建業者をドスで脅して小作人を追い出す自力救済が実行されたこともあった[10]。4 大公害のひとつである水俣病をめぐっては，1971年に水俣病患者が水俣病による損害の補償を求める交渉のため，加害企業チッソ東京本社に出向いて社長の面会を求めようとしたところ，これを阻止しようとした従業員から押し返されるなどしたため，チッソ従業員に噛みつき引っ張った行為が傷害罪に問議される事件が起こっている[11]。国際法的にいえば，国際司法裁判所の判決は現在も強制力を有さず[12]，各国は軍隊による自力救済が可能な状態であり，自国が「満足」できないときに「自衛」の名目で戦争をすることはイラク戦争でもロシアによるウクライナ侵攻でも行われた[13]し，今後

9）民法などの法律上に明文の規定はないが一般に，自力救済（裁判所の執行手続を経ずに権利の内容を自力で実現すること）は禁じられていると解釈されている（我妻［1965］41 頁）。この「自力救済禁止の原則」は，民法では物権法の教科書で説明されることが多い（加藤［2005］232 頁，内田［2008］370 頁。占有訴権〈民法 197 条以下〉が「所有権〈本権〉と別に占有自体を保護する」〈同法 202 条〉ことなどと関連して説明される）。しかし，自力救済禁止は物権法分野にとどまらない。たとえば，債権者が現に債権を有し勝訴判決を得ていても，債務者の承諾なく現金を取り上げ回収に充てる自力救済は違法である。このように，自力救済は物権にとどまらず民法全体・私法全体を律する原則であるから，本来は民法総則において論じられること（前掲我妻，平野［2017］26 頁など）が適切である。さらに論を進めれば「たとえ権利者でも適法手続に基づいてしか権利を実現できない」ことは，執行分野における（「人の支配」ではない）「法の支配」のあらわれでもある（法の支配の内容のひとつとして裁判所での手続の尊重を挙げる芦部［2019］14 頁参照）。そして，裁判を経ず自力救済された場合は「裁判を受ける権利」（憲法 32 条）が脅かされる（高橋［2020］333, 437 頁は「裁判を受ける権利」を自力救済禁止の見返りとして国家が約束した権利と説明する）。よって「自力救済禁止の原則」は憲法の観点からも私法全体の一般法たる民法総則に明文で規定されるべき重要概念であり，ローヤリングの考え方もこの憲法・民法の法秩序を根底に置いて展開されるべきである。

10）古賀［1979］24 頁。同論文は京都帝国大学法学部教授雉本朗造（民事訴訟法を専門とする）の評伝である。雉本は，郷里の鳴海で発生したこの小作争議について永小作権の存在を主張し小作人を支援・指導した。同書 26 頁によれば，雉本が「暴力に訴えるな」と訓していたにもかかわらず，一部小作人が地主の家を破壊する行為（自力救済）に及んだとの風聞に心を痛めたという。

も繰り返されるだろう。このような「闘争」「自力救済」「戦争」を思いとどまるには，お互いが「満足」を求めるのではなく，自分とは絶対に考え方が一致することがない相手に対しても，どこかで「納得」するしかないのではないか。

2）「市場の質」（法と経済学）の観点から「納得」を考える

　太田勝造（法社会学）は，矢野誠（経済学）の「市場の質」理論を背景に，新たな司法インフラを構築する理論を展開する中で，以下のように「納得」という文言を提示する[14]。

　すなわち，現代経済はほぼ 100 年に 1 度ずつ急激な技術革新（産業革命）を経験してきた（産業革命サイクル[15]）。(1) 18 世紀後半の第 1 次産業革命（蒸気機関・綿工業をはじめとする軽工業が中心）により市場インフラ・司法制度が機能

11）最決昭和 55 年 12 月 17 日刑集 34 巻 7 号 672 頁（チッソ川本事件）。法科大学院の刑事訴訟法の授業で多く取りあげられる公訴権濫用論に関する重要判例である。原審では，被告人が以前チッソ石油化学五井工場で退去を求める従業員多数から暴行を受けた事実（五井工場集団暴行事件。これも一種の自力救済である）についてチッソ従業員が不起訴となっており不公平であることなどを理由として，公訴権濫用論により公訴棄却の判決が言い渡されていた（東京高判昭和 52 年 6 月 14 日刑集 34 巻 7 号 720 頁）。
12）国際司法裁判所は，当然には強制的管轄権を有さない（国際司法裁判所規程 38 条参照）し，判決を強制執行する機関も手続も有さない。
13）2003 年にジョージ・W・ブッシュ米大統領が「イラクが大量破壊兵器を保有している」ことなどを理由にイラクと開戦した法律上の根拠は，国連憲章 51 条にもとづく「先制的自衛権」（国際法上，このような権利が認められるか否かについては争いがある）である。アメリカという国が，「満足」を得られない状況下で，戦争を始めた例といえるだろう。
14）太田［2020］39 頁以下。同論文で言及される太田が参加した，矢野を研究代表とする科研費特別研究は「経済危機と社会インフラの複雑系分析」（課題番号 23000001，2011〜15 年）。矢野は経済学者として，矢野［2007］などにおいて現代経済における「市場」のあり方（市場の質）を論じている。
15）矢野［2005］6 頁以下。この 100 年ごとの「超長期波」を説明する理論はこれまで存在せず，最も近い現象を最初に発見したのはコンドラチェフ（1925 年）であるが，前注にある矢野の特別研究は，複雑系理論の中核をなす「カオス理論」を応用して「超長期波」に初めて理論的説明を与えたものであるという。そして近年はさらに進んで，第 3 次産業革命における ICT の累積的発展の上に，AI 研究におけるブレークスルー（深層学習）が加わったことによる「第 4 次産業革命」が，イノベーションの大きな波を起こしているといわれている（長岡［2020］88 頁以下参照）。

不全を起こしたのに対し，国家は労働法などの司法インフラ構築で問題解決にあたった。(II) 19 世紀後半の第 2 次産業革命（電力と石油・重化学工業が中心）が引き起こした，大恐慌・独占企業問題という市場の機能不全に対しては，国家は独占禁止法・証券取引法などの司法インフラ導入により，技術革新が人々の幸福に結びつくよう「市場の質」を高めた。

そして，現代は(III) 20 世紀後半からの第 3 次産業革命（コンピュータと ICT・情報通信技術の急激な進展が中心）の時代であり，「モノの取引」を前提とした市場と法が機能不全に陥っている。いま法律家は，新たな司法インフラの導入にどのように寄与でき，「市場の質」を高められるかが問われている。

ここでいう「市場の質」は，経済学的には「「効率性」と「公平性」」を独立変数とする従属変数として定義されるが，太田は法律家の観点から，「市場の質」を「分かりやすく誰もが納得する経済活動がどの程度まで行われている市場か」（傍点引用者）という尺度で測り，「自由で公正な社会」を構成できている「市場」がよい市場であると評価する。

確かに，神でもない人間が何をもって「公正」「正義」とするかを定めることは困難であり，不可能であるともいえる（解説 3 参照）。しかし，仮に価値相対主義・民主主義と多数決を背景とするならば，少しでも多くの人の「納得」が得られた市場や社会は，そうでない市場や社会より少しでも「公正」や「正義」に近づいた「質の高い」市場・社会であるといえよう。そのために，法律専門家としての弁護士ができることは，委嘱を受けた具体的な「職務」（弁護士法 3 条）を遂行し，事件を解決してゆく中で，創造的で積極的な法解釈による「ミクロな法創造」と日々の小さな「納得」の獲得を積み重ねることによって，「社会正義の実現」を目指していくことではないか（詳しくは補論 2 参照）。

以上のような点を勘案し，筆者は依頼者の「納得」こそが，ローヤリングの目指す究極の価値と考える[16]。

---

16) 廣田［2006］44 頁は，紛争解決における「解決」（競争状況の解除）について，その「解決の質を論ずるときに，その尺度を短い言葉で表現するとすれば，正義の実現と当事者の納得であろう」という（傍点引用者）。官澤［2014］42 頁「依頼者を説得ではなく，依頼者が納得の大切さ」も参照。

解説 3

法哲学とローヤリング

　弁護士法 1 条は弁護士の使命が「社会正義」の実現にあるといいます。

　では,「正義」とは一体何なのでしょうか？このことを考える学問が,法哲学です（東京大学では法哲学,京都大学では法理学と呼ばれます）。

　この点については,古代ギリシアのアリストテレス『ニコマコス倫理学』の昔から,現代アメリカのロールズ『正義論』（初版 1971 年）,それに対する諸批判まで,果てしない議論が続き,「法哲学上の難問」であると日本弁護士連合会調査室編［2019］10 頁は述べます。同書はアリストテレスの整理を参考に,「正義」の意味を(1)広義の正義（法的正義＝法に適合すること）,(2)狭義の正義（配分的正義・匡正的正義＝「各人に各人のものを」「等しきものは等しく,等しからざるは等しからざるように扱え」のように種々の社会関係・制度を制約する形式的な構成原理を示す意味での正義）,(3)実質的正義（実質的な価値基準としての正義）の 3 つに分けて検討します。

　「正義」についてさえこのような様々な理解がありますが,弁護士法 1 条は単なる「正義」ではなく「社会正義」と規定するので,「意味内容が複雑である」と同書は述べたうえで,「同条の「社会正義」は上記(1)〜(3)の 3 つの意味を全て併せ持ち,社会生活に即したものと理解することが相当」といいますが,これで何を意味するのかは必ずしも明らかではありません。

　上記の(2)「匡正的正義」でいう「各人に各人のものを」は,帝政ローマ期の法学者ウルピアヌスの言葉として 6 世紀のローマ法大全の学説彙纂（Digesta：ディゲスタ）に引かれました。この「匡正的正義」は,たとえば「2 倍働いた人は 2 倍の給料をもらう」という正義のように説明されることもありますが,このような単純比較ならともかく,様々な場面で厳密に検討すると何が「各人のもの」なのかが結局不明確で,「空虚公式」だとも批判され,むしろ 19 世紀後半以降は価値相対主義・レッセフェール（フランス語の "Laissez-faire"〈なすに任せよ〉の原義から「自由放任」の意）が説かれました。

　その後,20 世紀に資本主義・功利主義の矛盾に対処する修正資本主義・福祉国家思想が説かれ,他方,第 2 次大戦後のアメリカの「正義」の矛盾（ベトナム戦争など）が指摘されたという時代背景のもと 1971 年に刊行されたのがロールズの『正義論』です。

　ロールズの『正義論』は,功利主義が社会全体の効用を最大化するために特定の個人の自由・幸福を犠牲にすること（効率としての正義）を批判し,各人が異なった価値観

をもつことを前提として平和的に共存し，協力して社会活動を営むために全ての人が合意できる基本構造のあり方（Justice as Fairness：公正としての正義）を説きます。この構造を探るべく，ロールズは「原始状態（Original Position：想定された理想的状況）」を観念し，各人が「無知のヴェール（Veil of Ignorance：社会の一般的事実は覚えていても，自分に関する個別的事実は忘れてしまう）」をかぶった状態で社会的ルールを決めようとすると，合理的基準は「マキシミン戦略」（Maximin Principle：ゲーム理論で，複数の選択肢がある場合に最悪のことが起こったときでも得られる利益が最大になるものを選択する戦略のこと）となることを立証します。その結果，全ての人が同じように最悪の状態を最善にしようとする，あるいは最悪の状態に至るような選択肢を避けようとする結果として，以下の原理を採用することに全員一致で合意することになるだろう，といいます（正義の2原理）。つまり，(I)すべての人は他の人の同様の自由と両立する限り最大限の基本的自由を平等に有する（正義の第1原理：平等な自由原理），(II)社会的・経済的不平等は，(a)正義にかなった貯蓄原理（Just Savings Principle）と両立する限りで最も不遇な人々の最大利益のためになる（格差原理），(b)公正な機会均等という条件下で万人に開かれた職務・地位にともなう（公正な機会均等原理）という2条件をともに満たす場合にのみ許される（正義の第2原理），という2原理です。そして，ロールズは，第1原理は第2原理の全体に対して，第2原理の中では公正な機会均等原理が格差原理に対して「辞書的な優先性」をもっており，基本的自由はそれが相互に衝突する場合にのみ制限されうると述べます。

　ロールズの議論は抽象的で難解であり，その後も変化した（それが批判されることもあります）こともあって全貌の理解は容易ではありませんが，現在の法哲学・政治哲学にわたる議論の多くがロールズの問題提起を意識した「ロールズ産業」であるとの皮肉も指摘されるほど影響力をもつといわれ，「正義」とは何かについての論争は果てしなく続いています（以上，瀧川＝宇佐美＝大屋［2014］32～60頁を参照しました）。

　確かに「「正義」や「社会正義」とは何か」という問いは簡単に答えを出せるものではないし，出すべき性質のものでもないでしょう。しかし，弁護士が職務を行ううえで「貸した金を返せ」との当事者の主張を右から左に相手方や裁判所に伝えるのではなく，「それが本当に「正義」や「社会正義」にかなうことなのか」というフィルターを常に毎回通す作業を積み重ねることは可能です。弁護士は，毎日の業務に追われる中で，何が「社会正義」かを見失うことがあります。しかし，そのような「社会正義」のあり方を都度確認する地道な作業の繰り返しが，弁護士の職務（弁護士法3条）に対する信頼を高めてゆくのではないでしょうか（コラム⑩「プロフェッション論の現代的意義」参照）。

第 II 部

各　　論

第1章

法律相談・面談

　弁護士であるあなたは，相談者から以下のような質問や要望を受けた。どのように答えるのがよいか。

　(I)私の弟は，若いころから定職にもつかずギャンブルと借金ばかりをして，いつも父が生活費を渡したり借金の肩代わりをしたりしてきました。全部合計すれば数千万円にはなると思います。今，父には数億円の資産がありますが，弟に相続させると，どうせまたすぐに散財してしまうにきまっています。父に遺言を書いてもらいたいと思いますので，手続を進めてください。

　(II)マンションの理事会で一緒に理事をしたAさんと夏祭りの進め方のことで口論になってから険悪な関係になり，マンションの掲示板やAさんが個人でやっているブログにあることないこと書かれ，とても辛いです。とにかく何とかしてください。

第1節　法律相談とは

1）法律相談の意義

　これまで一般に，法律相談は「相談者が特定の法的問題について法的知識・法的判断を求め，あるいは相手方において相談に応じて法的知識・判断を提供する」ものと定義されてきた。

　この点，法律相談を「一般市民に対し廉価に提供する法的サービス」に限定

する考え方もある。しかし，「法律相談」の名のもとに提供されているのは，このようなものに限られない。諸企業の顧客サービス，団体構成員の福利を目的としたもの，官公庁の行政目的実現のためのものなど様々なものが「法律相談」の名のもとに行われている。そこで，本書では，一般市民に対し廉価に提供するものに限らず広く検討の対象とする。

　なお，上記定義は，従前の「コンサルテーション型の法律相談（自律的な相談者を前提とした知識の切り売り的な法律相談）」を前提としているものと考えられるが，本書では「カウンセリング型の法律相談」を目指すべきとの立場から，その再定義を本章末尾で試みる。

2）法律相談の要素

　以上のように考えるとしても，より立ち入って検討すれば，「法律相談」は，さらに様々な細かい要素により分類され得るため，それぞれ異なった特徴をもつとも考えられる。たとえば，(ア)相談に対する対価の有無（有料相談・無料相談の別），(イ)相談される者（被相談者）の属性（弁護士，司法書士，行政書士，社会保険労務士，税理士など），(ウ)相談事項の種類（民事・商事会社関係，家事や刑事・少年などの別）などである。

　しかし，本書では，以下のような理由によって，広く法律に関する相談一般のうち主に弁護士が扱うものを対象とする。

ア）有料相談と無料相談の別

　一般に法律相談の中には，弁護士が相談者その他の者から対価を得て行うもの（有料法律相談）と，これを得ず行うもの（無料法律相談）とがある。そして，「無料法律相談については，弁護士が提供するサービスは通常より低いレベルのもので足りる」という考え方もあり得る。

　しかし，相談者と弁護士が法律相談を行うことを合意する契約は準委任契約（民法656条）としての性質を有する[1]。受任者たる弁護士には有償無償の別を問わず善管注意義務が課されており（同法644条。無償寄託に関する659条のような条文が委任には存しない），有償無償の別は弁護士が提供すべきサービスの質・程度を左右しないものと解すべきである[2]。よって，本書でも有料相談と

無料相談とで弁護士の提供すべきサービスの程度や質を異にせず、同様のサービスを提供すべきであることを前提に論を進める。

とりわけ、近時、従前と比べて多くの弁護士や司法書士が無償で法律相談を行うに至っており、無料法律相談において弁護士が提供するサービスの内容や質が厳しく問われる時代に至っていることを弁護士は銘記すべきである。

イ）被相談者の属性

弁護士、司法書士、行政書士、社会保険労務士はいずれも法律専門家として一定の相談を行うことを業務としており[3]、法律相談を法律専門家として行うことに異なるところはない。また、税理士についても、租税法律主義（憲法 84 条）の趣旨から考えれば税理士が税務相談において提供するサービスは一種の法的な回答であり税理士が行う相談は法律相談の一種であると位置づけることができる。しかし、ローヤリングの教科書である本書では基本的に「弁護士」の法律相談を中心に検討し、他士業の法律相談はその比較においてふれるにと

1）内田［2011］289 頁。

2）（準）委任契約である以上、法律専門家は特約がない限り報酬を請求できない（同条、同法 648 条 1 項）から、無料相談が原則となる。ただし、「弁護士報酬につき特段の定めがなくても諸般の事情を斟酌し相当な報酬を算定すべき」（最判昭和 37 年 2 月 1 日民集 16 巻 2 号 157 頁）、「相談者・法律専門家間に黙示の特約の存在を認定して法律相談報酬を請求できる」などとの考え方にもとづき、報酬が請求できると考えられる場合もある。なお、これはあくまで法律専門家にとっての有料・無料である。

		相談者が相談料を	
		1）出捐する	2）出捐しない
弁護士が報酬を	A）受領する	有料相談	有料相談
	B）受領しない	観念しにくい	無料相談

たとえば、行政機関の出捐で住民に対し弁護士の法律相談を提供する「無料法律相談」などの場合、相談者は費用を支払わない（その意味で無料相談）が法律専門家（弁護士）は何らかの対価を受けている（その意味では有料相談。表の網掛部分）。このような相談は相談者にとっては無料であるが、弁護士は相談料を得ているため、「無料相談だから注意義務の程度は低い」との主張はより論拠を欠く。

3）司法書士法 3 条 3、7 号、行政書士法 1 条の 3 第 1 項 4 号、社会保険労務士法 2 条 3 号参照。

どめる。弁護士は，取り扱う「職務」（弁護士法 3 条）を通じて人権擁護と社会正義を実現する「使命」を果たすと考える本書の立場（補論 2 参照）からは，法律相談を行う「職務」が上記「使命」を果たす目的に向けて行われている点で他士業が行う法律相談と違いがあることになる。

ウ）相談事項の種類

　ただし，以上のとおり法律相談に共通する特徴を一般的に検討するとしても，家事・少年事件，労務に関わる事項や税務問題など相談事項の種類によって一定の異なる配慮が必要な場面はあり得る。よって，本書ではできるだけ各法律相談に共通した一般的な特質を抽出して論じるものとする。

第 2 節　面談技法の必要性

　わが国では，特に 2000 年代に入ってから面談技法の必要性が強調されるようになった。今日の弁護士は，権威主義的立場から知識の切り売りをする法律相談ではなく，相談者の立場に立ち，相談者が真に求めるものを十分に理解したうえで解決策を提示する，あるいは，相談者が問題解決のためになすべき判断形成を援助する技術を身につける必要性に迫られている。その理由としては，(a)法化社会の進展による法律関係の複雑化，(b)定型化が難しい法律相談の増加，(c)離婚・相続・破産等「相談者に対し単に法的情報を与えるのみでなく，その人間の人生に対する自主的判断とそれによる自立を支援する側面が強く要請されている」法律相談の増加，(d) ICT や AI 技術の進展により一般市民も法を調べれば相当程度の法知識を得られるようになっているため「知識の切り売り」では足りず，より高度な法情報の提供が求められていること，(e)日本弁護士連合会（日弁連）がいわゆる「名古屋宣言[4]」を契機に「市民が容易に弁護士に相談し，依頼することができる体制を確立するよう最善を尽くす」として全国各地に法律相談センターの開設を進めたことや，弁護士人口の増加，弁護士

4）1996 年日弁連定期総会「弁護士過疎地域における法律相談対体制の確立に関する宣言」（https://www.nichibenren.or.jp/document/assembly_resolution/year/1996/1996_3.html　2022年 5 月 16 日最終閲覧）。

報酬の自由化などを原因として法律相談の費用が低料金・低額化したことなど
により以前より法律相談が一般市民にも身近になったことが挙げられる[5]。こ
れらに加えて，近時の顕著な傾向としては，(f)司法改革による爆発的な弁護士
人口の増加によって多くの有料無料の法律相談が個々の法律事務所，とりわけ
若手弁護士を中心に行われるようになり，顧客の満足を得る観点からも面談技
法に対する関心が高まっている状況にあること，(g)司法改革の進展により，こ
れまでのように「法律相談を事務所で待っている」という姿勢から，さらなる
アウトリーチを目指す姿勢への転換が強調されることで法律相談が現場に近く
なり，さらに相談の種類内容が細分化・専門化され，専門家（高齢者であれば
ケアマネージャーや施設関係者，貧困問題であれば行政機関や支援団体など）と協
働して行う法律相談が増えていることから，弁護士が行う面談の意味やその技
術が特に問い直されるに至っている点を指摘しておきたい。

第3節　法律相談の理論的基礎

1）リーガル・カウンセリング

　本章冒頭で述べたとおり，法律相談は「相談者が特定の法的問題について法
的知識・法的判断を求め，あるいは相手方において相談に応じて法的知識・判
断を提供する」ことであるとすれば，「法律相談」では，弁護士が相談者に対
し，法的な質問について一方的に「回答」することが中心になるように思われ
る。しかし，「法律相談」においては，一方的な「回答」を前提とした「法律
回答」といった用語は一般的ではなく，あくまで「相談」という双方向のやり
取りを前提とした呼称が用いられている。これはきわめて示唆的である。

　これに加えて，特に1990年代以降アメリカで広く説かれるようになった
「リーガル・カウンセリング（Legal Counseling）」の理論を併せて考えることに
より，「法律相談」を新たなものとして捉えることができる。このリーガル・
カウンセリングの考え方は，法律相談にもカウンセリングの技法を取り入れて

5）以上につき，菅原［2004b］9頁以下。

考えることを基本とする概念であり，一般的なカウンセリングの技法を導入して相談者と弁護士との関係について対等な関係を想定する点に加え，弁護士が相談者に接する場合，その関係は専門的権威によって基礎づけられるのではなく，相談者（依頼者）を基本とした関係にあるという理念にもとづく点に特徴があるとされ，ここに「法律学と臨床学の融合を見ることができる」といわれる[6]。日本語の「法律相談（≠回答）」という用語は，もともとこのような「やり取り」を基礎に置く点で，リーガル・カウンセリングと通底していたとも考えられる。

　では，ここでいうカウンセリングの技法とは何か。

2）クライエント中心療法

　「カウンセリング」は，臨床心理学の基礎的活動であり，リーガル・カウンセリングの考え方を理解するうえで有意義なのは，ロジャーズの唱えた「クライエント中心療法（Client-centered Therapy）」の考え方である[7]。ロジャーズ以前の臨床心理学が基本的に「指示的」であったのに対し，クライエント中心療法では，クライエントに対して助言・指示することを中心とせず，クライエント自身の成長を信頼してその主導性に委ねる点に特徴がある（クライエント中心療法の詳細については解説 2 参照）。

3）カウンセラーとしての法律家モデル

ア）モデルの概要と特徴

　第Ⅰ部でふれたカウンセリング，なかでもクライエント中心療法（ロジャーズ）の考え方を法律相談に取り入れようと考えたのがバインダーらの「カウンセラーとしての法律家（Lawyers as Counselors[8]）」モデルである。バインダーはカウンセリング技法におけるクライエント中心療法の概念にならって，法律相談におけるクライエント中心主義，すなわちリーガル・カウンセリングを提唱

6）岡田［2002］82 頁。
7）クライエント中心療法については中村＝和田［2006］23 頁，菅原［2007］8 頁参照。
8）Binder et al.［2019］. 以下，英語文献からの引用は拙訳による。

した。

　この考え方では，相談者自身の問題解決に対する専門性（その問題の解決に最も利害があるのは他ならぬ相談者自身であり，弁護士はどこまでいっても他人でしかない）や相談者自身の感情を重視し，法的ではない側面（非法律的側面）にも光を当てる必要がある（むしろ，相談者の関心は，経済的・社会的・心理的・道徳的・政治的・宗教的結論などの非法律的側面にこそあることが多く，最終的解決には，このような非法律的側面の結論が重要となる）とする。

　そして，(a)相談者の見通しから問題の解決を援助する（弁護士の見通しから問題の解決を与えるのではない），(b)潜在的に存在する問題を掘り起こしていく（弁護士が問われた法的問題の回答を与えるだけではない），(c)相談者が第 1 の判断者である（弁護士が判断するのではない），(d)相談者の価値にもとづく助言を行う（そのためには依頼者が法的側面の外の何に価値を見出しているのかを知る必要がある），といった点を強調してゆくのである。

イ）「カウンセラーとしての法律家」に要求される技法

　バインダーは，このような「カウンセラーとしての法律家」には下記のような技法が必要であるとする。

　①動機の把握　　相談者の動機（motivation）の把握が重要である。その際に，下記のような法律相談の阻害要因（inhibitors）と促進要因（facilitators）が存在することを認識して動機を把握することが重要である。

　阻害要因には，以下が含まれる。

　(1)自尊心（Ego Threat）：「自尊心を守ろうという本能から事実を話しにくい」という場合である。たとえば，エリートサラリーマンがきわめて単純な詐欺被害にあったケースで，本人は「こんなにも単純な詐欺に引っかかったのか」と思われること自体が恥ずかしくて詳細を語りたがらない場合がある。

　(2)事件危惧（Case Threat）：「自分が話すことによって，事件結果が自分に不利になるのではないか」と危惧して事実を語ろうとしない場合である。たとえば，無実の被疑者が，本当は事件現場に居たのに「それを話すと犯人と疑われてしまうのではないか」と考えて，それを話そうとしない場合がある。

　(3)役割期待（Role Expectations）：人は，自らが特定の「役割」を期待されて

いると考えることがある。「弁護士は権威で，相談者はそれに従うもの」という「役割」を想定する結果，「弁護士に何でも話すことはできない」と考えてしまう場合がある。逆に「何を話すかは相談者に決める権利があり，弁護士はそれに従う立場にある」との「役割」を想定する結果，「弁護士に全てを話す必要はない」と考えてしまう場合もある。

　(4)エチケット・バリアー（Etiquette Barrier）：ある人にはうまく話すことができるが，他の人には話せないタイプの情報をもっている場合である。たとえば，女性を被害者とするセクハラの詳細は，男性弁護士に話しにくいという場合がある。

　(5)トラウマ（Trauma）：人は，不愉快な感情を引き起こす経験を想起することを避けるため，話すのを躊躇することがある。

　(6)無関係であるとの誤解（Perceived Irrelevancy）：本当は法的に重要なことであるのに，相談者が「事件の解決には無関係で，大切ではない」と思い込んでいて詳細を語らないという場合がある。

　(7)大きなニーズ（Great Needs）：相談者にとっては，弁護士が知りたいことよりも「他のことについて話したい」という要望（ニーズ）の方が大きい場合がある。たとえば，「相手がいかに世間から嫌われているか」ということを話したい相談者の場合，法的にはその事実はあまり関係がなくても相談者がそのことばかりを話してしまい，肝心な事柄については詳細な情報が得られない場合がある。

　促進要因には，以下が含まれる。

　(i)共感的理解（Empathic Understanding）：相手の気持ちを，あるがままに感じ取り，話し手の考え方，感情を聴き，理解することであり，これによって情報の提供が円滑化する。重要なのは，「相手を理解していること」と「自分が理解していることを相手に分かってもらうこと」は別のレベルの事実である点である。とすれば，単に「理解している」だけではなく「理解していることを相手に分かってもらえるような言葉・態度を示す」ことが重要である。「あなたは怒っているのですね」という言い方もあるが，共感を示すならば「そんなことがあると，私でも怒ってしまうと思います」というような表現の方が望まし

い。

(ii)期待の充足（Fulfilling Expectations）：人は，交流している人の期待を認識すると，その期待を満足させようとする傾向にある。「このことをもう少し詳しく聞かせてくれませんか」というように，その期待を言語的あるいは非言語的に伝えることが，円滑な面談の触媒になることがある。

(iii)相談者を「認める」こと（Recognition）：相談者を人として認めること，「自分が重要と感じられているな」という気持ちをもたせることにより情報の収集が容易になる場合である。「あなたが情報を提供してくれると本当に助かります」といった認識を提供することによって相談者はより協力的になる場合がある。

(iv)利他的な訴え（Altruistic Appeals）：人は，自分の直接の利益以上に他者に利益を与えることによって高い価値を確認する場合がある。たとえば，犯罪の目撃者に「あなたが本当のことを話してくれて真実が明らかになれば，私たちの町がより安全になります」といった話をすることによって，相手からより多くの情報を聞き出せる場合がある。

(v)外的な報酬（Extrinsic Reward）：人は，自分の行動の意味や，それによって得られる利益が分かると，その行為をするように動機づけられることがある。たとえば「もう少しあなたの資産の内容を話して下されば，かかる税金がより少ない信託契約の原稿を作ることができるのですが……」といった場合である。ここで「外的（extrinsic）」といっているのは，心理的なニーズの「外」にある利益（つまり，自分自身が意識していない利益）に訴えかけるという意味である。

②積極的傾聴　臨床心理学において広く知られる概念である（28頁以下も参照のこと）。バインダーらも「発言者の発言を共感をもって聴き，その内容ばかりではなくそれにともなう感情も理解せよ」とする趣旨で積極的傾聴を勧める。「共感」と「理解」を示すことにより，「非判断的受容（Nonjudgmental Acceptance）」が可能となる。そのためには，あいづちやアイコンタクトが重要な要素となってくる。

シェイファーらは「積極的傾聴は，「想像力を働かせた」聴取法である。アクティブ・リスナー〔傾聴ができる人〕は，相談者が話した世界に自分自身を

置くことができる」とし，このような積極的傾聴は「技術（skill）であり，テクニックであり，時には芸術（art）でさえある」という[9]。彼らは，積極的傾聴の訓練方法のひとつとして「人間関係（relationship）に注意を払うこと」を挙げる。「コミュニケーションが言葉に代替することを知っていること（言葉の行間を読むこと）」「話を聴くこと自体に喜びを感じること」「相談者自身や相談者の世界を表す隠喩（メタファー）やイメージを探そうとすること」などの「ひとそろいの技能（a set of skills）」によって，プロとして相談者との人間関係を広げられるのである。

　ここでは，「話を聴くこと自体に喜びを感じること」の提唱が重要である。これは言い換えれば，目の前に座る相談者自身や事件についての「好奇心（curiosity）」をもつことである。「この人はどのような人なのだろう」「どんな事件なのだろう」，それを知りたい，という気持ちが聴く姿勢に自然と現れ，相談者がより話しやすい雰囲気を醸成することができる。このような積極的傾聴は法律相談が成功するか否かの重要な鍵である。

4）「語りとしての法援用」重視の必要性

　このクライエント中心主義の考え方をさらに推し進めていくと，「相談者はなぜ，弁護士のもとに相談に来ているのか」という問題に突き当たる。およそ人が「他人に相談したい」と考えた場合，法律相談以外にも様々な相談がある。たとえば，家族や友人に対して行う人生相談，学生が教師に対して行う進路相談，地域住民が行政機関に行う「困りごと相談」などである。このような他の相談と比べたとき，法律相談のもつ特質や意義はどこにあるのか。

ア）「語りとしての法援用」

　この点につき，棚瀬孝雄が論じる「語りとしての法援用[10]」が示唆的である。曰く，弁護士は相談者が「事実」を語っているように考えてきたが，たとえば「AがBを殴ったのを見た」という供述も本当は単に事実を語っているのではなく，一種の物語を述べているというのである[11]。すなわち，本当は「Aの腕

　9）Shaffer = Elkins［2005］pp. 205-206.
　10）棚瀬［1995］。

が空中に弧を描いて B の顔面に衝突した」という陳述も，「その前後の A ある
いは B の一連の行動が全体として関連性のあるまとまりとして把握され，そ
の中でこの特定の A の腕の運動を殴るという行為として意味づけることが行
われて」いる。つまり「B がかねてから A を冷たくあしらっていて，そのこと
を A は根に持っていた」というように，「いくつかの出来事を一つの筋でつな
げて，全体として整合的な物語として語ること [12]」が行われているのである。
そして，「一般に，依頼者が法の援用を考慮するのは，現在ある状況が満足の
いくものではないからであり，状況打開のために法が有効であると考えるから
である」。ここで棚瀬の議論は，「依頼者が事件の内容として語る，またそこに
法が援用されることによって事件がどのように好ましい形に変容していくのか
について希望的観測として語るその物語を，依頼者が自ら住まう世界のその理
解を更新していく過程として捉え，弁護士の役割をこの過程を促すものとして
位置づけ [13]」ている。

　なお，以上は法律相談について論じられているものであるが，医療面接につ
いても患者は患者なりの病気についてのストーリー（健康問題物語）をもって
おり，それを医師が勝手に切り刻んではいけないとの指摘がなされている [14]。
根本的な考え方は共通するものがあるように思われる。

イ）「つなぐ」作業の重要性

　確かに，弁護士に相談しようとする相談者は，「自分なりに法律を適用する
と有利な結果が得られる」と考えて法律相談に赴くことが少なくない。弁護士

---

11) 和田［2020］178 頁は「まず，基礎的な視点として，紛争の根本に，また様々な論点ご
とに，当事者は，その独自の視点から相手の人格や出来事のストーリー（ナラティヴ＝
物語とも呼ばれる）を構成している」という。
12) 棚瀬［1995］156〜157 頁。
13) 以上，棚瀬［1995］166 頁。
14) 飯島［2006］は「患者さんが心身の不調を自覚してから作」り上げる「この不調につい
ての話（ストーリー）」を「健康問題物語」と呼び（38 頁）「健康問題物語を身体医学
の鋏でバラバラにしていませんか？」と問いかける（39 頁）。そして，健康問題物語を
聴くことの意義は，(1)患者さんの人格・個別性・主体的参加を尊重する関係が始まるこ
と，(2)患者さんの診断学・治療学が分かること，(3)患者さんのニーズ，要求が分かるこ
とにある（42 頁以下）という。法律専門家も，相談者の「語りとしての法援用」を条
文・判例学説の「法律学」の鋏でバラバラにしていないか，自戒させられる。

は，このような場合に，法律の非専門家である相談者の法援用を軽視しがちであり，注意が必要である。相談者の法援用のあり方が理解できないと，相談者は弁護士のところへ相談に来た目的や意義を見失ってしまい，「どうして自分の場合はこのような結論になってしまうのだろうか」と考えて納得できないであろう。それでは，目の前にいる弁護士に不信感を抱くか，およそ法というものに対して理解できないものであるという感想を抱くといった結果を招きかねない。その意味で，弁護士は相談者が行おうとする法援用を最後までしっかりと聴き，その援用の意味を理解し，それを的確に評価したうえで，法律専門家である弁護士としての見解を分かりやすく納得できるまで相談者に説明するべきであって，それにより相談者の法援用と実際の法との間を「つなぐ」作業が重要なのである。

　たとえば，「請求書を毎月送り続ければ消滅時効にはかからない」と同業者から言われ，請求書を送付し続けている飲食店経営者の場合，「それでは，消滅時効の更新（民法 148 条 1 項）にはなりません」「その債権は時効にかかってしまっていますよ」と弁護士に言われるだけでは納得できない。弁護士としては「一般に，よくそのようなことが言われているのは私もよく知っていますし，そのように言って相談に来られる方もよくありますが，それは法的には誤りなのです。請求書は「催告」（民法 150 条）にすぎないので，時効完成の直前に 1 回だけ，6 カ月に限って，しかも訴訟提起などを実際に行わないと中断しないのですよ。民法 147 条という条文がありましてね……」と丁寧に説明し，相談者が考えている「法」と実際の「法」の間をつなぐ（埋める）ことが必要である。

　とりわけ，近時ではインターネットによって得た情報をもとに「自分なりの法意識」をもって法律相談に臨む相談者が少なくない。このようなネット上の情報は玉石混交であるが，相談者はその情報を正しいと思い込んでいる場合も少なくないし，特に自分が心理的に追い込まれている場合には「藁をもつかむ」思いで信じ込んでいる場合もある。弁護士としては，相談者に共感を示しつつも，実際の法との違いを上手に「つなぐ」ことが重要である。そのような場合は，相談者がネット上の相談サイトのプリントや画面を手元に持っている

コラム④

依頼者の「法意識」を理解する

「先生は，お若いのでご存じないかもしれませんが，こんなことは，みんなやってますよ。本当は，これくらい大丈夫なんじゃないですか？」と依頼者から詰め寄られることがあります。

「もしかしたら，自分が世間知らずなだけなのか。それとも，自分が知らない特別法か判例があるのかもしれない。依頼者の方が年上でビジネスの経験も豊富。海千山千だ。あぁ，どうしよう……」。

たとえば「請求書を毎月送っていれば時効にかからない」「60キロの速度制限を10キロくらいオーバーしていても検挙されることはない」など，「みんなやってますよ！」「本当に違法なんですか？」と相談者や相手方が言うことがあります。本気で本人がそう思っている場合，これが依頼者本人にとっての「法」になってしまっています。法律相談で「会社の契約でもクーリングオフが行使できるはずだ」と言い張って話が進まない法律相談となる場合もあります。法人だからというわけではありませんが，特定商取引法26条1項1号で「営業のために若しくは営業として締結するもの」についてはクーリングオフの規定は適用除外です。「こんな請求は権利濫用（民法1条3項）だから無効だ」と依頼者や相手方が本当に腹の底から思っているならば，当人にとってはそれが「法」であり，それこそがその依頼者の「法意識」です。家族や友達など身近な人でネット検索しながら話し合った結果を「法」である」と信じている場合もありますし，年配の人は，永年の自分自身の経験を「法」と合致していると考えている場合もあります。

その「法」は法理論的に正しい場合もありますし，荒唐無稽なほど大きく間違っている場合もあります。最近はインターネットの誤った法知識を正しいと思い込んでいる場合も少なくありません。

こういうと滑稽に思うかもしれませんが，もともと「法」情報は膨大です。私たちが学んできた六法は日本に数千もある法律のごく一部にすぎません。本当に私たちが法律や判例，学説の全てを知っているのかどうか。もしかしたら，それを乗り越えていく理論が依頼者や相手方の話の中にありはしないか。そういうことを考えると，単純に依頼者や相手方の「法」を排斥することが正しいとはいえない場合があると思います。

ことも多い。実際にそれを相談者と一緒に見ながら，どこが相談者のケースと違うのか，もしくはその記載自体が間違っているのかという点をひとつひとつ確認し丁寧に説明してゆくと依頼者の「納得」を得られやすい。

　他の例としては，(a)テレビの法律相談番組やタレントの離婚事件などのケースを見て「あの番組では慰謝料を取れると言っていたのに……」という場合（相談者のケースとテレビ番組のケースでは前提事実が異なる場合も多い），(b)知人が「私は離婚したとき慰謝料を○万円取った」と聞いたのに「なぜ自分は×万円なのか……」と不満に思う場合（この場合「知人」は実際より大きな金額を言いがちである。また「慰謝料」と呼んでいるものが財産分与を含むものである場合もある）などが挙げられる。

　このような場合，弁護士から全く別の「規範」を持ち出されると相談者の中では「2 つの規範」が併存して混乱する。また「事実と規範を相談者と弁護士が共有して，協力して問題の解決方法を考える」という次の作業もできなくなってしまう。ここで 2 つの「法」を「つなぐ」ことができるか否かということが，「語りとしての法援用」を活かして，相談者と協働で「選択肢を開発する」作業に進めるか否かの大きな分かれ目となるのである。

5 ）協働的意思決定モデル

　従前の「権威的なモデル」は弁護士が物事を決めすぎる。しかし「依頼者が物事の全てを決める」という「クライエント中心療法」「カウンセラーとしての法律家」モデルにも問題があるという批判から，近時提唱されているのが，この協働[15]的意思決定モデルである[16]。

　コクランらはバインダーらの理論を以下の点から批判する。すなわち，(a)「クライエント中心」というモデルでは，全ての意思決定が単に相談者の視点のみからなされることになる。しかし，弁護士は相談者の意思決定によって相

15）"collaborative" は，一般に「協同的」と訳されることが多いが，本モデルにおける「弁護士と依頼者が協力して作業する」ニュアンスを明確にするため，本書では「協働的」の訳語をあてることとする。

16）以下，Cochran Jr. et al. [2014] p. 5.

談者のどのような利益が害される可能性があるのかを専門家として提起し議論すべきである。(b)あまりにも「万能で、どんな場合でもうまくいく（one-size-fits-all)」アプローチに過ぎる。つまり、相談者にもそれぞれ個性があり考え方は様々であるうえに、具体的な事件や事案の内容によって弁護士に求められることは異なるはずなのに、バインダーらのモデルによれば全ての依頼者の全ての事案について第1の判断者は相談者となってしまう。しかし、相談者としては、相談者の代わりに弁護士に意思決定をしてもらいたいという場合もあり得る。(c)そもそも弁護士が提供すべき最も中心的な事柄である"practical wisdom"（実践知・実用的な知恵）を提供することに失敗している。相談者は弁護士に「意思決定を援助して欲しい」と思っているからこそ、弁護士のところに来ているのであり、そのことを忘れるべきでない、というのである。

　そして、「権威主義的な法律相談モデルは相談者の役割を過小評価しすぎており、クライエント中心主義的な法律相談モデルは弁護士の役割を過小評価しすぎている。相談者と弁護士が法律事務所で協働的な意思決定をする時にこそ相談者は最も満足するのである」として、協働的意思決定モデルを主張する。「このモデルでは、どのような決定をするかについて支配権を有するのは相談者であるが、弁護士がその手続（プロセス）について枠組を与え、良い意思決定に至るように助言を提供する」という。

　このような協働的意思決定モデルは、「相談者中心モデルをさらに発展させたもの」とも評価されている[17]が、上記の「語りとしての法援用」の考え方もあわせて検討するならば、依頼者の「法援用を踏まえた適切な意思決定」を専門家として援助するという「権威者モデル」と「クライエント中心モデル」を止揚する実践的モデルとして積極的評価がなされるべきである[18]。そして、法情報が氾濫する中で上記の「意思決定」に対する「援助」の中心は、相談者と弁護士が協働して行う「選択肢の開発と絞り込み」であると筆者は考えている（I部2章3節参照）。

17）岡田［2004］190頁。

6）日本の法律相談におけるクライエント中心主義の現在

　1990 年代からアメリカで強調されるようになったこのようなクライエント中心主義の考え方は，2000 年代に入って日本にも広く紹介されてゆき，同時期から進行した司法制度改革による法曹人口（とりわけ弁護士人口）の飛躍的な増加，各単位弁護士会や日弁連による法律相談センター活動の拡大，各法律事務所での法律相談機会の増加を背景として，弁護士の従来の法律相談のあり方は，大きな変容を迫られた。今，日本では，弁護士など法律専門家中心の法律相談から相談者中心の法律相談への革命が起こりつつあるといってよい。

　前節で述べたとおり，現代日本の法律相談では以前よりも一層，面談技法の必要性が強調されている。とすれば，上記の様々な知見を踏まえて面談技法が開発され，実際に多数の弁護士によってよりよきプラクティスが積み重ねられるべきである。

　そして，Ⅰ部 2 章でも ADR でのコミュニケーション技法を面談技法のひとつとして紹介しているとおり，面談技法は ADR においても必要となるし，交渉技法とも関係するところがある。その意味で，ローヤリング全体において面談や交渉，人と人とのやり取りをよりよくしてゆくことが弁護士の仕事全体を円滑かつ適切に行うことの基礎となるのである。そして，上記のとおり各場面（法律相談，交渉，調停など）で面談技法は共通する部分があるから，面談技法で得た知見や技能を他の場面（交渉や調停）でも活かすことができるし，その逆もあり得る。その意味でこれらの各場面での技術は，相互影響的に改善される可能性があり，相談の場面で磨かれた面談技法により交渉や調停も格段に進歩する（もしくはその逆）という可能性をも秘めていることに留意する必要が

18）しかし，ここでの主張は，「クライエント中心モデル」を「協働的意思決定モデル」に完全に置き換えて考えるべきというものではない。たとえば J. C. ロア教授は，(1)弁護士中心，(2)協働的意思決定，(3)クライエント中心の 3 つのモデルは「ひとつの範囲（spectrum）」にある点を強調している。実際には，事案の種類，弁護士の自信の欠如・不完全な知識・当該法分野への精通の有無，弁護士の好み，弁護士側の当日の体調や気分（疲れているか，怒っているか，動転しているか），弁護士に十分時間があるかどうか，相談者側で結論を十分受けとめられるかどうかなどの諸事情を勘案してどのモデルを選択するかを検討すべきであろう。

ある。この意味においても，面談技法は非常に重要である。

第4節　各種の面談技法──よりよいコミュニケーションのために

　以上のとおり，上記のどのモデルを取るとしても，面談を十分に行うことが前提である。このような面談を行う際，よりよいコミュニケーションを図るために必要な技法として論じられている各種の面談技法について以下で検討しよう。

1）面談の場所

　面談は，一般には弁護士の事務所（法律事務所）で行うことが多い。柏木昇は，「普段使用する会議室で落ち着いて会話ができることで効率もあがるし，依頼者も事務所のたたずまいを知ることで信頼感を増す。コピーや簡単な文書をその場で作成するにも便利である。また，法例・判例・文献等と〔を〕その場で参照する必要があることも少なくないが，その場合も弁護士事務所で面接・助言を行うことが便宜である[19]」とする。確かにそのような面は大きいが，これらはどちらかというと弁護士側の便宜である。相談者の生活現場や相談企業の実際の状況を見て初めて実態が分かることもあるし，「アウトリーチ[20]」の考え方からすれば，弁護士は法律事務所からもっと外へ出て積極的に現場で面談することも試みられてよい。ただし，他方，守秘義務の問題もあるので，どのような場合でも弁護士であることを明らかにして現場に臨むわけにもいかない。これら種々の事情を勘案して柔軟かつ合理的に相談の場所を設定することが重要である。いつも同じ場所ではなく，1回目は法律事務所で，次回は相談者のところでというような行き来があるということもあり得る。

　相談室ではプライバシーが保護されていることが必要である。空調や消防上

---

19) 柏木［2003］42頁。

20) 大阪弁護士会 HP「現場へ弁護士が出かけていきます──アウトリーチ事業のご案内」（https://www.osakaben.or.jp/02-introduce/outreach/ 2021年9月30日最終閲覧）は「アウトリーチ」を「法的支援を必要としている現場や法的ニーズが潜んでいる現場へ弁護士・弁護士会が積極的に出かけていくアプローチ」と説明する。

の理由で完全に天井まで仕切れない場合もあるが，できるだけ遮断されていることが望ましい。事務局や他の弁護士も話がある程度聞こえていた方が様々な対処がしやすいという場合もあるが，そのような状況においては，逆に事務局が電話を取った内容も相談者に聞こえてしまい，後述の「秘密が保持されていることを相談者に示す」必要性の観点でも望ましくない。

　他方，閉め切った場合に相談者には閉塞感が生じるという考え方もある。相談者の様子を見て希望も聞きながら，バランスを取って考えることが重要である。

2）事前準備

　あらかじめ法律相談の内容や問題の所在が分かっている場合は，当該分野について法律の条文や判例・文献などに目を通して事前準備をしておくことが有益である。

　また，利益相反（弁護士法 25 条，弁護士職務基本規程 27，28 条参照）などの関係がないかも事前にチェックし，問題があるなら事前に断り，他の弁護士を紹介するなど適宜措置を取ることが望ましい。

　法律相談を受ける案件としては今回が初回であるが，以前に来訪したことがある相談者の場合，前に扱った事件の相談記録や訴訟記録を再度見ておくのがよい。また，可能であれば，相手方からの主張や手紙も含めて関係がありそうな資料（特に近時はメールや SNS〈これは離婚などの家事事件に多い〉など関係する資料が多く，電子データの形になっていることもある）は一切持参して欲しいと相談者に事前に伝えておくことが望ましい。

3）雰囲気づくり

　患者が，医師の診察室に入るときに緊張することを想起すれば分かるように，法律相談の場合も，相談者が非常に緊張していることが多い。ゆえに，相談者にたくさん話をしてもらい，積極的傾聴を充実したものとするためには，相談者にとって法律相談がしやすい雰囲気をつくるように心がけることは，非常に重要である。あいさつ[21]，適度なあいづち[22]，アイコンタクト，聴き取りやす

い声の大きさ[23]（36 頁も参照），適切な間などが大切であるといわれるが，他には下記のような点が重要である。

ア）話の切り出し方

いきなり本題に入るのではなく，雑談（chit-chat）も大切である。話の切り出し方（ice-breaking）としては，たとえば「駐車場は見つかりましたか？」「まだ雨が降っていますか？」などがある。紹介者がいる場合には，紹介者に関する話題は共通の話題となり，アイス・ブレーキングとして適している。たとえば，「○○さんのご紹介でしたよね。私も○○さんとは久しく会っていないのですが，お元気ですかね」などである。

イ）飲み物などを勧めること

事務所での相談の場合，お茶・コーヒーなどの飲物を勧めることも，相談者の緊張をほぐすために大切な事柄である[24]。

ウ）机など

机の上を整頓しておくことも大切であるとされる[25]。柏木は「古典的日本の弁護士事務所にみられる書類が山積して乱雑な事務所と，メラミンの机，折り

21）自己紹介も大切である。医療面接について，飯島［2006］26 頁は「初対面の患者さんが受診した場合には原則的に自己紹介をすべき」という。

22）医療面接について，飯島［2006］47 頁は，「話を聴くために，上手な「合いの手」を入れてみる」ことが大切と指摘する。あいづちは，人が話を聴いてくれていることの確認手段として重要である。逆に法律家も，相談者があいづちを返してくれるかどうか，よく観察しながら法律相談を進めるのがよい。

23）中村［2013］108 頁は「弁護士の声が小さければ相談者に情報やアドバイスはうまく伝わらない。こうした相談内容以前の弁護士の振る舞いの形そのものについての気づきから始めなければ，相談過程は充実したものとはならない」という。

24）ABA［1996］138 頁は「依頼者にコーヒーその他の飲物を勧めなさい。"まず食べようではないか。話はその後だ"という古くからの格言は，依頼者とあなたの垣根を取り払い，あなたと依頼者の間に絆を作ることに役立つ」「依頼者と一緒に，何か食物をとることは，基本的欲求を満たし，依頼者をくつろがせ，コミュニケーションをする上で明らかに助けとなる」とする。

25）ABA［1996］22 頁は「整頓された机をはさんで面談することによって，弁護士は依頼者の問題に注意を集中しているという印象を与える」「弁護士が他の依頼者のファイルや書類を前にして面談をすれば，依頼者は，自分が別の依頼者──余り重要でない依頼者かもしれない──と同列の者に過ぎないと感じる」とする。

畳みの椅子，あるいは擦り切れたカバーのついたソファ，事務員の机とついた
てで仕切られた打ち合わせ場所は依頼者の心を沈ませる。信頼も揺らぐ。適度
にきれいで機能的な会議室は弁護士事務所の必需施設である[26]」という。

　近時は PC が相談する部屋の机の上にあることも多いが，PC の画面ばかり
見ていると相談者は心を開くことができないであろう[27]。また，普通は向かい
合って座ることが多いであろうが，あえて 90 度の位置に直角に座ったり，で
きるだけ丸いテーブル（ラウンドテーブル）を使ったりするなどの方法も考え
られる[28]。

　エ）相談する際の態度や身なり

　相談する際の態度[29]や身なりなども，相談者は注意深く見ていることが多い。
相談者の立場に立って注意を払わなければならない[30]。

　オ）相談中は相談者に集中すること

　相談中に他の依頼者や相手方，裁判所などから電話がかかってきたとしても，
原則としては電話をつながないことが望ましい。目の前にいる相談者を大切に
すべきだからである。

　ICT 技術の発達した現代は，以前と比べて「遠くにいる他人と連絡を取る」

26）柏木［2003］42 頁。

27）医療面接でも電子カルテ・PC を前に診察することが多くなった。「医師がコンピュータ
　　の画面ばかりを見ていて，私の方を向いてくれない」との患者の不満につき，加藤
　　［2017］。

28）交渉での座席配置につき対面・横並び・直角とする心理的効果について後掲図 5（177
　　頁）参照。従前は「横並びで法律相談や打ち合わせをする」ことは考えにくかったが，
　　近時はプロジェクターの画面を弁護士と相談者が横並びで見ながら行う場合も少なくな
　　い。

29）菅原［2004a］940 頁は相談を聴く姿勢として「ふんぞり返って聞かない。少し前のめ
　　りになって聞く，あるいは腕組みをしないといったこと」が指摘され（問題とされ）る
　　という。

30）ABA［1996］138 頁は「防御的な物腰（組んだ手，組んだ足，口を覆う手）や防御的な
　　服装（暗い色の服，濃い色のメガネ）は不信感を与え，なぜあなたがそのように防御的
　　なのだろうかと依頼者に訝らせる」という。医療面接でも，飯島［2006］28 頁は銀行
　　役員の患者が「申し訳ありませんが，他の先生に替わってはもらえないでしょうか？」
　　と言った例（「男性医師は髪はぼさぼさ，無精ヒゲも目立ちます。白衣はよれよれで，
　　血液と思われるシミとそれ以外にも黒いシミが……」）を挙げる。

ことが格段に容易になった。とすれば，弁護士も「遠くにいる連絡を取りにくい人」よりも「今，目の前にいる人」との時間を以前よりさらに大切にすべきではなかろうか。筆者もこれまでは，他の弁護士からの電話を相談中でもつないでもらうようにしていたが，携帯電話の普及にともない考えを改めた。

4）臨床心理面接・医療面接などで用いられる技法から

　法律相談に用いることができる技法には，前節でふれたもの以外にも，以下のようなものがある。

ア）臨床心理面接などで用いられる技法

　①反映・反射（**Reflection**）　　相手の語った発言を気持ちの流れに沿って繰り返す（例：「～なんですね」「～というお気持ちなんですね」）。

　②（感情の）明確化（**Clarification of Feeling**）　　相手の語った内容を要約し，語りの要点を明確化する。語ろうと意図していたと推測されることも伝える（例：「お話しされようとしたことは～なんですね」）。

　③支持（**Support**）　　相手の発言に対し，必要に応じて励ましやいたわりを述べる（例：「あなたのおっしゃることは，もっともだと思いますよ[31]」）。

イ）医療面接での技法など──インテイク面接

　医学部では，臨床実習開始前に共用試験 OSCE（オスキー）に合格しなければならず，そこでは医療面接（たとえば精神科面接〈統合失調症患者への医療面接〉）がステーション構成に取り入れられている。医療面接では，最初の面接で患者から情報を得ることが重要であることに鑑みて，非専門家による「インテイク（受入れ）面接」といった段階を設ける場合がある。

　近時，法律事務所でもそのようなインテイク面接を用いている場合がある（特に債務整理事件・離婚事件など）。この方法は専門家による相談を重要な部分に絞り込み，効率化を図るとともに，重要な部分の相談内容を充実するという点で優れている。しかし，初回面談の重要性に鑑みたとき，非専門家に最初の

31）菅原［2004c］71 頁。ただし，同書は同時に「安易な支持の言葉は，無責任な印象を与えかねない」し，法律相談の場合，安易な肯定は「不法な要求さえも肯定したかのような間違った印象」を与えかねない点につき注意を喚起する。

相談を委ねることの問題点は大きい。最初の「自由に話してもらう」重要な過程や「語りとしての法援用」は弁護士が直接には聴けないことになってしまう。ある程度定型的な聴き取り（たとえば，消費者被害の集団訴訟など被害者の聴き取りが大量に必要な事案）について，インテイク面接を設定することなどは想定できるが，一般的には，このようなインテイク面接を行うことには大きな問題がある。

5）調停の技法から

　サマライジング・パラフレージング・リフレーミングなど，調停で多く用いられてきた技法は，法律相談でも有効かつ効果的である。近時は法律相談を論じる書籍の多くでこの点が強調されているが，詳細は第 I 部で詳述したので参照されたい（31 頁以下参照）。

6）秘密が保持されていることを相談者に示すこと

　相談内容について弁護士には守秘義務がある（刑法 134 条 1 項，弁護士法 23 条，弁護士職務基本規程 23 条）。しかし，そのような守秘義務が課されているという事実があるからといって当然に，相談者が「秘密は守られているのだな」という気持ちになるわけではない。(a)「守秘義務の存在を弁護士が理解している事実」と，(b)「弁護士が守秘義務を理解している事実を弁護士が相手（相談者）に示すこと」（もっといえば(c)「弁護士に守秘義務がある事実についての相手の理解」）は別のレベルの話であり，ここで特に強調したいのは(b)の点である。

　相談者が，「秘密は守られているな」と思えない場合，様々な事柄を弁護士に話す気持ちが起きない。その意味ではコミュニケーションの阻害要因となる。特に相談者がその点を不安に思っているようであれば「私たちには守秘義務があって，秘密は守りますので大丈夫です」と言葉に出して説明した方がよい場合もある。

　この点で，相談内容と類似の事例について，当該弁護士が取り扱ったケースを例にして説明することは問題である。このような説明は「相談者に対し，この弁護士によって，他で同様に伝えられてしまうのではないかという疑念を抱

かせかねない[32]」からである。

　また，法律相談の紹介者に対する対応も注意が必要である。紹介者は実際の法律相談に同道しない場合もある。他方，相談後に紹介者と別の場面で弁護士が会った場合，紹介者が「先日紹介したあの件は，どうなりましたか？」と特に悪意無く尋ねてくる場合がある。ここでも守秘義務を遵守しなければならないのは当然であるが，それ以前の問題として，相談の場面でも「紹介者にも内容は話しませんよ」ということを相談者に十分理解してもらう必要がある（紹介者への対応につき，266頁以下も参照）。

7）非言語的コミュニケーション

　以上では，言語でのコミュニケーションを中心に検討してきたが，実際の法律相談では，「非言語的コミュニケーション（Non-verbal Communication）」も重要である（29頁以下参照）。特に，一般的な日本人は，法律相談の際も遠慮がちで気持ちを上手に言葉に出すことができない場合も多く，法律相談という特別な場面で弁護士という「権威者」と会話するのは容易ではないことも想定される。よって，このような「非言語的コミュニケーション」は相当重要であり，弁護士はこの点に十分注意を払わなければならない。

　医療面接の場合も「通常2人の間でのコミュニケーションのうちの3分の1は言語的コミュニケーションによって行われており，残りの3分の2は非言語的コミュニケーションによって行われている[33]」とされる。たとえば，下記のような患者の発話においては，カッコ内の部分が非言語的コミュニケーションにあたる。そして，医師は患者の非言語的コミュニケーションのサインを認識しているはずであるが，「残念なことに非言語的コミュニケーションは，しばしば無視されている」ともいわれている[34]。

32）坂下［2004］68頁。
33）飯島［2006］63頁。
34）以下の例もあわせ，飯島［2006］63頁。

【医療面接の例】

患者：（全体的に弱々しい小さな声でゆっくりと話す）胃の調子が悪いんです。
　　　（うつむく。少し間をおいて）近くの A 先生と B 先生，それに C 市立
　　　病院でも診てもらいました。それなのに相変わらず食欲がなく，胃
　　　のあたりが重苦しいんです（余計暗い顔になる）。血液検査，胃カメ
　　　ラ，超音波，CT ですっかり調べてもらいましたが，慢性胃炎以外
　　　に異常がないと言われました（ため息をつく）。

　「胃の調子が悪い」という言語でのコミュニケーションもあるが，ため息を
ついたり暗い顔をしたり，うつむいたりという非言語的コミュニケーションも
十分受けとめて患者の気持ちを推察することがおそらく重要なのであろう。
　また，逆に医師側の「興味がないときにボールペンをもてあそぶ」「相手の
話が長いなと思うと時計をちらりと見る」といった当人が意識していない動作
が医師自身の一種の「身体言語」となっている場合があるとの指摘もある[35]。
これも一種の非言語的コミュニケーションである。
　法律相談においても「非言語的コミュニケーションは，相談者が面接を肯定
的に評価するうえで言語的コミュニケーションと同様に重要である[36]」とされ
る。シェイファーらは，非言語的コミュニケーションの重要性を指摘し，その
技術を身につけるために以下の方法があるという。(a)まず，相談者が自分自身
を表現しているところをよく「観察」し広い観点から特徴づけること，(b)特定
の行動の特徴（緊張している様子・固い姿勢・握りしめた手・顔の表情[37]）をつか
むこと，(c)相談者は自分に対してどのような態度で臨んでいるか（葬儀屋を見
るような目で見ているか，学校の校長を見ているようか，父親か，友達か？）を理
解すること，(d)自分自身の非言語的な表現によく注意して，それが相手にどの
ように受け取られる可能性があるかをよく考えること[38]である。抽象的には，

35）斎藤［2000］26 頁。
36）島［2004］42 頁。
37）大澤［2013］185 頁の「「能面ロールプレイ」とナラティブ・アプローチ」はこのよう
　　な「顔の表情」の意味を学ぶうえで，大変興味深い授業内容である。
38）以上，竹内［2004］81 頁。

上記の医療面接についてのコメントに示唆されているように，(i)弁護士が相談者をよく見る（観察する）こと（その際は「好奇心」をもって見ることが重要である），(ii)相談者が弁護士をどう見ているか（相談者にどう見られているか）に常に自覚的であることが必要である。

8）バイステックの 7 原則

　以上では多くを医療面接との比較で検討してきたが，ケースワークの世界では面談技法について「バイステックの 7 原則」が挙げられることがある。これは，バイステックが 1957 年に刊行した *The Casework Relationship* に記されているもので，「援助関係」におけるケースワーカーの行動原理を提示している[39]。

　【援助関係を形成する基本原則（バイステックの 7 原則）】
　原則 1　クライエントを個人として捉える。
　原則 2　クライエントの感情表現を大切にする。
　原則 3　ケースワーカーは自分の感情を自覚して吟味する。
　原則 4　クライエントを受けとめる。
　原則 5　クライエントを一方的に非難しない。
　原則 6　クライエントの自己決定を促して尊重する。
　原則 7　秘密を保持して信頼感を醸成する。

　これらの原則は，法律相談面接における基本的な手法としてそのまま妥当し必要不可欠であるという見解もあるが，法律相談の場合には，問題と相談者自身の関係が希薄な場合もあり（たとえば，会社の問題を担当者が相談にくる場合など），その場合は原則 1・2 がそのままにはあてはまらないなど，ケースワークと比較して法律相談固有の特徴を踏まえて整理すべきであるとの見解もある[40]。

39）菅原＝下山編［2007］116 頁。
40）竹内［2004］78 頁。

9）初回面談に特有の技法

ア）依頼者の確定

　目の前にいる相談者と，実際に事件になった場合の「依頼者」が異なる場合がある。初回面談では，依頼者が実際には誰なのか分からないという場合も少なくない。たとえば，子どもの代わりに親が，親の代わりに子どもが相談に来るような場合がある。依頼者本人の話を聞かなければ事実が不正確である可能性があるし，本書のように相談者と一緒に考え，選択肢を開発・提示し，最終的に相談者に選択肢を選択してもらおうと考えると，相談に来るのは依頼者自身でなければ十分な法律相談を行うことは難しい。

　柏木は，企業の相談の場合に依頼者が会社なのか実際に相談に来ている担当者個人なのかという問題を提起する。たとえば，(a)相談に来ている会社の部長が出世のために法律的にハイリスクな取引をローリスクにみせかけて実行しようとする場合，(b)価格協定（カルテル）事件に関して会社を代表して弁護士に相談に来た者が価格協定会議の参加者であった場合などを挙げて，両者の利益相反[41]を指摘する。このような利益相反は相談の最初の段階では明確にはならない場合も多いが，ある程度事実関係と法律の適用が明らかとなったところで，相談を打ち切ったり，やり方を変えたりする必要が生じることがあり得る。

　また，相談者が1人ではなく複数人で来所する場合もある。相談者間の利益相反に注意することも重要であるが，その他にも相手方等との利益相反（弁護士職務基本規程 27，28 条）・守秘義務（刑法 134 条 1 項，弁護士法 23 条，弁護士職務基本規程 23 条），あるいは，そもそも「クライエント中心主義」「相談者との「協働」」をいうならば，複数人のうち誰を「中心」とし，誰と「協働」すればよいのかなど様々な問題がある[42]。

イ）依頼の趣旨の確定

　弁護士は，相談者自身が依頼の趣旨を十分に理解していると考えがちである。しかし，法律問題の渦中にあり混乱している相談者は，自分自身の依頼の趣旨を十分確定できずに法律相談に来ている場合がある。たとえば，相談者が「離

41）柏木 [2003] 22〜23 頁。弁護士職務基本規程 28 条 2 号（顧問弁護士の場合）3 号の問題がある。

婚したい」と言葉では繰り返していても，本当は相手が謝ってくれればよりを戻してもよいと考えている場合もある。その場合の依頼の趣旨は「離婚請求」ではなく，「相手方の謝罪」である。弁護士職務基本規程22条も実際に委任を受けるにあたっては，「委任の趣旨に関する依頼者の意思」を尊重して職務を行わなければならないと規定している。弁護士倫理の観点からも依頼の趣旨の確定が重要である。

第5節　法律相談の枠組み

1）全体的な枠組み・考え方

　法律相談のひとつのモデルとしては図2のようなものが考えられる。

　特に初回面談においては，アからイに至る過程においてT型アプローチの手法が有効であることは次項以降に述べるとおりである。しかし，このアプローチだけでは事実を聞きもらしたり，相談者自身の誤解や矛盾点を十分整理できなかったりする可能性がある。そこで，T型アプローチを補完するものとして「時系列による事実整理」を行うのがよい[43]。この方法は，(a)証拠と照らし合わせて検討するのに適している（事実の先後と証拠を照らして検討するとさらなる事実が明らかになることも多い），(b)相談者も，「重要だと思うことを話してください」と言われるよりは，「あったことを順番に話してください」と言われた方が話しやすい，(c)記憶喚起に役立つ，(d)因果関係の推論に役立つと

---

42) 岡田＝藤岡［2004］131頁は，相談者が複数いる場合を，(1)家族等関係者全員に影響するひとつの問題として複数人が訪れる場合（借金の相続問題や近隣騒音等），(2)同様の問題をもっている者が複数集まって訪れる場合（消費者被害で被害者が数人集まる場合等），(3)相談者本人と付添人が訪れる場合（子どもへの親の付添いや，部下の問題について上司が付き添う場合等），(4)両当事者に関係する問題であるが，利害対立が生じる可能性のある場合（借金の主債務者と保証人が訪れる場合等），(5)問題の対立当事者が訪れる場合等の区分を挙げる。

43) 菅原［2004a］941頁は，時系列によって事実の意味が変わってくる例として（Binder et al.［2019］），家を出る→車に乗る→電柱にぶつかる→飲酒するという順番なら「結局やけ酒を飲んだ」という事実経過になるが，家を出る→飲酒する→車に乗る→電柱にぶつかるとなると「酒飲み運転」という別の物語になる例を挙げる。

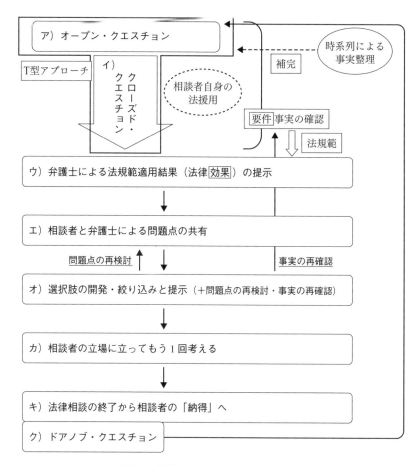

図2　法律相談の全体的な枠組み

いった利点が挙げられる。

　ただし，この方法は，2回目以降の法律相談で行うか，初回面談の場合は最初からいきなり行うのではなく信頼が十分醸成された後に行うことにするのがよい。この方法では，弁護士側で矛盾点や疑問を確認する部分が多くなるので「訊く（≠聴く）」（asking〈≠ listening〉）質問としての性質が強くなる。最初からこの方法を行うと，相談者との信頼関係が崩れてしまう危険性がある。具体的

表 1　時系列表の例

時　期	事　実	証　拠
2001 年 5 月ごろ	共通の友人を通じて知り合う。その後まもなく交際	
2003 年 4 月 5 日	結婚式	
2003 年 4 月 28 日	婚姻届出	全部事項証明書(戸籍)
2005 年 5 月 1 日	長女○○出生	全部事項証明書(戸籍)
2005 年 8 月 2 日	夫の不貞が発覚。口論となる	
2005 年 9 月 4 日	別居	
2005 年 11 月 2 日	妻から名古屋家庭裁判所に夫婦関係調整調停申立	

には，エクセルなどの表計算ソフトなどを使って，表 1 のような時系列表を
作って埋めていくことが考えられる。

2）カウンセリング型法律相談の具体的展開

ア）オープン・クエスチョン

【例 1：事前に全く何の話か聞いていない場合】
　　　今日は，どのようなお話でしたか？
【例 2：電話・メールや法律相談票[44]で内容が予め分かっている場合】
　　　交通事故のお話でしたね。

　法律相談の開始は，できるだけ「開かれた質問（Open-ended Questions：オー
プン・クエスチョン）」で始めることが望ましい[45]。オープン・クエスチョンと
は，「今日は，どのようなお話でしたか」「ご相談になりたいのは，どのような
ことでしたか」といったような，「開かれた質問（回答範囲を制限せず自由に答
えてもらう質問）」を意味する。弁護士は，相談者が示す事実について法を適用
して結論を導くために要件事実などを少しでも早く知るべく，いつ，どこで，
どのようなことが生じたかを聞く「閉じた質問（Closed-ended Questions：クロー

---

44) 市役所等での無料法律相談，弁護士会法律相談センター等の有料法律相談の場合，住
　所・氏名・相談の概要等を相談申込時に相談者に記入してもらっている例が多い。
45) 医療面接では「①最初の 3 分間は患者さんのために②最初の 3 分間は筆記用具を持たな
　い」こととすべきとの主張もある（飯島［2006］44 頁）。

ズド・クエスチョン）」をしがち
である。しかし，法律相談の主
役は相談者であって弁護士では
ない。まずは，このような「閉
じた質問」をできるだけ避け，
「開かれた質問」から法律相談
を始めるべきである。このよう
に，オープン・クエスチョンか
ら相談を開始し，クローズド・
クエスチョンに移っていくとい
う方法は「T型アプローチ

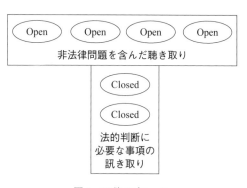

図3　T型アプローチ
出所）菅原＝下山編［2007］127頁。

（T-Funnels：T字型のじょうご）」と呼ばれる。これは，最初は幅広く事実を聴き
取り，徐々に検討すべき点を絞って聞いていくという相談の進め方が，図3の
ようにアルファベットの「T」に似ていることから付された名称である。

イ）クローズド・クエスチョン

【例1】なるほど，では，いくつか教えていただけますか？
【例2】事故にあわれた日時を教えていただけますか？
【例3】最後に相手方の加害者と話をしたのはいつですか？そのとき，ど
　　　んな話をしましたか？

オープン・クエスチョンによる質問が相当程度進んだところで，徐々に「閉
じた質問」に移ってゆくのがよい。ここで何をクローズド・クエスチョンの質
問項目とするかという基準は，基本的には要件事実かどうかである。法律相談
は一定の法律効果が発生するかどうかを検討するという性質をもつ。法律効果
が発生するための必要十分な事実が要件事実であり[46]，その有無が当該効果を
発生させるか否かを判断するうえできわめて重要だからである。以上の意味で，
弁護士が適切な「閉じた質問」を行うためには，適用しようとする法規の要件

[46]　司法研修所編［1986］2頁以下。

事実の正確な理解が欠かせない。

　他方，要件事実以外にも紛争解決の方針を立てるうえで重要な諸情報があり得る。たとえば，金銭支払い請求の事案の場合には相手方の資力，これまでの相手方との交渉の経緯などである。これらの情報は，今後の解決方法の選択肢を検討する際に必要な事実（紛争解決のために役立つ事実〈131頁以下〉）であるから，この点についても弁護士は十分な聴き取りを行わなければならない。

　要件事実が法規を羅針盤として検討されるべきであるのに対し，このような紛争解決のために役立つ事実はどのような基準で聴取されるべきであろうか。この点は，結局，各弁護士の紛争解決に関する経験や知識によって大きく左右される。その意味では，読書や修習，もしくはADRや和解の手法に関する研修を積極的に受けるなどして見聞を広めるほかは，自らの体験を体系化し精緻にしてゆくことによって，このような基準の精度を高めてゆくことが重要となる。

ウ）弁護士による法規範適用結果（法律効果）の提示

　【例1】では，まず，法律上の理屈を説明しますね。理屈では……となっています。

　【例2】特定商取引法という法律があるんですが……。

　【例3】これには古い判例がありましてね。こういうケースなんですが……。

　【例4】裁判所は，銀行名と支店名を特定しないと預金の差押命令を出してくれないんです。

　ア・イの過程において，弁護士によって要件事実や紛争解決の方針に関する事実についての情報が十分収集され，その点についての認識が相談者と弁護士との間で共有されたことになる。その次には，これらの事実を踏まえて収集された情報によって確定された要件事実に「法」を適用した結果を相談者に提示する[47]。すなわち，ここで弁護士側が「法援用」することになる。なお，ここ

47）法適用の結果の勝訴敗訴の見込みの伝達には慎重な表現が求められる（弁護士職務基本規程29条2項参照）。

での「法」は，単に法律や条例などの条文（上記例 1・2）だけでなく判例（例 3）や実務上の規範（例 4）である場合もある[48]。

　このモデルでは，相談者の立場に立って一緒に考えることは基本的にこれ以降に行うので，まずは法適用の結果（法律効果）を客観的に提示することが望ましい。他方，弁護士は難解な言葉を振りかざすのではなく[49]，相談者に十分理解できるように相談者の反応も見ながら，場合によっては法の趣旨にさかのぼって丁寧に説明してゆくことが必要である。ここで分かりやすく趣旨にさかのぼって説明するためには，弁護士自身に法の趣旨自体を深く理解する能力や知識，これを明快に提示できるというプレゼンテーション能力がなくてはならない（37 頁以下参照）。

　この点，繰り返し述べてきたように，近時はインターネットの発達によって，法律相談に来る前に相談者が一定の知識を得ていることが少なくない。しかし，インターネット上の情報は玉石混交である。相談者の知識は正しい場合もあるが，インターネット上の情報自体が誤っていたり，情報は正しくても相談者自身のケースには直接あてはまらない場合もあり得る。この点を整理して，相談者の理解との間に齟齬が生じないよう留意すべきである。その意味では，相談者がそのようなことを事前に調べていないか，調べた結果はどうであったかを知ることが重要である。これは，当該情報自体の正誤の問題もあるが，相談者の当該法律問題に関する理解能力や判断能力によっては，情報自体が正しくても相談者がこれを正しく受けとめきれていない場合もあり，そのような点を判断するためにも重要である。

　そして，相談者がインターネットなどで調べてきたことは，71～72 頁でふれた「語りとしての法援用」と強く直結する。当該調査結果が相談者にとって有利であると考えれば，相談者にとっては，これを確認してもらうことに大き

48）相澤＝塚原編［2018］119 頁参照。
49）医療面接の例について，飯島［2006］56 頁では，医師の良くない説明の例として「ただいまキョウケンして調べましたら，シンキンによる皮膚のエンショウであることがわかりました。コウシンキンザイをお出ししますので，1 日 3 回トフして下さい」という例を挙げる。これでは，患者には意味が分からない。法律専門家も他山の石として自覚しなければならない。

な意味があり，不利であると考えれば何らかの理由で当該調査結果が相談者の
ケースにあてはまらない旨の回答を期待しているのである。とすれば，この情
報の内容を十分理解して相談者に回答することがきわめて重要になってくる。
しかし，弁護士の実際の回答と相談者が想定していた回答にズレが生じる場合
がある。この場合にこそ，両者の間を「つなぐ」作業が必要である。

　他方，弁護士にとっても難しい問題で，その場で直ちには法規範を示せない
場合があり得る。その理由としては，(a)弁護士にとっても初めて経験するよう
な問題で調査が必要な場合（法律・判例の調査，外国法・医療関係その他の調査
が必要な場合など），(b)損害額の算定に計算・検討が必要な場合，(c)相談者が持
参した資料だけでは判断を下せない場合などが考えられる。

　(c)の場合は資料をさらに一緒に集めてゆくことになる。(a)の場合もその場し
のぎの適当な返事や誤った回答をするよりも，きちんと「よく調べて回答しま
す」と対応すべきである。とりわけ若手弁護士としては，そのような回答をす
ることで「そんなことも分からないのか」と思われることを避けたい気持ちが
働きやすい場面である。しかし，相談者が「自分の問題は，たくさん調査をし
ないと分からない難しい問題なのだな」「この弁護士は丁寧に調査・検討をし
てくれるのだな」と考えて，調査・検討を踏まえた回答自体を誠実なものと評
価してくれる場合も少なくない。そして，若手弁護士にとっては，この不明点
に正面から立ちむかって必死に調べて回答することが，次回から自信をもって
正確に回答できるようになることにつながる。このような場合に，適当にごま
かして返事をする弁護士と，真摯に徹底的に調べて回答する弁護士とでは長い
間に大きな実力の差がつくことになる。

エ）相談者と弁護士による問題点の共有

　以上の作業によって初めて，相談者と弁護士との間で問題点を共有すること
ができるようになる。イまでの場面で，相談者と弁護士が共有できたのは，法
適用の前提となる事実や紛争解決の方針に関わる事実といった「事実」のレベ
ルに限られていたが，ウにおいて弁護士が法適用の結果を相談者に提示したこ
とによって，相談者と弁護士が共有できるものは，「事実」のみのレベルから，
「事実」に法規範を適用した結果である「法律効果」だけでなく，当該法律効

果から生じる「問題点」のレベルにまで高まることになる。この段階に至って初めて，相談者と弁護士は事実と法適用の結果を共有することができ，そのような法適用の結果によって生じる「問題点」まで共有できるようになるのである。そこでは，法的な問題点だけでなく，経済的な問題点や，時間的な問題点，人間関係上の問題点など様々な問題点を共有することができるようになるので，弁護士と相談者の目の前には，ここで新しい地平が開ける。

　これまでの法律相談は，相談者の「相談」に対する弁護士の「回答」といった側面のみが強調されていた。このような一世代前の法律相談モデルでは，法規範適用の結果を相談者に対して示したウのタイミング（それもこのモデルでは，一種の権威者として「上から」示すことが多いであろう）で法律相談は終結してしまっていた。これに対し，現代の法律相談では，事実と法適用の結果を相談者と弁護士で共有するところから法律相談が始まるといってもよいかもしれない。とりわけ，インターネット上に（玉石混交とはいえ）法規範の情報が氾濫している今日では，一世代前の法律相談モデルならば通用した「権威者として弁護士が法律相談の回答を上から相談者に対して示す」（上下関係）という程度の「法的サービス」では相談者の納得は得られない。むしろ，ここで相談者と弁護士が対等に問題点を共有し，ともに考えること（水平関係）こそが，対面や電話といったマンツーマンの法律相談をすることの意味であり，エ以降の過程こそが現代の法律相談にとっては重要な場面であるというべきである。

　そして，ア〜エの過程を通じ，弁護士と相談者との間には「ラポール（信頼）」が醸成されていることが多い。弁護士はこのようなラポールの醸成を目指してこそ作業をすべきである。そのようなラポールを前提とするからこそ，問題点を相談者がスムーズに理解することができ，この後の選択肢の開発作業などに円滑に移っていけるのである。

オ）選択肢の開発・絞り込みと提示（＋問題点の再検討・事実の再確認）

　【例】そうすると，考えられる方法としては３つですね。

　　ひとつは，保険会社から提示されている損害賠償額のうち休業損害と慰謝料の点についてもう少し上積みできるように再度ご自身で交渉されると

いう方法です。弁護士費用もかかりませんし，先方が早期に譲歩すれば時間的にも早く解決できます。しかし，弁護士が交渉すれば慰謝料の金額が裁判所と同一の基準になるので高額になる可能性がありますが，自分自身で交渉される場合には金額がそこまで多くならないかもしれませんし，交渉には時間がかかるかもしれません。

　2つ目は，まずはご自身で自賠責保険に保険金を被害者請求するという方法です。この場合，保険金請求が受け付けられるとスピーディーに支払いが受けられますし，弁護士費用もかかりません。しかし，自賠責保険は慰謝料の基準が保険会社の提示基準よりも低い金額しか得られませんし，自賠責保険に提出する書類の作成はかなり面倒です。

　3つ目は，弁護士が代理人として保険会社と交渉する方法です。この場合，慰謝料の金額は裁判所基準になり高額のものが取れる可能性がありますし，保険会社との面倒な交渉を弁護士に任せることができます。他方，弁護士費用は〇円くらいかかりますので，その点をどう考えるかということになります。

　①選択肢の開発・絞り込みと提示　　「クライエント中心」をその基本理念とする「カウンセラーとしての法律家」であれば，水平的な人間関係を基礎として相談者の「納得」を得る法律相談を行うために，「このようにするしかない」「これが唯一の解決である」という回答で終わってしまうのではなく，ここで解決策をさらに複数提示することが望ましい。一見それが到底現実味のない解決案であるとしても，複数の解決案の提示によって，相談者が主体的にひとつの解決案を選択してゆくことになるし，自身が選択した解決案の相対的な意味を相談者自身が自ら位置づけることに資するからである。

　たとえば，ある勝訴判決があるにもかかわらず相手方が支払いをしてくれない場合，強制執行の申立てをするという解決案がひとつあり得る。しかし，費用と回収の実効性の点でそれでは相談者が満足できないかもしれない。そこで，以下のような他の選択肢を提示する。各選択肢には問題点を付記した。問題のない選択肢は存在しないが，そうであっても，弁護士の見地からみても他には

この程度の解決案しかないという事実について相談者と弁護士とが共通の認識をもち，一緒に（水平関係で）考えることこそが重要なのである。

(1)債権者による破産の申立て（債権者破産。破産法 18 条 1 項）をする：高額の予納金が必要（債務者が非協力的で財産調査に困難が予想されることなどから，債務者の自己破産の場合より多くの予納金が要求される）。最終的には按分配当という結論を目指すことになり，「自分が優先して弁済を受けたい」という目的に反する。

(2)「相手方はもともと支払う気がなかったのに契約をした」という認識のもとに詐欺罪（刑法 246 条）で刑事告訴するか被害届を出す：契約当初の故意の存否，警察・検察が告訴状を受理するか（民事不介入云々）の不確実性に加え，本当に逮捕などされた場合，相手方が示談を申し出てくる可能性もあるものの，職を失って収入も途絶え弁済が得られなくなるリスクもある。

(3)相談者自身が手紙を書いてみる：相手方は痛くもかゆくもないので放置される可能性がある。

(4)弁護士が委任を受けて督促の内容証明郵便を送付する：相手方が留守などで受け取らなかったら意味がないうえ，受け取ったとしてもどれだけ威嚇的効果があるか疑問。

(5)相談者自身が何度も電話したりメールや LINE で連絡をとったりしてみる：相手方は電話に出なくなったり，メールを放置したり LINE をブロックしたりするだけかもしれない。

(6)相談者自身が何度も相手方の自宅に行って交渉してみる：相手方がいつも自宅にいるとは限らないし，居留守を使われるかもしれない。そもそも交渉したからといって何かを無理やり強制できるわけではないし，相談者自身も何度も何度も時間をとられるのは困る。

　以上のように複数の選択肢とその問題点を提示することによって，最初の「判決を取得して強制執行の申立てをする」という案の意味・位置づけが明確になってくる。強制執行は確かに費用がかかるが，相手方が無視したり留守であったりしても進められるという点では相談者自身の交渉の手続(3)(5)(6)よりは優れている。申立てをすれば必ず執行官が強制執行に行ってくれるという点で

は，動いてくれるかどうかわからない刑事手続(2)よりも優れている。また，優先回収を図れる可能性があるという点でも債権者破産の申立て(1)・刑事告訴や被害届(2)よりも優れている。しかし，強制執行したからといって財産を隠されていればなかなか見つけることができないし，費用倒れに終わればあれほど腹の立つ相手方に対してさらに金をかけることになる。このようなことを考える中で，それでも強制執行の申立てをしようと考えるか，他の選択肢を選ぶか，全部やめてしまうことが合理的な決断だと考えるか，それを相談者自身が自己決定してゆくべきであり，弁護士としてはこの自己決定が豊かなものとなるように十分な情報提供をしてゆくべきなのである。

　以上のように考えると，このような「選択肢の開発」をする能力が弁護士にとってきわめて重要なことがわかる。より多くの優れた選択肢を提案し[50]，その長短[51]を説明できればできるほど，相談者の自己決定はより豊かなものとなるからである。柏木が「よき選択肢の開発が助言（カウンセリング）作業の中心的仕事である」と述べる[52]のはこのような趣旨から十分に理解できる。相談者と協働して行う「選択肢を開発する」作業こそ現代の法律相談にとって最も重要な要素のひとつなのである。

　②問題点の再検討・事実の再確認　　このように選択肢を提示して一緒に考えていく中で，最初の問題点の把握が不十分であることが分かったり，当初の事実確認時には考えてもみなかったような問題点があることを発見したりする場合もある。また，ここまで来た時点で，そもそもの事実確認が不十分であった

---

50) 中村＝和田［2006］112頁で中村は「リーガル・カウンセリングの観点からは，弁護士がクライアントに対してどれだけ様々な選択肢を提示することができるかということが重要な課題となる。法律的選択肢の有無しか考えず，その範囲内でだけ対応していたのでは十分とは言えない。クライアントのニーズを分析しながら，それにふさわしい選択肢を法律的選択肢だけに限定せずに，また法律的選択肢の利害得失も検討しながら，ほかの可能性をクライアントとともに考えていくという姿勢が必要である」とする。
51) 柏木［2003］71頁は，（法律的結果だけでなく）非法律的結果も含めて，選択肢の利点・マイナス点を箇条書きに整理すると，依頼者に理解されやすいという。
52) 柏木［2003］69頁は，バインダーらの「選択肢の開発ほど創造的でおもしろく，かつロースクールでまったく教えていない法実務はない」という指摘（Binder et al.［2019］p. 318）を引用している。

り間違いが含まれていたりすることが明らかになる場合もある。

　このような場合，元のところへ戻るのは特に弁護士にとって苦痛をともなう場合もあるが，ここで躊躇せず，問題点の再検討や事実の再確認を丹念に行うことが重要である。このような事実確認や問題点の共有は，その先の手続を進めるための基礎的な部分であり，ここが不安定では，先を急いでも豊かな結論には至らず，結局は納得の得られる法律相談とはならないからである。

カ）相談者の立場に立ってもう 1 回考える

【例1】今までのお話をまとめると，法律的には……ということになるのですが，さて，あなたの場合は，今後どのように進めてゆくのがよいですかね。

【例2】もし私があなたの立場だったら，今後の近所づきあいのことも考えて訴訟を提起するのはやめておくと思います。ただ，最終的にどうするかを決めるのはあなた自身です。あなたの△△という気持ちを大切にすると，訴訟を提起する方法もあるかもしれません。もしくは，裁判所で話し合いをするという調停を申し立てる方法もありますね。

【例3】弁護士：ここで，弁護士があなたの代理人として相手に内容証明郵便を送る方法はどうでしょうか。

　　　　相談者：そうですね。ただ，いきなり内容証明郵便が届くとさらに相手方が嫌がらせをしてくるかもしれません。共通の知人である××さんから，一度話を先にしたもらった方がいいでしょうか。

　ここが法律相談の山場である。弁護士が相談者の立場に立ったとしたら，どのように考えるか。もともと相談者が相談に来たのはどのような問題を解決するためだったのか。相談者が弁護士と協働して作業（具体的には「選択肢を開発する」という作業）を行う，最も重要な場面である。

　相談の最初では，弁護士は相談者の直面している事案（事実）が分からず，他方，相談者は法規範（条文や判例，実際の実務の取扱いなど）が分からなかっ

た。しかし，この数十分のやり取りの中で，相談者と弁護士は「事実」と「法規範」を共有することができたはずである。

　そこで，弁護士が相談者の立場になって考えてみると，思わぬ解決策が浮かんだり，相談者の気持ちが分かり「この問題が解決しないことが，いかに苦しいことか」が分かることもある。そこで，弁護士が「何とかこの相談者の役に立ちたい」「どうしたら，何とかすることができるだろうか」と一緒に考えてゆく。相談者は，そのような法律相談を望んでいるのではなかろうか。

　そして，そのような選択肢の開発をしていく中で，事実の確認が不十分だったり，法規範の適用や解釈に工夫の余地があったりしないか再確認し，行ったり来たりすることを経て，最終的な法律相談の終了へと向かっていく[53]ことになる。

キ）法律相談の終了から相談者の「納得」へ

　①**法律相談の終了**　　このような手順を経て最終的に法律相談の終了に至る。以上のようなプロセスを適切な手順を追って進めてゆけば，基本的には相談者の「納得」が得られる状態に至ることが通常である。ここでいう相談者の「納得」とは，「満足」とは異なる。たとえば，「債権を回収したい」という相談の場合，様々な解決策を検討しどれかを選ぶということになったとしても，直ちに当該債権を回収できるという「満足」に至るわけではなく，「こういう手続があるのだな」「手続を進める上ではこのくらい費用がかかり，時間もかかるし実際に回収できるかどうか分からないという問題点があるが，他の手続との比較ではこの方法がよいのではないか」というようなことを相談者として「納得」できるということが重要なのである。

　②**相談終了時に確認すべきこと**　　柏木は「面接の終了の際には少なくとも①

---

53) 柏木［2003］57〜58頁は「紛争に関する助言の形成も，弁護士と依頼者の双方向の作業である。次の作業に分解される。㈹依頼者の目的・意図の確認，㈹解決方法のいくつかのアイディアを提示する，㈹それぞれの案がもたらす結果を予測する，㈹依頼者の心配と疑問を聞き出し，これに答える。この作業は単純作業ではなく，㈹から㈹の作業は何度も繰り返され依頼者にとってベストの解決方法が選択される。訴訟，交渉，契約書，意見書作成等ワンステップ上の段階に進むべきであると判断した場合には，積極的にこれを助言する」という（傍点引用者）。

弁護士が何をいつまでにするか。②依頼者が何をいつまでにするか。③残っている問題の確認をすべきである」とする[54]（これは，相談が継続する場合や，その後に訴訟等の事件を受任する場合を念頭に置いたものであろう）。

ク）ドアノブ・クエスチョン

ここまでが一連の流れであるが，相談者にとって法律相談は非日常の世界であり，当初思い描いていたような相談を十分できず最終段階まで来てしまうということもないわけではない。ここで重要なのが「ドアノブ・クエスチョン」の概念である。もともと医療面接の世界で強調されるもの[55]だが，法律相談の面談でも同種の問題がある。「最後に何か聞き忘れたことや気になっていることはないですか？」と尋ねてみることが大切である。ドアノブ・クエスチョンによって，積み上げてきたプロセスが全て覆され，これまでの弁護士の説明が全く無駄となり，事実確認の最初にもどって一からもう一度話をしなければならない場合もある。その意味で，この「ドアノブ・クエスチョン」に対応することは弁護士にとって大変な苦痛である場合もある。しかし，ここにこそ相談者の「納得」の鍵があるともいえ，この点を重く受けとめて相談にあたることが肝要である。

弁護士の説明が悪く（または当然の前提だと考えて説明を省略してしまうなどして）相談者が誤解・思い込みをした場合，相談者の意図を前提とすると，相談で話していたことが全く逆の意味をもってくることもある。「弁護士としていろいろ話をしてきたけれど，実は何も分かってもらえていなかった」ことがこの時点で判明する場合もある。それは，説明の仕方が悪かった可能性もあるので，他の方法で再度説明することが必要である。また，弁護士が全く思いもつ

54）柏木［2003］55頁。

55）「ドアノブコメント」ともいう。飯島［2006］236頁は「アメリカでは普通，診察室に患者さんが待っていて，そこに医師が入ってくる。診察が終わると，先に医師が診察室から出ていく」（日本と逆である）。「医師が診察室から出ようとしてドアのノブに手をかけたときに，患者さんが追加の発言をすることがドアノブコメント（door knob comment）と呼ばれ」「患者のその日の本当の受診理由は，ドアノブコメントの中に込められていることが多いので重視する必要がある」といい，患者の1％が診療終了間際に新規の問題を提示したという調査を紹介している。

かなかった観点からの質問もある。「実は，この人はそういったことが気に
なっていたのか」とこの段階で判明することもある。この質問を逃さず，真摯
に対応することが非常に重要である。

　そして，弁護士はこの経験を他の法律相談に活かすことができる。相談者の
本心や本当の関心がこのドアノブ・クエスチョンに集約されているからである。
次回の他の相談時には，そのようなドアノブ・クエスチョンがあり得ることも
想定して相談にあたることができる。その意味で，この「何か他にはありませ
んか？」という質問は，弁護士が成長するうえで非常に大切な質問ということ
になる。

3）選択肢の開発と絞り込み

　39〜46頁で述べたとおり，選択肢の開発と絞り込みは現代のローヤリング
技術で特に重視されるべき点である。このことは法律相談の場面においても同
様であり，選択肢の開発・絞り込みという相談者との協働作業を通じた，この
ような形での相談者の自己決定への援助こそが，現代の法律相談では最も重要
な要素のひとつである。法律相談に対する「回答が抽象的」との相談者の不満
は，前項オより前の段階（とりわけウ）で法律相談が終了していることに起因
しているものと考えられる。

　これまでの法律相談は，「定型的な少数の選択肢」を弁護士が上から権威的
に提示して完結していたが，現在はICT技術の爆発的普及により，相談者は
インターネット上で「定型的な選択肢」を多数，それも無償で集めることがで
きる。むしろ，情報の洪水により「どの選択肢を選ぶべきか」に困難が生じて
おり，定型的でない選択肢を弁護士と相談者が協働して「開発」することにこ
そ，現代の法律相談の重要な意義があるのである（選択肢と幸福追求権・自己決
定権，「選択肢のパラドックス」と「ジャムの研究」について40〜42頁参照）。

第6節　目指すべき法律相談——「法律相談」の再定義

　以上を踏まえて「法律相談」の再定義を試みたい。

　まず，現象面でいえば，「「相談者が法律問題であると考える事柄」について弁護士が相談者とやり取りして協働作業する手続の総体」であると考えるべきである。「相談者」が法律問題であると考える事柄を対象とするのであって，弁護士が考えるそれとは必ずしも一致しない。この点，「相談者が抱える問題事案を理解し，その事実に法規を当てはめて権利義務に関する判断をなすとともに，問題解決のための法的手続を教示し，必要に応じて代理人として受任する」とする考え方もある[56]。しかし，上記のとおり相談者と協働して選択肢を開発し，絞り込むことを法律相談の要素とする考え方からすれば，「権利義務に関する判断をな」し，「法的手続を教示」することは，弁護士が「権威者として判断」し「教示」する側面が強調されすぎているようにも思われる[57]。そのような判断や教示の場面もあるであろうが，それを踏まえてさらにやり取りをしていき，最終的には相談者が結論を自己決定していくことにこそ意味がある。

　そして，目指すべき目標，すなわち法律相談が目指すべき機能面から定義すれば，法律相談は「相談者と弁護士が「相談者が法律問題であると考える事柄」について事実と認識を共有し，協働して選択可能な選択肢を考案・検討することを通じて，弁護士が相談者の選択を援助（エンパワーメント[58]）する作業」であるべきと考える。

56）下山［2007］14頁。なお，本書で引用した上記の定義は長岡［2002］41頁の定義を一部修正したものである。
57）萩原［1983］27頁は「新しい法律相談のあり方」につき，「閉じられた型」（「あなたの問題を解決するにはA，B，C，3つの方法があります。そのなかでBが最適でしょう」）から「開かれた型」へという提案をする。柏木［2003］27頁は，これを一歩進め，「依頼者のもつ法律事項と生活や取引等の非法律事項が複合した問題に対して，依頼者の満足を最大にするような意思決定ができるように依頼人に助言を与えること」（依頼者中心の法律相談）が新しい法律相談の形であると指摘する。そして，これまでの法学教育で「法律事項と非法律事項の複合問題の問題発見，分析，依頼人の満足を最大にする選択肢の開発という視点や手法はまったく無視されてきた」とする柏木の指摘は，法科大学院教育や新司法試験のあるべき方向性を示唆している。
58）飯島［2006］211頁の章タイトル「保証──先生に診てもらうと安心して元気が出る」は，医療面接における医師による患者への一種のエンパワーメントである。

文献案内

(1)菅原郁夫＝下山晴彦編［2002］『21 世紀の法律相談——リーガルカウンセリングの試み』現代のエスプリ 415 号。
(2)柏木昇［2003］「弁護士の面接技術に関する研究」法と実務 3 号。
(3)中村芳彦＝和田仁孝［2006］『リーガル・カウンセリングの技法』法律文化社。
(4)菅原郁夫＝下山晴彦編［2007］『実践 法律相談——面接技法のエッセンス』東京大学出版会。
(5)David A. Binder = Paul Bergman = Susan C. Price ［2019］*Lawyers as Counselors : A Client-Centered Approach*, 4th ed., West Academic.
(6)笹瀬健児編［2021］『依頼者の心と向き合う！ 事件類型別エピソードでつかむリーガルカウンセリングの手法』第一法規。
(7)藤岡毅［2021］『Q & A 障害のある人に役立つ法律知識——よくある相談例と判例から考える』日本法令。

読者への道しるべ　　(1)〜(4)が日本の法律相談について論じた基本文献です。(5)は，その源流となるバインダーらの *Lawyers as Counselors* の最新版（初版 1991 年）。(6)は現場でリーガル・カウンセリングを実践し，頑張っておられる弁護士執筆の指南書です。理論編と実践編に分かれていますが，理論編にちりばめられた各事件のエピソードを読み進めると，知らず知らずのうちに読者もエンパワーされる感があります。

　本章で論じたのは法律相談の基礎的な考え方ですが，(7)で解説される「障害のある人のための法律相談」はその応用です。「障害当事者本人を無視して付添の人としか話をしない」のでは，「合理的な配慮」（障害者差別解消法 8 条 2 項）を尽くしたとはいえません（藤岡［2021］13 頁）。相談者自身の「納得」のためには相談者（障害当事者）自身と弁護士とのコミュニケーションが大切なことに改めて気づかされます。

設例 1 を考える視点

(Ⅰ)について：この相談の依頼者（相談者）は誰か。リーガル・カウンセリングの法律相談をするうえで前提となる「依頼者の確定」（87 頁）とは？

(Ⅱ)について：この相談の依頼の趣旨は何か。相談者が本当に求めているもの（87〜88 頁）は？

第 2 章

事件受任

設例 2

　弁護士であるあなたは，貸した金（金 300 万円）を返してもらえないという相談を受け，貸金返還請求事件を受任することになった。以下の点について，どのように考えるか。
　(I)「事件受任」を法的に説明すればどうなるか。
　(II)事件受任時にどのようなことを決めなければならないか。
　(III)事件受任時に考えるべき法曹倫理上の問題点にはどのようなものがあるか。
　(IV)受任した事件の方針については，何に注意してどのように決めてゆくのがよいか。

第 1 節　事件受任とは

1 ）事件受任の意義

　事件[1]受任とは，弁護士が依頼者との間で委任契約を締結することをいう（民法 643 条[2]）。ここにいう「事件」の意義については，弁護士と依頼者との間で理解の齟齬が生じやすいため注意が必要である。

---

1) 本書の「事件」は民事事件に限定する。刑事の事件受任は(1)裁判所から選任される国選弁護人（刑事訴訟法 36 条，憲法 37 条 3 項）制度があること，(2)依頼者本人以外にも弁護人選任権がある（刑事訴訟法 30 条 2 項）こと，(3)報酬につき日本司法支援センター（法テラス）の報酬基準がより多く関わることなど民事と異なる点があり得るためである。民事事件受任全般については，山田［2009］参照。

　「事件」とは，一般には「事柄，事項，できごと」といった意味と「訴訟事件の略。裁判所に訴えられている事柄」という意味とをあわせもつ[3]。弁護士が，依頼者などの非専門家との会話の中で「事件」という言葉を使うと，「裁判所に訴えられている事柄」だけを指していると誤解され，「いや，私の相談は「殺人事件」みたいな大仰な「事件」ではありません」と違和感をもたれてしまうことがある。弁護士にとって「事件」は通常業務でよく用いる用語であるが，依頼者側からすると「裁判所」が遠いものであるだけに，裁判所での訴訟ケースを想像しがちである。この場合，弁護士は必ずしもそのような訴訟案件という意味ではなく，単なる「事案」「案件」という意味で「事件」という言葉を用いていることが多い。本来は，上記のように依頼者（一般市民であることが多い）が有する日本語としての語感と弁護士が有する語感との間にギャップがあるため，「事件」の用語を一般市民にも分かりやすいように改めることが望ましい。しかし他方，裁判所で個々の案件は「事件」と呼称されており[4]，このような条文を改めない限り当然には「事件」という呼称を変えることは難しい。とすれば，弁護士は「事件」という用語を用いながらも，依頼者との間で上記のような意識のギャップが生じかねないことを念頭において業務を進めることが肝要である。

2）事件受任の要素

　以上のとおり，事件受任が委任契約の性質をもつとすれば，民法 643 条が規定する(a)「法律行為（準委任については同法 656 条により準法律行為）をすること」が事件受任の要素となる[5]。そして，民法は無償委任を前提としているが，弁護士に対する委任では(b)報酬を支払う旨約することが多い。これを実務で用

2）詳しくはI部2章注1参照。
3）新村編［2018］。
4）民事訴訟規則2条1項2号の「事件」の文言を参照。
5）一般に，委任契約の要件事実は，民法 643 条の「当事者の一方が一定の法律行為をすることを相手方に委託し，相手方がこれを承諾したこと」のみで，報酬請求には別に「報酬を支払う旨の合意（民法 648 条1項にいう「特約」）」の主張立証が必要とされる。大江［2021］405，431 頁参照。

いられている用語に置き換えていえば，(a)が本件の依頼の趣旨であり，(b)が弁護士報酬の確定ということになる。そこで，事件受任時に検討すべき事項を上記 2 点に分け，法曹倫理の観点などもあわせて以下検討する。

第 2 節　事件受任時に検討すべき事項

1 ）依頼の趣旨をつかむこと

ア）事実整理

　依頼の趣旨をつかむ前提として事実関係を整理することが必要となる。これは一見，簡単なことのようにみえる。しかし，依頼者は法律の専門家ではないことが普通であるし，混乱した中で事実関係を整理してゆくことには困難も多い。前章 5 節で論じたとおり，事件受任までには初回面談で行った事実整理をさらに証拠などとも突き合わせて精緻にし，下記の「事件の見通し」も検討しながらさらに必要な事実を集めて整理してゆくことが重要である。その結果，受任に至るだけの事実や証拠を十分確保できているかをきちんと確認し終えることができれば，受任手続に進むことができる。

イ）事件の見通し

　事実を整理すると，当該事実（要件事実）から発生する法律効果が明確になる。このようにまとめると，依頼者が事実を述べれば機械的に法律効果が発生してくるようにみえるが，そこには一定のプロセスが含まれている。すなわち，弁護士は法律の条文という「フィルター」を通じて依頼者が話すことを整理している。依頼者が話した断片的な事実の中で「このような法律効果が発生するのではないか」と弁護士が「あたり」をつけ，依頼者の話だけでは当該法律効果が発生するだけの要件を満たす事実（要件事実）が不足していると判断した場合には，依頼者が全く考えていない他の角度から質問を繰り返すことによって，そのような法律効果を発生させるための要件事実の有無を探り出し，その効果の発生の有無を吟味していく。その意味では，このような「事件の見通し」は，依頼者が語ったことのみから当然にみえてくるのではなく，弁護士が意識的に「依頼者のストーリー」と「法律の条文や要件事実」とを行き来する

ことによって初めて確定してくる性質のものである。

　他方，このような「見通し」は単に実定法上の法律効果だけを問題とするものではない。(a)訴訟に適するか，調停の方が適切かなどの紛争解決手段の選択，(b)法的手続を採った場合の実効性（回収可能性など），(c)法的手続以外の方法の選択の適否（まずは関係者から間接的に督促してもらった方がいい場合など），(d)弁護士自身が手続を採ることがよいかどうか（まずは依頼者自身名義で督促してみる，依頼者自身名義の手紙を弁護士が書いてみて，依頼者に送ってもらう）など手続的な側面も含めて「事件の見通し」を考えることになる。

　　ウ）「依頼の趣旨」とは何か

　このように考えてくると，依頼者の「依頼の趣旨」という用語には 2 つの意味が含まれていることが分かる。すなわち，たとえば「建物の所有権（民法 206 条）にもとづく物権的請求権である建物明渡請求権を行使して建物から出て行ってもらいたい」という実体法上の請求権が「依頼の趣旨」の中核（狭義の「依頼の趣旨」）であるが，依頼者は，そのような建物明渡がなされればどのような方法で実現したとしても構わないと思っているのではない。紛争解決手続に要する費用・コスト・中身（たとえば判決に関して，強制執行したとしても回収不能のケースでは，金銭債権の判決を目指すより，任意の履行が期待できる訴訟外の和解による解決を目指す方がよい場合もある）も踏まえた幅広い意味の「依頼の趣旨」（広義の「依頼の趣旨」）が考えられる。

　法的な委任契約としての契約の委任事項は，狭義の「依頼の趣旨」がその対象になるが，依頼者の納得を得ることを目的とするローヤリングの趣旨からすれば，広義の「依頼の趣旨」にも十分に配慮し，これを含めて弁護士が確実に把握するように努めることが大切である。

　　エ）委任契約書への明記

　弁護士職務基本規程 30 条 1 項は「弁護士は，事件を受任するに当たり，弁護士報酬に関する事項を含む委任契約書を作成しなければならない」と規定し，日弁連「弁護士の報酬に関する規程」（会規 68 号）5 条 2 項は「弁護士は，法律事務を受任したときは，弁護士の報酬に関する事項を含む委任契約書を作成しなければならない」と規定する。このような委任契約書を作成するにあたっ

ては，上記のような依頼の趣旨を踏まえて具体的な委任事項を委任契約書に書き込むことが必要である。

　時として具体的に問題となる点としては，(a)貸金請求事件などについて訴訟と別に回収・強制執行まで委任したのかどうか，(b)(刑事事件に関するものではあるが)刑事弁護事件（私選）について，勾留を争う諸手続（準抗告〈刑事訴訟法429条など〉，勾留理由開示請求〈同法82条以下〉ほか）をすることが委任の範囲に含まれているかどうかなどの諸点があるので，これらを行うこと（もしくは行わないこと）を定めた場合は委任契約書に明記することが望ましい。

2）弁護士報酬の確定

ア）受任時に弁護士報酬確定が必要な理由

　弁護士が依頼者と委任契約を締結する際には，弁護士報酬の具体的な内容や金額を定めることが以下のような理由から必要となる。

　①有償委任契約の本質　　民法上，委任契約は無償が原則である（643条）。弁護士との委任契約には有償の特約が推定されるとの考え方もあるが，それも「推定」にすぎず，報酬を請求するには有償の特約（合意）が必要とされる。よって，報酬の内容を具体的に確定することは，民法（債権法）上の要請ということになる。

　②弁護士倫理の観点　　報酬金額を具体的に定めない場合，依頼者との間で紛争となりやすい。弁護士が提供するサービスは無形で，そのサービスを提供する弁護士によって個性や採用手法に多様性がある。また，訴訟や交渉，調停などの紛争事案では相手方もあり，結果の成否が委任契約締結時には見通せない場合も多い。そのような事情があるからこそ，弁護士倫理上，委任契約書を作成することが求められることが多い。

　日本では，上記のとおり弁護士職務基本規程30条1項で，受任時の委任契約書作成が義務づけられている。委任契約書を作成することが困難な事情がある場合（同項ただし書き），および法律相談，簡易な書面の作成または顧問契約その他継続的な契約にもとづくものであるときその他合理的理由があるとき（同条2項）といった例外はあるが，弁護士倫理上，委任契約書を作成するこ

とが弁護士の義務である。アメリカでは，ABA モデル・ルール 1.5⒝におい
ては「代理の開始前または開始後合理的な期間内に」「報酬の算定基礎または
料率，及び依頼者が負担することになる実費について」依頼者に伝えなければ
ならないと定められているが，必ずしも書面にすることは要求しておらず，な
るべく書面で（preferably in writing）示すことで足りるとしている。しかし，同
項⒞は，成功報酬制の契約については「依頼者が署名した書面」によらなけれ
ばならないものとしている。成功報酬制契約につき（記名ではなく）署名での
書面作成を要求している点で日本よりも厳格なルールが採用されている（ただ
し，アメリカでは記名捺印〈民事訴訟法 228 条 4 項参照〉という形式をとることが
ないため，日米を単純に比較できないという面もある）。

　日本の弁護士実務においても，特に法人ではなく個人の依頼者の場合には，
必ずしも弁護士に委任することに精通しているとはいえない場合も少なくない。
委任契約の内容を十分説明したうえで（日弁連「弁護士の報酬に関する規程」5
条 1 項），その説明について十分な理解を得た証拠とする趣旨で，委任契約書
には記名ではなく署名を求めることが望ましい。そして，この委任契約書には
「受任する法律事務の表示及び範囲，弁護士等の報酬の種類，金額，算定方法
及び支払時期……並びに委任契約が中途で終了した場合の清算方法を記載しな
ければならない」（同規程 5 条 4 項）。ここで「弁護士等の報酬の種類」とは，
「着手金」「報酬金」「時間制」などの別を意味する。特に問題が多く発生する
「委任契約が中途で終了した場合の清算方法」の「みなし報酬」の条項につい
ては後述する（「報酬」「報酬金」の本書での区別はII部 6 章注 8 参照）。

　③ローヤリング技術として　　ローヤリングは弁護士の基礎的技能であり，
依頼者の「納得」を求めることがその目的だと考える本書の立場からも，受任
時に委任契約書を作成することは必要不可欠である。とりわけ，依頼者の「納
得」を得るうえで，採るべき手続の内容とその報酬はきわめて重要な要素であ
る。そして，日本では，着手金・報酬金の 2 段階で請求がされることが多いが，
報酬金請求の段階で依頼者の納得を得られるようにするためには，受任時点で
依頼者と十分話し合い，納得を得たうえで弁護士報酬を定めることが必要であ
る。

イ）日弁連報酬等基準規程の位置づけ

　日本では，従前，強制加入団体たる日弁連に報酬等基準規程（会規 38 号）が存在し，各単位弁護士会がそれに準じた各単位会の弁護士報酬基準規程を定めていた。そして，当該基準より多額の報酬を受領した場合のみならず，基準を逸脱して少額の報酬で受任することも懲戒事由となり得る状況が存した。

　しかし，この点について 2000 年政府の規制改革委員会の建言，および 2001 年司法制度改革審議会意見書の「適切な対応がなされるべき」との記載を踏まえて，2003 年の弁護士法改正がなされ，2004 年に日弁連は報酬等基準規程を廃止し，新たに「弁護士の報酬に関する規程」（会規 68 号）を制定した。これによれば，弁護士報酬は「経済的利益，事案の難易，時間及び労力その他の事情に照らして適正かつ妥当なものでなければなら」ず（同規程 1 条），各法律事務所でそれぞれの弁護士報酬基準規程を定めなければならなくなった（同規程 3 条）。しかし，多くの法律事務所は旧日弁連報酬等基準規程をベースに，それをそのまま，もしくは若干修正したものを自身の法律事務所の規程としていることが多い。そこで，以下では，旧日弁連報酬等基準規程（以下，旧基準規程）で特に問題となる点を論じる。

ウ）旧基準規程上の問題点

　①経済的利益　旧基準規程 13 条は弁護士報酬につき，事件等の「経済的利益」を基準として算定するものと定めていた。同規程 14 条が，算定可能な場合に関し，たとえば金銭債権では「債権総額（利息及び遅延損害金を含む）」（同条 1 号）と規定するなど，一定の経済的利益の算定方法が定められていたが（以下同条 15 号まで），なお相当に抽象的である。また，上記のとおり金銭債権について「利息及び遅延損害金を含む」と規定されているが，実際そこまで含めて経済的利益を計算している例は多くはないと思われる。とりわけ，着手金の場合，実際の紛争では元本についてさえ争いがあるからこそ相手方との間で紛争となっているのであって，それにもかかわらず利息や遅延損害金までを含めて「経済的利益」を計算し，着手金を算定すると過大になりかねない。この点，同規程 15 条 1 項ではこのように算定した経済的利益の価額が「紛争の実態に比して明らかに大きいとき」は，「紛争の実態に相応するまで，減額

コラム⑤

司法制度改革審議会意見書とローヤリング

　2001年の「司法制度改革審議会意見書 21世紀の日本を支える司法教育」は法科大学院制度の「産みの親」であり，法科大学院科目である「ローヤリング」の目的論や前提とする弁護士像などと深く関わります。

　これまでも弁護士は「プロフェッション」だとされてきましたが，この意見書の「プロフェッション」の定義は独特です（弁護士だけでなく裁判官や検察官もプロフェッションに含まれます）。本林［2018］15頁はこれを「再構築されたプロフェッション論」と呼びますが，この意見書自体はその「プロフェッション」の具体的意味について何も語りません（渡辺［2001］161頁参照）。

　この意見書は，弁護士は「「頼もしい権利の護り手」として」「国民との豊かなコミュニケーションの確保」に努めるべきであると謳います。この点は，ローヤリングの各種コミュニケーション技法との関係で重要です。

　同意見書はまた，弁護士には「社会的責任（公益性）」があるので，「「プロ・ボノ」活動（無償奉仕活動）」「社会的弱者の権利擁護活動など」の社会貢献が期待されると述べます。世界では，多くの国で弁護士によるプロ・ボノ活動が行われていますが内容・程度はそれぞれ異なります（アメリカなどのプロ・ボノ活動につきローディ［2018］参照）。ここで日本の「全国民を代表」（憲法43条）する議員で構成される国会の議決により内閣に設置されたこの審議会が，弁護士に「「プロ・ボノ」活動」などの社会貢献活動を期待すると明言したのは，公害訴訟・えん罪再審事件等でのこれまでの日本の弁護士のプロ・ボノ活動が広く国民から積極的に評価されているからだと筆者は理解しています。

　意見書の内容を踏まえて弁護士会では弁護士職務基本規程8条に「公益活動」の「努力義務」を規定しました。「貸金回収や遺産分割など自分の通常業務自体が公益活動だ」と強弁しそれ以外何もしない弁護士がいる一方，「弁護士のプロ・ボノは弁護士会に義務づけられてやるものではない」という意見もあり，その規定の意義については議論があります。

　国民の「期待」を受けとめて，どのように「社会正義」（弁護士法1条）を実現するかが現代の弁護士・ローヤリングには問われているのです。

しなければならない」旨定められている。ただし，そのように規定が弾力的であればあるほど，内容としてはさらに抽象的で不明確となる。

　②事件数の数え方　　旧基準規程 5 条は，弁護士報酬を「1 件ごと」に定め，「裁判上の事件は審級ごとに，裁判外の事件等は当初依頼を受けた事務の範囲をもって」1 件とするものとする。

　通常，当事者（依頼者）は，「この離婚の件をこの弁護士に依頼する」「この交通事故についてこの弁護士に依頼する」というように，社会的紛争の個数をもって「1 件」と考えていることも少なくない。よって，ある離婚紛争において，(1)離婚についての交渉（裁判外交渉）と(2)離婚調停（家事調停）と(3)離婚訴訟（家庭裁判所における人事訴訟）とが「別件」であるとは考えないし，ある交通事故事件において(a)自賠責による請求（裁判外の手続）と(b)加害者との交渉（裁判外交渉）と(c)簡易裁判所における調停（民事調停）と(d)地方裁判所ないし簡易裁判所における訴訟（民事訴訟）とが「別件」であるとは考えていないことも多い。そうなると，別の手続に移るたびに手数料が新たに発生するという点については，当事者にとって予想外のことがあり得るから十分に説明することが望ましい。

　また，(d)の訴訟手続においても，旧基準規程によれば「審級ごと」に弁護士報酬が発生する（5 条 1 項）ため，同じ(d)でも第 1 審・控訴審・上告審とはそれぞれ別の事件であるので，各手続ごとに着手金が発生することになる。この点も同様の説明をしておくと丁寧である[6]。

　上記のような説明の内容や方法については，現在の報酬基準規程である「弁護士の報酬に関する規程」5 条 1 項に「弁護士は，法律事務を受任するに際し，弁護士報酬及びその他の費用について説明しなければならない」と規定されている点からも，丁寧な説明をすることが望ましい。また，当該委任契約に消費者契約法が適用される場合[7]は，同法 3 条 1 項 2 号の努力義務（事業者である弁護士が負う「消費者の権利義務その他の消費者契約の内容についての必要な情報を

　6）これに対し報酬金は，「同一弁護士が引続き上級審を受任したときの報酬金については，特に定めのない限り，最終審の報酬金のみを受ける」ものとされている（旧基準規程 5 条 1 項ただし書き）から，特約がない限り最後に 1 回支払えば足りることになる。

提供する」努力義務）の対象となる。

　しかし，実際のところ，このような審級・手続ごとの費用を全て説明すると不用意に依頼者の不安を煽る可能性もある。たとえば，貸金返還請求として相手方に300万円を請求したい依頼者から事件を受任する弁護士の委任契約の場合を考えてみよう。具体的には，(i)裁判外の和解（民法695条）を目指して訴訟前の交渉をしたが妥結せず，(ii)簡易裁判所に民事調停を申し立てた（民事調停法4条の2）が不調（不成立）となり，(iii)地方裁判所に民事訴訟を提起（民事訴訟法133条）して勝訴したが相手方が控訴（同法281条）し，(iv)控訴審でも勝訴したが相手方がさらに上告（同法311条1項）及び上告受理申立て（同法318条）をして確定せず，(v)上告審でも勝訴確定したが相手方が任意に履行せず，(vi)相手方の動産差押の申立て（民事執行法122条）をして最終的に300万円を回収できたという事案を考える。

　上記(i)〜(vi)は，社会的な紛争としては1個と数える余地もあるが，上記のとおり，それぞれ法律上の根拠が異なる別個の手続である[8]。とりわけ(iii)〜(v)は訴訟手続としては共通ではあるが旧基準規程5条1項によれば別個の事件であり，「審級ごとに」弁護士費用が発生することになる。とすれば，各手続ごとに着手金の支払いを要することになり，旧基準規程によれば各手続について24万円ずつ（ただし，強制執行事件についてはその2分の1〈同規程26条1項〉）が必要となるから，24万円×5.5＝132万円の着手金が標準となり，(v)の上告（受理）審での勝訴確定による報酬48万円と(vi)の最終的な回収による報酬12万円（同規程26条2項によって(v)の4分の1となる）を加えた192万円（及び消費税）が標準的な弁護士報酬ということになる[9]。しかし，300万円の貸金返還請求をするのに消費税を含めて200万円を超える弁護士費用がかかるとすれ

7）消費者契約法の「消費者契約」の定義（2条1〜3項）からすれば，弁護士法人（弁護士法30条の2以下）が契約当事者となる場合はもちろんのこと，個人としての弁護士が契約の主体となる場合であっても，個人の依頼者と弁護士との委任契約は「消費者契約」にあたり得る。消費者庁消費者制度課編［2019］99頁，日本弁護士連合会消費者問題対策委員会編［2015］43頁参照。

8）旧基準規程5条2項は「裁判外の事件等が裁判上の事件に移行したときは，別件とする」と明記する。

ば依頼者は弁護士に委任することを強く躊躇することが通常とも考えられる。また実際に多くの事件は，(i)訴訟外の交渉や(ii)調停，(iii)訴訟に至っても第 1 審での和解までには終結することが多いし，どの程度の手続を要するかは相手があることであって流動的でもある。よって弁護士としては，上記(i)〜(vi)の手続を必ず踏まなければならないことがあらかじめ明らかであるような特別の事情がない限りは，当該事件そのものに関する弁護士報酬を説明することで足りるものと考える。

　③**時間制**　　時間制（タイムチャージ）とは，着手金・報酬金・手数料のような方法によらず「1 時間あたりの適正妥当な委任事務処理単価にその処理に要した時間を乗じた額」で報酬を計算する方法である（旧基準規程 39 条 1 項）。

　時間制は，主に企業を依頼者とするアメリカのローファームで採用されてきたものであるが，最近では日本でも渉外事務所にルーツをもつ大手法律事務所や，東京や大阪などの企業法務中心の事務所でも，とくに企業関連法務，M＆A や調査案件などの非紛争系の事件についてタイムチャージを採り入れる事務所が多くなっているといわれている（非紛争系の事件については，着手金・報酬金計算のベースとなる「経済的利益」〈同規程 14 条〉が算定しにくいことも採用のひとつの理由であると思われる）。

　成功報酬制が禁止されてきたイギリスではバリスター（barrister）・ソリシター（solicitor）ともに時間制が一般的であり，同じく成功報酬制が禁止されているフランスでも定額制または時間制が採られているといわれる。弁護士にとっては，紛争の「経済的利益」の多寡にかかわらず多くの労力を投入しなければならない事件（たとえば，法人に対する少額請求の名誉毀損訴訟など）についてこの方法を採るメリットがある。また，勝訴・敗訴に左右されず経営が安定するともいわれる。さらに，タイムチャージを請求できる時間（billable hours）を具体的に計算するためにアソシエイト（勤務弁護士）の 1 日の行動が記録さ

　9）このうち(i)・(ii)については 3 分の 2 に減額「できる」とされる（旧基準規程 18 条 1 項）。また，同規程 6 条 2 項は，複数事件受任時に「紛争の実態が共通」（1 号）で「受任件数の割合に比して 1 件当たりの執務量が軽減する」ときは「弁護士報酬を適正妥当な範囲内で減額」「できる」とも規定する。しかし，最初の事件受任段階で（このケースでいえば(i)），(ii)〜(vi)の「執務量が軽減」するかどうかを判断するのは相当に困難である。

れているので，タイム・シートを分析することで各アソシエイトの貢献度を計り，経営を合理化できるという点もよい点として挙げられる。

　しかし，(a)時間の計算方法が依頼者に分かりにくくコントロールやチェックも難しいこと，(b)同じ作業をしても能力の低い弁護士ほど時間がかかり，かえって多くの弁護士費用が必要となり不合理であること（これは根本的矛盾である），(c)依頼者としてはベテランの１人の弁護士にのみ依頼したいのに法律事務所側で複数の弁護士を手配して（実質的には若手弁護士の教育目的を含むこともあり得る）多数の弁護士の弁護士費用をチャージされ[10]高額の弁護士報酬につながる等の不満も少なくない。このような弊害を防ぎ，弁護士報酬の予測可能性を高めるために「キャップ制」（弁護士報酬に上限を定める方法。総額の上限を定める方法が一般であるが，１日あたりの上限を定める方法もある）が採られることもある。しかし，キャップの時間が到来したからといって突然に他の弁護士に依頼することが可能かどうか不明である一方，同じ弁護士に対して続きを頼めるかどうかも不明であり，また次の弁護士も高額なチャージを要求することがあり得るなど，この弊害を完全に除去できる方法はない。

　以上を考えると，このような時間制のシステムを採用する場合，できる限り明確なシステムを構築するとともに，当該システムの具体的内容の説明に加え，計算方法についてもできる限りその計算根拠を添付して依頼者への十分な説明に努めることが重要である。なお，タイムチャージの場合，報酬金は発生しないのが原則である。

　④日当　　日当とは，「弁護士が，委任事務処理のために事務所所在地を離れ，移動によってその事件等のために拘束されること（委任事務処理自体による拘束を除く。）の対価をいう」ものとされる（旧基準規程３条２項）。同規程では半日３万円以上５万円以下，１日５万円以上10万円以下とされていた（41条１項）。従来から「遠隔地の裁判所で事件を取り扱う場合に，日当の問題が

10）ファイン［2007］156頁は「時間請求方式は必要以上の人員を事案に割り，結果としてクライアントに対して，調査その他の業務について法外な請求を行うことを助長しがち」で「クライアント側は弁護士の請求書を注意深く監査するようになってい」るという。

発生する」とされてきた。現在，民事訴訟で遠隔地の場合には電話会議システム（民事訴訟法170条3項）やウェブ会議が多く活用されていることや，弁護士間の競争が激しくなり日当を依頼者に請求することが容易ではなくなってきていることなどもあり，日当を請求する事案は減少している。しかし，民事・家事調停の場合など，代理人自身の出頭が基本的に必要な事案もあり[11]，その場合は日当を請求する場合もあり得る。その場合，着手金・報酬金の中に日当を含むか否かなどを依頼者と事前に十分協議・合意するのがよい。

　⑤**旅費交通費**　　遠隔地での業務を依頼される場合は，旅費交通費や宿泊費の支払いを約定することもある。このような旅費交通費の支払いは一種の実費弁償であり，法的には，「報酬」（民法648条）ではなく「費用」（同法649条）である。

　旧基準規程43条は「弁護士は，出張のための交通機関については，最高運賃の等級を利用することができる」と規定する。しかし，特急料金等はともかくとして JR のグリーン車や飛行機のファーストクラスといった費用が当然に請求できるとの規定が各当事者との関係で正当化できるかどうかは疑問である。このような費用を請求するのであれば，現在の報酬基準である「弁護士の報酬に関する規程」5条1項が規定するとおり，事前に依頼者に十分説明して了解を得ておくことが望ましい。

　⑥**顧問契約があることによる減額**　　顧問料とは「契約によって継続的に行う一定の法律事務の対価」を指し（旧基準規程3条2項），顧問料の支払いと継続的法律事務の遂行を約する旨の契約を顧問契約という。このような顧問契約を締結するのは一般的には法人か個人事業主である場合が多いが，近時は事業を営まない個人とも「ホームローヤー契約」などの契約を結ぶ実務が推奨されている。

　法律事務所の経費のほとんどは定額固定経費（賃料・事務職員や勤務弁護士の

11）民事調停について民事調停法34条，家事調停について家事事件手続法258条1項の準用する同法51条2項。ただし，調停の場合でも電話会議システムによる手続は可能である（民事調停につき民事調停法22条が準用する非訟事件手続法47条。家事調停につき家事事件手続法258条1項の準用する同法54条）。

給与，複合機のリース代など）であるのに，着手金・報酬金という，変動幅が大きく，波のある収入に依存することは不安定であり，できるだけ顧問契約を締結して安定的な収入構造とすることが，当該経費負担との関係では弁護士の事務所の経営としては合理的である[12]。そのような顧問契約を誘引する方法のひとつとして，事件受任時の報酬を通常の金額より減額するという方法がある。この場合，減額の割合が30％を超えると旧基準規程上の減額の上限（17条2項）を超えることとなるが，現時点では弁護士会の報酬基準規程自体が撤廃されており，この減額の上限を取りのぞいている法律事務所も少なくないことから，それ以上の減額をすること（たとえば50％とするなど）も可能である。実際には，そのような減額を誘因として訴訟の委任契約受任時に顧問契約を締結するよう誘導することも少なくない。訴訟事件の受任中に事件以外の相談を受けることは少なくなく，逐一それについて報酬を請求しづらい点もあるが，顧問契約を前提とすればそれも顧問業務の範囲内と考えることができる。またそのような当該訴訟以外の相談が，当該訴訟が終結した後になされることもあるが，顧問契約が維持されていれば顧問契約の業務の範囲内としてその相談に答えることができるし，訴訟終了時に顧問契約も終了した場合には，無料の相談[13]は断ることによってフリーライドを避けることができる。逆に，この時点で顧問契約を締結してもらうことは「こんなことをこんな感じで弁護士にいろいろ相談できるのだな」「その場合の費用は顧問料（たとえば月額5万円）で済むのだな」と知ってもらえるチャンスであり，依頼者からみれば弁護士へのアクセスのチャンスでもある。その意味で，依頼者と弁護士の継続的な関係を始めるきっかけとして，この時点での顧問契約締結への誘導には大きな意味がある。

---

12) 髙中＝山下＝太田＝山中＝市川編［2016］141頁は「固定収入としての顧問料は，資金繰りという点ではありがたいものです。理想は，顧問料収入で固定費が支払えることですが，半分くらいあるとかなり楽になります」という。

13) 実際，その相談に逐一法律相談料を請求するのは困難であるし，顧問契約を締結していないからといって相談への回答は遅くてよいということにはならず，結局は顧問先に対する法律相談対応と同様の対応をしなければならないことが多い。そして，それに対して費用が取れないとすれば実際上は，無償で顧問業務を行っているのと同様になってしまう。

　⑦みなし報酬に関する諸問題　　旧基準規程 44 条は，(A)委任契約の終了について弁護士に責任がないにもかかわらず，依頼者が弁護士の同意なく委任事務を終了させたとき，(B)依頼者が故意または重大な過失により委任事務処理を不能にしたとき，(C)その他依頼者に重大な責任があるときは，弁護士は弁護士報酬の全部を請求できるという「みなし成功報酬」の規定を設けていた。同項はただし書きで「弁護士が委任事務の重要な部分を終了していないときは，その全部については請求できない」という例外は定めていたものの，この規定は弁護士にかなり有利なものであった。同規程廃止後の新規程には「委任契約が中途で終了した場合の清算方法」を委任契約書に明記することを要求する旨の規定（5 条 3 項）はあるが上記のような「みなし成功報酬」の条文はない。しかし，実際の委任契約書の条項には旧基準規程 44 条と同趣旨の条文を置くものも少なくない。中途解約に関するこのような旧基準規程 44 条の考え方に一定の合理性が認められるからであるとされる。

　実際には，このような「みなし成功報酬」の条項の適用にあたって紛争が生じやすいので注意が必要である。委任契約が中途で終了している以上，双方には深刻な対立や見解の相違があるのが通常であり，それについて報酬を請求したり，報酬を支払ったりするやり取りには対立が生じることが容易に想定される。実際に，弁護士と（元）依頼者との裁判外の交渉では解決できず，最終的に訴訟にまで至っている事例も少なくない[14]。

　このような判例は，基本的に旧民法（平成 29 年法 44 号による改正前のもの）648 条 3 項の「委任が受任者の責に帰することができない事由によって履行の中途で終了したときは，受任者は，既にした履行の割合に応じて報酬を請求することができる」との規定を前提に，上記の旧基準規程や委任契約書上の合意を同項の特約と位置づけて論じているものが多い。このような弁護士報酬の特約については委任に特有の信義則によって適当に調節されるべきと解釈されていた[15]。

　しかし，平成 29 年法 44 号による民法改正（いわゆる「債権法改正」）により民法 648 条の規律が改められた。(I)受任者に帰責性がある履行不能（1 号），(II)委任者受任者双方に帰責事由がない履行不能（1 号），(III)委任が「履行の中途で

終了」した履行不能（2 号）の場合には，既履行部分の割合に応じた報酬が請求できる（同条 3 項）。他方，委任者に帰責事由がある履行不能（委任終了）については，民法 536 条 2 項により，受任者は委任者に対し全額の報酬を請求できる[16]。成果完成型の委任契約については民法 648 条の 2 第 2 項により 634 条が準用され，事務処理結果が可分で，かつ当該結果により委任者が利益を受けるときに限り，割合的報酬請求権が生じるものとされる。

　弁護士への委任契約のうち成功報酬を支払う部分は，成果報酬型の委任契約の典型である[17]。このような観点から旧基準規程 44 条をみれば，「委任事務処理の程度に応じて」（1 項），「委任事務の重要な部分の処理を終了」（2, 3 項）のように事務処理の程度を念頭に置いた条文が置かれているため，同趣旨の内容を盛り込んだ委任契約書を作成する場合には，民法 648 条の 2 第 2 項と同一の結論に至ることも少なくないと考えられる。ただし，「重要な部分の処理を終了」（2, 3 項）の文言は，民法 648 条の 2 第 2 項（の準用する 634 条）の「注文者が受ける利益に応じて」とは異なる点がある（まず，前者は「弁護士の処理」という観点からみているのに対し，後者は「依頼者（委任者）の利益」という観点からみている。また，前者は「重要かどうか」という点からみているのに対し，後者は受けた利益の「割合」をみていて，「重要かどうか」は正面から問題としていない）ことから，事案によっては結論を異にする場合もあり得るものと考えられる。なお，委任者が消費者契約法 2 条 1 項にいう「消費者」である場合，消費者契約法が適用される可能性がある[18]から，このような「みなし報酬規定」に同法 9 条 1 号（消費者が支払う損害賠償の額を予定する条項の無効），10 条（消費者の利益を一方的に害する条項の無効）が適用される可能性がある。委任が中途で解除された場合の報酬請求権と損害賠償請求権の関係の議論とも関係し，

14) 最判昭和 48 年 11 月 30 日民集 27 巻 10 号 1448 頁，東京地判昭和 55 年 10 月 24 日下民集 33 巻 5〜8 号 1074 号，東京地判昭和 62 年 6 月 18 判時 1285 号 78 頁，東京地判平成 14 年 3 月 29 日判時 1795 号 119 頁，東京地判平成 20 年 11 月 14 日判タ 1309 号 225 頁など。
15) 幾代 = 広中編［1989］262 頁。参照箇所は明石三郎執筆による。
16) 潮見［2017］265 頁，中田［2017］533 頁。
17) 中田［2021］538 頁。
18) 本章注 7 参照。

下級審判例の結論も分かれている[19]。さきにふれた「債権法改正」により委任
の任意解除が以前に比して認められやすくなっていることからも，委任契約解
除による紛争が生じやすくなっていることを十分念頭に置く必要があり，消費
者と委任契約を締結する際には特に注意が必要である。

　⑧完全成功報酬制に関する問題点　全国一律の報酬基準の撤廃により，着手
金を 0 円として，成功報酬一本とする方法（完全成功報酬制）による受任も，
各法律事務所の報酬基準規程にそのような事項を盛り込めば可能となった。

　これまで，着手金を 0 円として受任することについて，日本の弁護士は消極
的であった。弁護士報酬の獲得を目指すあまり当事者と一体化する問題などが
懸念される。

　着手金制度があることによって，訴訟が判決に至らない和解による解決を容
易にしている面もある[20]。これに対し完全成功報酬制は，訴訟費用を用意でき
ない者に対するアクセス障害を解消ないし緩和する機能を果たすことがある。
こうした者のため，日本司法支援センター（法テラス。従前は法律扶助協会）に
よる扶助制度があるが，それだけでは十分な受任が得られない。具体的な問題
は，法テラスの報酬基準が一般の弁護士報酬基準より低く，弁護士の中に受任
を避ける傾向があるという点にある。旧基準規程が存在した時期にも，一定の
公害訴訟や大量消費者の訴訟では被害者救済の観点から着手金を 0 円とする実
務が行われたこともある。また，旧基準規程撤廃後は，とりわけいわゆる「過
払金請求事件」（債権者との取引について，利息制限法が定める利息の利率による
引直し計算をした結果，弁済すべき金額を超えて支払った金額〈過払金〉が生じる
こととなった債務者が，当該債権者に対してその返還請求を行う事件）の受任を増
やすため，着手金 0 円とし広く宣伝広告などをなす法律事務所が登場した[21]。
この点に対する評価には，積極的なもの（司法へのアクセスを容易にした，顧客
本位での報酬設計である）と消極的なもの（大量処理に対する批判，商業的な手法

19）大阪地判平成 21 年 12 月 4 日判時 2105 号 44 頁，横浜地判平成 21 年 7 月 10 日判タ
　　2074 号 97 頁参照。
20）和解検討の時点では，依頼者はすでに弁護士に着手金を支払い済みであるから，完全成
　　功報酬制の場合と比べて最後に支払う報酬金は少額となり，和解成立への障害は少なく
　　なる。

に対する批判，確実に勝訴でき回収可能な過払い事案ばかりを事件あさりすること
に対する批判）とがある。事件あさりの側面については大きな問題があると思
われるが，その他の点についてはより積極的な位置づけがなされてよい。

3）法曹倫理の観点から

ア）基本的な倫理

受任時には，特に法曹倫理（弁護士倫理）にかかわる問題も多い。基本的に
は法曹倫理の教科書[22]に譲るが，主なポイントは以下のとおりである（ここで
は，弁護士法を「法」，弁護士職務基本規程を「規程」とする）。(a)利益相反事件を
回避[23]し（法25条，規程27，28条），(b)依頼者の「正当な利益」を実現するよう
努める（規程21条）。(c)適正妥当な報酬を提示し（規程24条），(d)事件の見通
し・処理方法・報酬等につき適切な説明をしたうえで（規程29条1項），委任
契約の内容について合意に至った場合には(e)委任契約書を作成する（規程30
条1項）。(f)依頼者の資力が乏しい場合は法律扶助制度等を説明する（規程33
条）。(g)受任後は速やかに着手する（規程35条）。他方，(h)依頼を拒絶する場合
は，速やかに通知する（法29条，規程34条）。

これらの諸義務のうち中心となるのは(e)の委任契約書の作成である。他の諸
事項は（委任しない場合の通知(h)を除く），委任契約書を作成する際に全てを網
羅的にチェックしてゆくことが重要である。

イ）近時の問題

以上のような基本的な倫理のほかに，近時は前項の債務整理事件に関する配
慮に加え，マネー・ロンダリング（マネロン：犯罪収益の移転）対策としての本
人確認が求められている。国際的テロ活動への対処のため，マネロン対策が社

21）この点について，日弁連は「債務整理事件について一部の弁護士によって不適切な勧誘，
　　受任及び法律事務処理並びに不適正かつ不当な額の弁護士報酬の請求又は受領がなされ
　　ているとの批判がある」として，債務整理事件処理の規律を定める規程（平成23年2
　　月9日会規93号）を定めた。
22）馬場＝宮田［2019］72頁以下など。
23）共同事務所ではその前提として事件情報について全弁護士がアクセスできる体制を構築
　　する必要がある（規程59，68条）。

令的要請とされているが，世界各国で弁護士がマネロンに利用されていることが FATF（Financial Action Task Force：ファトフ，マネロン対策を行う政府間組織）のレポートで多数報告されている[24]。このような問題に対処するため，日弁連は「依頼者の本人特定事項の確認及び記録保存等に関する規程（平成 24 年全部改正）」を定めている。弁護士は受任時に依頼目的がマネロンに関わるものであるかを慎重に検討しなければならず（6 条），依頼者から 200 万円以上の資産を預かる場合，また不動産取引や会社設立などの行為を準備実行する場合は「依頼者の本人特定事項」（住所氏名など）を確認しなければならない（本人確認）ものとされている（2 条）。

4）「選択肢の開発と絞り込み」の観点から

以上，受任時に検討すべき点を依頼の趣旨，弁護士報酬，法曹倫理の 3 要素から検討してきた。本章をまとめるにあたって，「選択肢の開発と絞り込み」こそが現代の弁護士の実務として重要であるとの本書の立場から，受任にあたってもこのような選択肢の開発・絞り込みが重要となる点を強調したい。

このうち，依頼の趣旨をつかむ際に選択肢の開発・絞り込みを行う作業については，法律相談の際に検討したポイントが，受任時においても基本的に妥当する。法律相談の場面と若干異なる点があるとすれば，それは，単なる法律相談の時点よりも事件受任時の方が，具体的な手続選択や費用の問題が依頼の趣旨を確定していくうえで大きな要素を占めてくるという点であろう。また，法曹倫理については弁護士職務基本規程などによって弁護士が選択できる範囲が限定されている。よって，ここでは，弁護士報酬の点を検討する。

弁護士報酬は，本章で検討したとおり，着手金・報酬金の方法による場合，時間制の方法による場合，定額の手数料とする場合など様々な形式があり得る。弁護士自身の報酬基準規程に定めがあることが前提であるが，望ましいローヤリング技術としては，これらを柔軟に組み合わせて提示することがよい。

特に問題となるのは「経済的利益」が受任時点では明確には決めがたい場合

24）十時［2019］291 頁以下。

である。旧基準規程 16 条 1 項には「14 条により経済的利益の額を算定することができないときは，その額を 800 万円とすることができる」という条文がある（あった）ことから，この規定によるのもひとつの方法である（この場合，着手金は 49 万円，報酬金は 98 万円ということになる）。が，紛争の実態からみて 49 万円を上回るのは明らかであるのにその条項によって 49 万円しか得られないというのは不合理な面もある。また，受任当初では，相手方の反論内容や証拠の有無・内容などについて十分には分からない場合も少なくなく，的確に経済的利益を定めることが困難である場合もある。

　このような場合，ひとつの方法としては，受任時には着手金を低額に定めておき（たとえば 30 万円），最終的に得られた経済的利益を事件終結時に再計算して，事件終了時に着手金の残額と報酬金を一緒に精算するというものがある。たとえば，3000 万円の請求を相手方にしたいが，当方の損害に関する証拠も必ずしも十分とはいえず相手方からどのような反論が出てくるかも全く不明で訴訟の帰趨に関する予測が非常に困難である場合を考える。3000 万円を機械的に経済的利益と考えると，旧基準規程によれば着手金は 159 万円となるが，とりあえず暫定着手金を 30 万円とし，最後に得られた金額によって着手金の残金を再計算するという約定を委任契約書の内容としておくのである。事件処理の結果 2000 万円が獲得できた場合，これを経済的利益と評価して着手金を再計算し（109 万円となる），既受領の着手金（30 万円）を控除した 79 万円を着手金の残金として事件終了時に精算する。このとき依頼者は，着手金残金に加えて報酬金（318 万円）も支払うことになる。これは多額であるようにみえるが，この場合には，事件終結時には実際に相手方から 2000 万円を回収できることが一般的であるから，この受領した金銭の中から着手金残金と報酬金を支払えばよく，相手方から 1 円も受け取っていない着手金支払いの段階で多額の弁護士報酬を請求されるよりは依頼者にとって心理的抵抗も少ない[25]。このような方法は，当方依頼者が最終的に金銭を受け取る側として終結することが見込まれる場合（金銭請求の債権者側，立退料の発生が見込まれる賃借人など）には特に有効に機能するものであって，よく行われている。

　弁護士としては，単純機械的に着手金・報酬金を請求するのではなく，この

ような様々な選択肢を開発し，依頼者に提示できることが望ましい。ただし，その選択肢の数があまりに多くては依頼者も選択に困難をきたすため一定の絞り込みが必要である。法律相談の場面では選択肢数は 3 つ程度が適切であるが，弁護士報酬を確定する場面では，その算定方法自体について選択肢がもともと相当に限定されていることから，選択肢は 2 つ程度でも構わないと思われるし，事案によってはここでは選択肢を示さずひとつの方法だけを提示するということもあり得る。

文献案内

(1)司法研修所編［2019a］『8 訂民事弁護の手引（増訂版）』。
(2)日本弁護士連合会編［2016］『弁護士のための事務所開設・運営の手引き（第 2 版）』日本加除出版。
(3)東京弁護士会編［2012］『弁護士業務マニュアル——近代的な経営と業務改善のために（第 4 版）』ぎょうせい。
(4)吉原省三 = 片岡義広編［2015］『新版 ガイドブック弁護士報酬——公正会創立 90 周年記念出版』商事法務。
(5)原和良［2019］『改訂 弁護士研修ノート——相続・受任〜報酬請求 課題解決プログラム』第一法規。

読者への道しるべ　　(1)は司法修習生むけ，(2)〜(5)は弁護士むけですが，(2)は早期独立弁護士むけの手引を意識した感があり，一般的な事務所運営については(3)がコラムも含めて実践的な示唆に富んでいます。(4)は弁護士報酬に関する問題を網羅的に検討しており参考になります。(5)は事件受任に限らず弁護士という業務に取り組む著者の姿勢に心を動かされるものがあります。法律相談での「傾聴」「共感」が強調され，本書 II 部 1 章の内容を多角的に理解するのにも役立ちます。

---

25) この方法を採る場合の注意点として，日本弁護士連合会弁護士業務対策委員会編［1995］426 頁は「和解や調停で解決はしたが報酬金請求をすると「そんなことは考えていなかった。聞いていなかった」と言って，報酬金の支払いを渋る依頼者もいる」と指摘する（このようなクレームは事件の終結時点で起こりがちである）。このようなトラブルを防ぐために同書は「和解を成立させるときに報酬金額を説明し，この金額を折込んで，和解を成立させるか否かを判断すべき」という。この点は，依頼者「納得」のためのローヤリング技術として非常に重要である。

設例 2 を考える視点

(Ⅰ)について：受任行為の法的性質。交渉行為の受任と，訴訟提起の受任とで契約の性質が異なるか。受任行為における弁護士報酬の位置づけはどのようなものか（105〜107 頁参照）。

(Ⅱ)について：(i)「依頼の趣旨」をつかむこと（事実整理や事件の見通しを立てる）（107〜108 頁参照）。

　　　　　　(ii)弁護士報酬を確認すること（本件では具体的にどのように算定するか。そもそもこの弁護士の所属する事務所の弁護士報酬基準はどうなっているのか）（109〜122 頁参照）。

(Ⅲ)について：受任時の委任契約書作成などの基本的倫理，および本人確認など（122〜123 頁参照）。

(Ⅳ)について：(Ⅰ)〜(Ⅲ)に加えて「選択肢の開発と絞り込み」の観点は必要ないか（123〜125 頁参照）。

第3章

調査・証拠収集

設例3

　弁護士であるあなたは，Wから法律相談を受けたところ，Wの夫Vは，高速道路を運転中，後ろからA運転の車に追突された事故で死亡したとのことであったので，Wから，Aに対する損害賠償請求の事件を受任することになった。(I)どのような事項を調査し，(II)どのような証拠を集めてゆくことが考えられるか。

第1節　調査・証拠収集とは

1）総　論

　法律相談を受け（II部1章），事件を受任した（II部2章）弁護士は，当該事案について様々な調査を行い，その裏づけとなる証拠を収集する[1]。本節では，その具体的な対象，調査・証拠収集の方針とその意義について検討する。

ア）調査・証拠収集の対象

　弁護士は「当事者その他の関係人」の依頼を受けて法律事務を行う者であり

[1) 一般には事件を受任してから具体的な調査を行うことが多いが，ある程度調査を行った後でないと方針が定まらない，あるいは事件受任の有無が確定しない場合もある。その場合は，調査は事件受任前に行うことになり順序が逆になる。特に，医療事故について患者側から受任する場合，受任の可否自体を決定するために，カルテの証拠保全（民事訴訟法234条）や協力医へのヒアリングなど相当の調査が必要となることも多く，本案の損害賠償請求訴訟の受任可否決定のための調査自体を委任事項とし弁護士費用の支払いを受ける受任（調査受任）がされる場合もある。

（弁護士法 3 条 1 項），当該「当事者その他の関係人」は弁護士にとって「他人」である。よって，弁護士の業務は「他人」が体験し関係する「事実」に「法」（ないし「法律」）を適用して一定の解決を図ることを内容とする。

①「事実」と「証拠」の調査　　当該法律事務処理の過程で「事実」の有無に争いがない場合はよいが，争いが生じた場合は「証拠」でこれを認定する必要が生じる。「証拠」にもとづかない「事実」を主張しても，訴訟手続や交渉では当該「事実」を前提とした処理は困難となることから「証拠」の収集が必要となる。

②「法」の調査　　「法」という言葉は多義的であるが，一般には「社会生活を規律する準則としての社会規範の一種[2]」などとされる。「法」のうち「法令」とは憲法や法律，条約，命令などの総称とされるが，「法律」だけに限ってみても，現在日本には多数の法律があり[3]，改正も少なくなく，当該事案に適用されるべき「法律」を確定するには，一定の調査が必要である場合がある。

③弁護士実務に必要な調査の対象　　以上のとおり，弁護士実務に必要となる技能としての「調査」には(I)事実の調査，(Ⅱ)法[4]の調査，(Ⅲ)上記(I)(Ⅱ)を裏づける証拠の有無の調査があることが分かる。

しかし，(Ⅲ)の過程は結局は事実自体や法自体を調査する過程とオーバーラップする部分が多い。とすれば，ローヤリングの技法としては，(A)「証拠で裏づけることができる事実」の調査，(B)「証拠で裏づけることができる法」の調査，(C)上記(I)(Ⅱ)の証拠の確認ないし証拠化[5]が(I)〜(Ⅲ)の次にポイントとなるという

2）法令用語研究会［2020］。

3）Ⅰ部 2 章注 44 参照。

4）弁護士が「法律事務」を遂行する上で利用する「法」は，国会で制定される法（狭義の「法」〈法律〉）に限られず，条例や判例，外国法なども含まれる。民事訴訟法 55 条 1 項が弁護士代理の原則を規定している以上，弁護士の職務には外国法・条令等を含む広義の「法」を調査し，その存在を立証し，その適用結果を主張する業務が含まれる。このように「法」を広くとらえれば，「法」は「六法を見ればわかる」という単純なものではなく，リーガルリサーチ（法情報調査）こそが重要であることが明らかである。

5）「証拠化」は刑事実務でよく使われる用語であり，調査（弁護人）・捜査（捜査機関）した内容を文書と写真の形で残すことをいう（大阪弁護側立証研究会編［2017］5 頁参照）。刑事訴訟法では伝聞証拠（320 条）となるが，伝聞証拠禁止原則がない（証明力の問題となる）民事訴訟では特に一定の意義が認められる。

形で整理できよう。

イ）調査・証拠収集の方針

　では，弁護士はどのような事実を調査しどのような証拠を集めればよいか。そもそも，弁護士は調査・証拠収集を何のために，何を目指して行うのか。

　弁護士が，事実の調査や証拠収集を行う場合，それは，究極的には民事訴訟で裁判官に自己の主張事実を認定させる説得活動に用いるために，これを行うことが多い。全事件が訴訟に至るわけではなく交渉・ADR で解決する場合もある。しかし，交渉・ADR と民事訴訟の関係における「正義の総合システム」論（218～220 頁参照）を前提とすれば，交渉・ADR においても常に弁護士は「訴訟になったらどうなるか」「訴訟ではどの事実がどの証拠でどのように認定されるか」という，（ムヌーキンの「法の影のもとの交渉[6]」に比していえば）「裁判手続での事実認定」の影のもと」で交渉・ADR 手続を進めている。

　とすれば，弁護士の事実調査・証拠収集は，まずは民事訴訟での事実認定を念頭に行うべきである。「民事訴訟（判決）で正当な事実認定や法的評価を受けるためにこそ証拠収集や調査を行っている」という点を忘れて弁護士の証拠収集や調査を論じることは海図なく航海に出るようなものであろう。

　①民事訴訟における事実認定の構造　以上の観点から民事訴訟における事実認定論を概観すれば，(1)大前提として民事訴訟で職権証拠調べが原則禁止される中，(2)事実認定の対象は，基本的には争点，すなわち争いのある主要事実（法律要件に該当する具体的事実）であり[7]，(3)直接証拠（主要事実を直接証明する証拠）があり成立の真正[8]と信用性が認められれば，当該主要事実の存在を認

---

6) Mnookin = Kornhauser［1979］，内田［2000］94, 102 頁参照。法規範の存在や内容が，裁判外の契約交渉などにも影響し，その内容を一定程度規律しているという考え方。

7) 争いがなければ自白が成立し，証拠による事実認定の必要がない（民事訴訟法 179 条による自白の証明不要効）。

8) 成立の真正が認められるには，成立に争いがない場合と挙証者が成立の立証に成功した場合とがある。後者では署名押印のある私文書に関する「二段の推定」の理論が重要である（民事訴訟法 326 条〈現在の 228 条 4 項〉に関する，最判昭和 39 年 5 月 12 日民集 18 巻 4 号 597 頁参照）が，コロナ禍以降の「脱印鑑」「脱はんこ」の流れ（2020 年 7 月 8 日付「「書面，押印，対面」を原則とした制度・慣行・意識の抜本的見直しに向けた共同宣言」参照）の中，その位置づけは今後変化してゆくものと思われる。

定することができ，(4)直接証拠がない場合は，(i)間接証拠（間接事実の存在を推認させる証拠）から間接事実（直接事実の存在を推認させる事実）の存在を認定し，それに経験則を適用して，主要事実の存在を認定したり，(ii)証拠力の高い報告文書で主要事実の存在を認定したり，(iii)間接事実の積み上げによって主要事実の存在を推認したりする方法などによって事実認定が行われる。

　これら全体については，裁判官の自由な心証によって事実についての主張を真実と認めるべきか否かを判断する自由心証主義（民事訴訟法 247 条）が妥当するが，伝聞証拠・違法収集証拠の取扱いに関する問題[9]などの例外・限界がある。

　②ローヤリングにおける調査・証拠収集の方針　①の民事訴訟における事実認定の構造を踏まえて，ローヤリングにおいて弁護士が事実調査・証拠収集を行うとすれば，基本的方針は以下のとおりとなる。

　すなわち，民事訴訟での事実認定は基本的に[10]主要事実の存否の立証に向けて行われるから，これを立証するための証拠収集の手順としては，(a)導きたい法律効果に「あたり」をつけ，(b)それを導く法律の条文からその要件事実を確定し（法律要件分類説），(c)当該要件事実（主要事実）を立証する直接証拠を探し，それもできれば処分証書，難しければ信用性の高い報告文書，それがなければ間接証拠を探索するという方針になる。

　以上は訴訟を念頭に置いた事実調査・証拠収集である。しかし弁護士の活動は訴訟活動にとどまらない。交渉や ADR での紛争解決も踏まえた場合，「紛争解決のために役立つ事実」に含まれるものが，要件事実や主要事実，間接事実や補助事実のほかにもあるのではないか。

　さらにいえば，要件事実が「判決による解決に役立つ事実」であるとすれば，このローヤリングで必要とされる事実は，「（要件事実のほかに）裁判上・裁判

---

9) 刑事手続では，一定要件のもと証拠能力が否定される違法収集証拠（最判昭和 53 年 9 月 7 日刑集 32 巻 6 号 1672 頁）も，民事訴訟手続上は証拠能力が否定されず自由心証主義の問題と理解されてきたが，近時は伊藤［2020］374 頁以下のように，違法収集証拠は原則その証拠能力を否定すべきとの見解も有力である。

10) もちろん間接事実・補助事実の立証にも証拠収集は必要であるが，その重要性からすれば主要事実立証のための証拠（直接証拠）こそをまず探索すべきである。

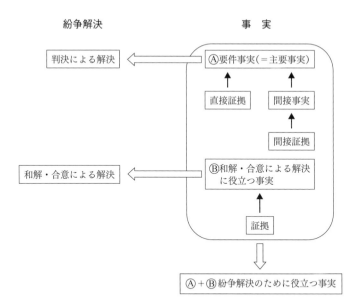

図4　「紛争解決のために役立つ事実」

外の和解・合意による解決に役立つ事実」ということができる（図4参照）。以下，そうした事実を具体的にみていく。

　【例1：相手方の資力に関する事実】貸金訴訟で「相手方の資力がどれほどか」という事実は要件事実ではないが，債権回収の可能性や交渉の進め方・ADR選択などを検討するうえで重要な「紛争解決のために役立つ事実」のひとつである。

　【例2：紛争発生の経緯に関する事実】境界紛争で「隣同士の人がどのような経過で仲が悪くなっていったか」という事実も要件事実ではない。しかし，紛争解決において人間の感情のあり方は重要である。交渉やADR，裁判上の和解を進める場合，どの点につき誤解が解け，理解が進めば交渉が進展し，ADRのテーブルに相手方がついてくれ，裁判上の和解が成立しやすいかということを考えるうえで，紛争発生の経緯やきっかけは「紛争解決のために役立つ事実」のひとつである。

　【例3：税務上，当事者に有利な事実】交渉での選択肢開発の場面で「税負

担を考えると新しい選択肢が開発されることが多い」といわれる（II部4章注105参照）。裁判上・裁判外の和解や合意において当事者双方にどのような課税関係が生じるか検討し，そのような課税効果を発生させるため必要な事実（税務上，当事者に有利な事実[11]）を念頭に置きそれを裏づける証拠を集めることも大切である。

【例4：相手方の利益となる事実】例3とも共通するが，「「パイの大きさは決まっている」と考えず，双方に利益になる点を探すのが良い」という交渉論の考え方（208頁）を応用できる。自分自身の利益となる事実は想到しやすいが，「相手方の利益となる事実」は，その気になって探さないと見つからない。これを十分に意識して「相手方にも当方にも，双方にとって利益になる点」（例3はその典型である）を見つけ出すことができれば，裁判上・裁判外の和解や合意は成立しやすくなる。そこで，証拠を探す場面でもこの「相手方の利益となる事実」を裏づける証拠を探すことが考えられる（その証拠の提出のタイミングは，弁護士が依頼者とよく相談し適切な時機を捉えることが肝要である）。

　証拠収集との関係でいえば，このような「紛争解決のために役立つ事実」も証拠にもとづき認定できることには意味がある。たとえば，回収可能性がないことが証拠で確定するなら「訴訟提起は時間と費用と労力の無駄」と（残念なことだが）自信をもって判断できることになる。

ウ）調査・証拠収集の方針の再検討

　ここまで，「要件事実」を事実調査・証拠収集の基準として考えたが，このように要件事実以外に認定すべき事実を広げたときは困難な問題が生じる。弁護士は何を羅針盤にどのような方針で事実を調査し，証拠を収集すればよいか。

　「証拠は多ければ多いほどよい」という面もある。しかし，インターネット時代の情報の氾濫の中，紛争にあたっての証拠は格段に増えた（メールやSNSがあり，写真も無数に撮影され，スマートフォンへの録音やデータの保存・転送も容易である）。情報はただ多ければよいというのではなく，一定の方針をもって収集・整理することにこそ価値が見出される時代になっている。では，情報

---

11) 租税法律主義（憲法84条）のもと，これは，課税法規の「要件事実」である。ただし，本件事件で判決を導くために必要な要件事実とは必ずしも一致しない点に注意を要する。

や証拠の洪水の渦中にある現代の弁護士にとって，この「羅針盤」たり得るもの，弁護士実務という大海へ船を漕ぎ出すための進行の目印たる北極星は何であるべきか。

　この点につき法律実務から目を転じ歴史学[12]での事実認定と比較検討したい。これは突飛に思われるかもしれないが，歴史学も民事訴訟[13]も「過去に発生した事実」を認定するという意味では共通した作業を要する。そもそも民事訴訟や紛争での事実認定の困難さは，神でも全能者でもない人間が，「過去に発生した事実」を間違いなく正しく認定することの難しさに帰着する。たとえば，日本の 2・26 事件（1936 年）やフランスのドレフュス事件（1894 年）など一定の「事件」を歴史的に検証する場合，民事訴訟の事実認定と親近性があることはもちろんだが，そうでない場合も，一般的に「過去の事実を認定する」という点では歴史学も民事訴訟も同様に困難な作業である。歴史学において，ローヤリングにおける「証拠」にあたるのは「史料」である。歴史家は「史料」から「歴史的事実」をどのように認定するのか。

　近代歴史学（実証主義歴史学）の父と称されるドイツのランケは「事実の厳密な記述」を重視し，人々の記録に厳正な史料批判を加えて「根拠」とすれば，作りごとでない過去の事実を示すことができると考えた[14]。ここでは 19 世紀の実証主義的科学観や国民国家形成期ヨーロッパの時代背景が前提とされ，「国民国家の歴史学」として国家に関わる文書（公文書）のみがもっぱら「史料」とみなされた点につき後世には批判も加えられる[15]など，今日まで様々な議論がなされている。

12）以下は歴史学の文献である渡辺［2020］21〜39 頁を参考に検討した。

13）刑事裁判につき最判昭和 23 年 8 月 5 日刑集 2 巻 9 号 1123 頁は「元来訴訟上の証明は，自然科学者の用いるような実験に基〔づ〕くいわゆる論理的証明ではなく」「歴史的証明である」という。そして，論理的証明が「真実」そのものを目標とするのに反し，歴史的証明は「真実の高度な蓋然性」をもって満足する。言いかえれば，通常人なら誰でも疑を差挟まない程度に真実らしいとの確信を得ることで証明ができたとするものである」と判示する。

14）アーノルド［2003］49 頁はランケが「現代の歴史記述の父だとよく言われ」，その歴史哲学は「実際にはどうであったか，それだけを述べよ」との一文に要約されると述べる。

15）カー［1962］4 頁など。

　たとえば日本への鉄砲伝来時期を特定しようとすること [16] は，「〇年に日本に鉄砲が伝来した」との事実を認定することに他ならない。このような時期・時間の特定・認定作業は，たとえばある交通事故発生日時を特定・認定するように，法律実務上も問題となることが多い。鉄砲伝来は，日本側史料（南浦文之『鉄砲記』）を根拠に古くから1543年とする見解が定説化していたが，ポルトガル人初来日を1542年とするヨーロッパ側史料（ガルヴァン『新旧発見記』など）にもとづき1542年が鉄砲伝来の時期であるとする研究は古くからあり，既存史料の新たな解釈や関連史料の発見により，これを再評価する説も現れ，他方さらなる異論もある中，今なお決着をみていないとされる [17]。また，従前は「ポルトガル人の乗った船が」種子島に漂着し，この時初めて鉄砲が日本に伝えられたとされていたが，1980年代以降，国家の枠組みを超えた「東アジア海域」全体の歴史像を捉えようとする研究視角が育まれたことにより，現在は「ポルトガル人を乗せた中国人倭寇の船が漂着した」ものとされている [18]。

　このように，歴史上の事実認定では，史料を扱う者がどのような観点からこれを確認しようとするかにより，その主張や評価が大きく変わってくる [19]。イギリスの歴史家カーがいう，歴史学とは「現在と過去との間の尽きることを知

16）渡辺［2020］22〜27頁参照。
17）渡辺［2020］25頁によれば，高校生むけの教科書『詳説日本史B』（山川出版社）には2006年以降「1542年とする説もある」と記載されるようになったという。
18）渡辺［2020］26頁は，「東アジア海洋史研究では，倭寇を単なる「海の荒くれ者」」としてみるの「ではなく，国境をまたぐ地域間の交流・商業を担っていたという側面に目を向け，ポルトガル人の来日もこうした倭寇の活動と連動してとらえるようになった（ちなみにかのザビエルも中国人倭寇の船で来日している）。つまり，新たな視角による歴史像の再解釈のなかで，今まで注目されていなかった事実（＝ポルトガル人は中国人倭寇の船に乗ってきた）の重要性がクローズアップされた」という。
19）この点を渡辺［2020］27頁は以下のように表現する。「言うまでもないことだが，歴史学の営みが行われるのは現在である。現在を生きる人間が，その時代の価値観や情勢を背景に，ある問題について関心を持ち，そこから過去に対する問いを立てるのである」。この「歴史学の営み」を「裁判における事実認定」と置き換えてみれば，我々が裁判時点において何を知りたいか（要件事実の有無か，それ以外の紛争解決に役立つ諸事実〈相手方の資力など〉か）を明確にすることで，どのような証拠（歴史学でいえば史料）を集め，どう解釈すべきかが変わってくることがわかる。

コラム⑥

歴史学とリフレーミング

　「ルビコン川を渡る」という言葉は，古代ローマ時代のカエサルの故事に因む「後戻りできない決断」のたとえです。

　世界には無数の川と橋があり，太古の昔から現代まで膨大な数の人間がそれを渡ってきました。その中で特に「紀元前 49 年にカエサルがルビコン川を渡った」事実が歴史上重要な事実とされているのはなぜでしょうか。それは，ローマが共和制から帝政に移行する中で，それまでポンペイウスらと一緒に三頭政治をしてきたカエサルが「元老院の武装解除命令に反し（法的には違法行為です）ルビコン川を渡りイタリア半島に侵入した」という事実が，その後の経過からみて重要な「分岐点」であると「現在の視角」から評価しているからにほかなりません（このような作業が，歴史家カーのいう「過去と現在の対話」です）。カエサルは，自身がルビコン川を渡ったことによって火蓋を切ったファルサロスの戦いでポンペイウスに勝利し，「ローマ最大の実力者になって天下を平定し」て「権力と権威を 1 人で手に入れ」，ついには「終身独裁官に就任」するに至ります（木村 = 岸本 = 小松［2017］56 頁）。この経過からみると，紀元前 49 年にルビコン川を渡った事実が，時代を画する（epoch-making な）出来事として重要だと「現在からみて」評価できます。これは，「無数の人が無数の時点で川を渡った」という膨大な事実から，カエサルのこの渡河を特に切り取った「フレーミング」を行っていることになります。

　このように考えると，フレーミングで一番重要なことは，「どのような「視角」をもって事実を整理・評価するか」という点であることが分かります。同じ事実や証拠に接した場合でも，見る人の「視角」次第でフレーミングの仕方は全く変わります。様々な事実や証拠に大きな意味を見出せる人もあれば，膨大な情報の前に呆然として進むべき道を見失ってしまう人もいます。このことは歴史家も法律家も変わりません。事件解決や事実認定に行き詰まったとき，「視角」を変えて枠づけの仕方を変えてみること（リフレーミング）で事件は全く違う様相を呈する場合があります。リフレーミングの技法を上手に使って，優れたローヤリングを目指せるとよいと思います。

らぬ対話」であるとの言は，まさにこのような事態を表現したものである[20]。そして，上記の倭寇の例からも分かるように，どのような証拠をもってくるかによって事実認定は全く変わってしまうことがある。

　インターネット時代の今日，証拠たり得る過去の情報や痕跡（メールやSNS，インターネットの閲覧履歴など）が爆発的に増えた。その全てをランケのように記述して並べるだけでは理解が困難となる。事件を受任する弁護士が，事件受任時点（現在）の視点・視角からの解釈を通じ，これを切り出して絞り込み，整理して裁判官に提示することこそ重要な時代になったといえよう。

　以上のように考えると，弁護士実務でも，証拠や事実を収集するために重要なのは，ひとつには目の前の証拠・事実を客観的に評価することであるが，他方，事実認定をしようとする現在からみて「何に価値があると考えるか」を明確にすることが同様に重要であると分かる。そこでいう「価値がある事実」は，要件事実であることもあるし，相手方の資力のような「紛争解決のために役立つ事実」であることもある。これが明確になってはじめて過去にむけて対話が始まる。「こんな事実はないか」「こんな証拠があるのではないか」と発想を柔軟にして，依頼者と協働で作業をしてゆくことが大切である。

　エ）弁護士が行う調査・証拠収集の機能

　以上のような方針のもと，弁護士が事実を調査し証拠を集めてゆくことには，以下のような機能がある。

　①弁護士による事実認定機能　　弁護士は，当事者（依頼者）が主観的に認識しているものを聴き取る中で常に「これが訴訟になったらどうなるか」という点を意識する。その結果，客観的証拠（書証など）や他者の供述と突合したり，当事者の認識そのものの欠落や矛盾を指摘したり，当事者の供述を補ったりしてゆく（下記②も参照）ことによって，より客観的事実に近づくことができる。こうして，当事者や弁護士は正確な事実認定に近づいてゆく。このように，弁護士による事実の調査は客観的な事実認定に役立つという事実認定機能を有している。

20）渡辺［2020］27頁，カー［1962］40頁。

　②当事者の主張内容を豊かにし，誤りを修正する機能　　当事者は，当該事件を直接体験し直接の利害関係を有する者であるから，一般的には当事者のもつ情報は他者の情報よりも豊かで正しいことが多いが，逆に当事者自身であるからこそ強い利害関係のバイアスにより正しい事実認識が欠落したり，誤った思い込みに陥ったりすることもある。弁護士が事実を調査し，証拠を集めてゆくことによって当事者の主張内容が，さらに豊かになることもある[21]し，当事者の誤った認識を正す必要が生じることもあり得る。ただし，弁護士が当事者の誤解を正面から正してゆくことは，当事者との面談としては緊張を孕む場面を生じさせる。証拠の当事者への示し方の工夫や，証拠の意味及び位置づけの分かりやすい説明が当事者の納得のために重要である。

　③法律構成形成機能　　弁護士の調査によって，事実を確定させ，それにより法律構成を形成してゆくことができる。その意味で事実の調査には法律構成形成機能がある。ただし，そのプロセスは，当事者が語る事実をつなげば自動的に法律構成が形成されるというような機械的なものではない。弁護士は，当事者が語る事実を聴き取っていく中で，成立しそうな法律構成に「あたり」をつけ，当該法律構成を完成させるために不足する事実に焦点をあて，当該事実の有無に特に注意を払いつつ事実を能動的に確認・調査してゆくことで，最終的に特定の法律構成を完成させるのである。

　そして，そのような「あたり」をつけるためには，法律の「要件」よりも「効果」が重要である。弁護士は，当事者の話を聴いてゆく中で，当事者が求めるものが金銭支払いなのか，物の引き渡しなのか，離婚なのか，など目標とする法律効果を特定できる場合が多い[22]。弁護士は，この当事者が目標とする法律効果に特に着目し，当該効果を発生させるために必要な要件事実をさぐり出し（ただし，この段階では頭に浮かぶ要件事実はおおよそのものであるから確定したものではない），当該事実の有無を調査してゆくことが重要である。このよ

---

21) たとえば，客観的証拠を見て「この書類を見て思い出しましたが，相手方はこの取引の時このような話もしていました」と記憶を喚起する場合などがある。

22) ただし，場合によっては，法的には何も請求できないが「ただ相手方に立腹しているので何とかしたい」「法的には何ができるか分からないが何か言いたい」という場合もあるので，当事者が求める法律効果が常に自明の事実として分かっているわけではない。

うな法律効果と要件事実の関係（法律構成）を把握することが「あたり」をつけることに結びつく。

　そして，このような「あたり」がつけられれば，当該法律構成から必要な要件事実（主要事実）を正確に確定してゆくことができ（法律の条文を確認し，当該条文が求める要件とこれまで調査した内容と証拠の過不足を比較対照することとなる），当該事実が直ちに認定できない場合や相手方との間に争いが生じた場合に必要な証拠及び間接事実について検討することができるようになる。

　このように，弁護士の調査活動は，当事者からの聴き取りと，考えられる法律構成との間を，「当事者の納得を得るためには何が必要か」を考えて行き来していく中で，徐々にその狙いを確定してゆく[23]性質のものである。

　この活動を民事訴訟法の基本的な考え方（訴訟物や弁論主義）及び要件事実の観点から再構成すれば以下のとおりである。すなわち，わが国の民事訴訟法が採用する訴訟物に関する処分権主義（同法246，261，267，292，313条等）との関係では，弁護士の上記のような要件事実の確定作業の過程は，法律構成を検討する中で，法的な効果・権利を模索しているものと評価できる。また，弁護士は，弁論主義の第1テーゼ（主張責任ルール）との関係で，依頼者の話の中から主要事実を取り出して構成し，積極的に主張してゆくことが求められている。他方，第3テーゼ（証明責任ルール）との関係では，当該要件事実について争いがある場合に証拠の提出は当事者の権能であり職責でもあるから，そのためにも上記の処分権主義により法律構成を完成させ，要件事実を探す中で争いがない部分を除外し（弁論主義第2テーゼ〈自白ルール〉），残った部分に集中して証拠を集めてゆくという，民事訴訟法や要件事実の考え方を念頭に置いた証拠収集・提出が重要である。

　この点は，民事訴訟上はもちろん裁判外の交渉・ADRでも意味をもつ。なぜなら，裁判とADRの関係を小島武司のいう「正義の総合システム」の概念により整理すれば，どのような場合でもBATNA[24]として民事訴訟手続が用意

---

23) たとえば，「離婚をしたい」と本人が言っていても，法的には離婚請求権と，養育費請求権や財産分与請求権とは別個の請求権である。離婚したいという当事者の話の中から，当事者が本当に求めているのは何なのかを推測し，思いやる気持ちが大切である。

されていると考えるべきだからである。そして，民事訴訟は上記のような処分権主義・弁論主義と要件事実の考え方によって成り立っているので，そのルールにもとづく見通しがよい者がより上質な BATNA を用意することができ，交渉でも有利に立つことができるという関係にある。

　他方，要件事実ではないが，相手方の支払能力に関する事実，本件紛争に至った経緯に関する事実，人事訴訟では当事者以外の親族などとの同居の有無や関係などのような「紛争解決のために役立つ事実」もある。このような事実や証拠も調査・収集が必要である。

オ）「法」の調査の意義

　民事訴訟法の「法の適用は裁判所の職責」の考え方からすれば，「法」の調査は当事者には必要がないようにも思われる。しかし，(a)外国法，(b)経験則（とりわけ特殊な経験則），(c)条例や各種のガイドラインなど日本国外や部分社会などを念頭に置いたルールについては，積極的な調査と証拠収集が必要である。法科大学院の「ローヤリング」の授業では，このような「法」の調査の重要性・意義を踏まえ，リーガルリサーチ（法情報調査）科目との連携を図って授業が展開されることが望ましい。

　また，古く新訴訟物理論から旧訴訟物理論に対する批判がなされた際の弁護士の訴訟活動に対する批判（原告代理人は考えられる全ての法律構成を検討して紛争の一回的解決を図るべき）[25]，裁判官の釈明義務や法的観点指摘義務の問題（原告代理人の法的構成が不十分ゆえ，生じる問題である）を踏まえれば，依頼者

24）交渉など訴訟外手続が決裂した場合に採り得る最善の選択肢（代替案）のこと（171 頁参照）。

25）たとえば自己所有の建物を賃貸している貸主が，借主の賃料不払にもとづいて賃貸借契約を解除した（民法 541 条）場合，貸主が建物返還を求める根拠としては(1)賃貸借契約終了にもとづく目的物返還請求権（債権的請求権）と(2)建物所有権にもとづく返還請求権（物権的請求権）の 2 つがあり得る。旧訴訟物理論は(1)(2)を別個の訴訟物とするが，新訴訟物理論はこれを批判して(1)で敗訴したら(2)で別訴ができるのは訴訟経済に反し紛争の一回的解決を図るべきであるとする。これに対し旧訴訟物理論からは，(1)(2)のような単純な場合はよいが，他の事案では原告は同じ法律効果をもたらす全ての法律構成を検討した上で訴状を起案しなければならない点や，裁判官の釈明義務の負担の増大を懸念する意見もあった。新堂［2019］312 頁以下参照。

や当事者の「納得」を得るための代理人弁護士の使命として「法」の十分な調査が必要であることは特に強調しておきたい。

2）各　論

　弁護士の調査・証拠収集の方法には各種のものがある[26]が，本章ではこれを裁判外の調査と裁判上の調査とに分け，「ローヤリング」を法科大学院教育に必要不可欠なものに限定する本書の立場から，裁判外の調査については，①依頼者からの聴取・面談，②現場・現物を確認する調査，③各種情報の収集（(1)戸籍・住民票，(2)登記，(3)固定資産評価証明書），④弁護士会照会[27]の 4 手法，裁判上の調査については，①調査嘱託，②文書提出命令，③文書送付嘱託の申立ての 3 手法，以上合計 7 手法に絞り込んで論じる。

ア）裁判外の調査・証拠収集

　①依頼者からの聴取・面談　　依頼者（当事者本人）からの聴取・面談は，弁護士が行う調査の出発点である。他方，他の様々な証拠（特に客観的証拠）の収集を終えた後に再度これを吟味する対象であるという点で，依頼者からの聴取・面談は，弁護士にとっての目的地でもある。

　依頼者からの聴取・面談を通じて豊かで正確な情報を獲得した弁護士は，他の証拠に「あたり」をつけることにより，調査を展開するうえでも，事件の見通しや「筋[28]」を展望するうえでも有利に立つことができる。

　依頼者からの聴取・面談からより豊かで正確な情報を得る技法については，II 部 1 章で論じたことの多くがあてはまる。たとえば，各種面談技法の諸点を

26）司法研修所［2019b］213〜217 頁「立証資料の収集一覧」。証拠収集の方法と事実認定に関する参考文献については，加藤編［2009］第 II 巻 304 頁以下参照。

27）特にこの手法を取りあげるのは，「実務と理論の架橋」の観点から，法科大学院における憲法（プライバシー権など）の授業内容として，弁護士会照会に関する重要な判例（前科照会に関する最判昭和 56 年 4 月 14 日民集 35 巻 3 号 620 頁）の理解を実務的な手続の中に位置づけて立体的なものにするという意図もある。

28）弁護士実務において「筋（スジ）」は多義的な用語である。「勝ち筋・負け筋」の意味以外に「依頼者の筋の良し悪し」との言い方もあり，弁護士が多くの報酬が得られる事件を「筋の良い事件」ということもあるが，ここでは「事件の見通し」というような意味で用いている。

十分意識し聴取・面談を行うことは，調査の観点からも依頼者とのコミュニケーションを充実させ「ラポール（信頼）」を醸成するうえで有益であろう。この点，同じ面談でも，ラポール醸成に重い意味がある初回面談と異なり，事件がある程度進み依頼者の供述を客観的に吟味しなければならない場面の面談では，弁護士は他の証拠に照らして，依頼者の実際の認識とは異なる観点からの問い・確認をしたり，依頼者の認識・意識の欠落を補ったりしなければならない点も重要である。その意味で，初回面談で強調されるような，リーガル・カウンセリング，「カウンセラーとしての法律家」，クライエント中心療法，積極的傾聴，「語りとしての法援用」重視という考え方と相反・衝突する場面があり得ることは，調査・証拠収集の機能（事実認定機能や，当事者の主張内容を豊かにし，誤りを修正する機能〈136 頁以下〉）を確保するためには一定程度やむをえない。

　しかし，弁護士の依頼者に対するこれまでの「調査」は，あまりにも依頼者をひとつの証拠として客観化し，調査の「対象」とすることが強調されすぎる場合があるように思われる。あくまで，依頼者が事件の主体であることを出発点とし，弁護士と一緒に依頼者も考える協働的意思決定モデルの考え方がここでも重要である。

　②現場・現物を確認する調査　　特に交通事故・労災事故の事件類型では，事件現場（事故現場）に直接出向いて現地を確認することの大切さが説かれる[29]。他にも，境界紛争や日照権の事件などでは現場を見ないと実際の状況を正確に理解することは難しい。しかし，そのような事件類型に限らず，たとえば，不動産賃料増減の調停・訴訟において当該不動産自体を見分することや，不正競争防止法におけるイ号・ロ号の物件[30]を見分することも重要である。また，会社に関する訴訟や顧問先の係争，会社と労働者の紛争で打合せのために会社に実際に出向いてみると，会社の雰囲気や従業員同士の人間関係，張り紙やポス

---

29) 佐藤［2009b］107 頁は「現場を訪れることによって，手元証拠についてそれまでと異なるような理解ができるようになったり，依頼者の主張をよりよく感得でき，その結果，事実調査・証拠収集が促進されることも稀ではない」とする。

30) 特許等の知財訴訟では，被告側の製品をイ号製品，ロ号製品……などと呼称することがある（三山＝松村［2005］128 頁）。

ターから立証や主張のヒントを得ることもある。場合によっては，離婚訴訟について依頼者宅で打ち合わせをしたり[31]，遺産分割調停で遺産である土地や建物を見分したりすることが事件を進めるうえで重要となる場合もある。

　これは，初回面談の際に面談の場所を法律事務所にするか依頼者の自宅・事務所等にするかを検討した点とも関係する（78頁参照）。依頼者は，自分の認識の中で「これが事件の解決に大切だ」「これを弁護士に伝えたい」という事柄を「切り取って」，言い換えれば「ひとつのフレームに入れて」伝えることしかできない。しかし，依頼者が毎日の暮らしの中で当たり前のように感じていることでも，他人である弁護士からみると「これは大切だ」と感じられることがあり得る。その意味では，現場に出向いて別の事実をすくい取ってくる作業は，当事者とは別のフレームで事実を「切り取って」くるものであるから，一種の「リフレーミング」（33～35頁参照）である。

　また，土地・建物その他の各種の図面を見るだけで現場の雰囲気をつかむことは難しい。近時はGoogle Earthなどの手段により現場の写真が比較的簡単に入手でき，当事者がスマートフォンに写真を撮影して持参している場合も少なくないが，どうしても2次元の限界がある。やはり，弁護士自身が現場に出向いて3次元の雰囲気を感じることには意味があり，現場でしか分からないことがある場合もある。「現場に神が宿っている」とさえ言われる[32]所以である。

　現場に出向くことは，依頼者の「納得」を得る観点からも重要である。敗訴判決・敗訴的和解を受け容れなければならない場合，仮に「弁護士は現場にも来てくれなかったから，このような結果になった」との非難を受けたとき，弁護士としては反論が難しい面がある。これに対して，現場に出向けば事件や当事者に対する理解が進むだけでなく，「この弁護士は現場（自宅）まで来てくれた」ということ自体がコミュニケーションを促進したり，「現場を実際に見にきてくれて，この弁護士はこの事件をよく分かってくれている」という納得

31）ただし，まだ別居に至っていない場合，そこで相手方と出くわすとトラブルが生じ得るし，相手方にすでに代理人弁護士が選任されている場合には直接交渉についての弁護士倫理上の問題（弁護士職務基本規程52条）もあり，これを避けることが適切な場合も多い。

32）中坊・松和会［2006］参照。

にもつながりやすい。そのような意味で，弁護士にとって，現場や自宅に出向くことは，時間と労力を取られることにはなるが，依頼者の納得を得るために重要な意味をもつことが再確認されてよい。

　③各種情報の収集　(1)戸籍・住民票：戸籍は，離婚事件や遺産分割事件など身分関係・相続による権利承継が関係する事件では調査が必要となる。市町村役場には戸籍の正本が備えられ（戸籍法 8 条 2 項），戸籍謄本（資料①。以下，各文書のサンプルである資料①〜⑨は巻末の「付録」に収録）は戸籍の記載全部を転写したもの，戸籍抄本は戸籍の一部を抜粋転写したものをいう[33]。現在では戸籍がコンピュータ化され磁気ディスクで調製されているから，当該ディスク記載事項を証明する書類である「全部事項証明書」（従前の戸籍謄本に相当する）ないし「一部事項証明書」（従前の戸籍抄本に相当する）が証拠等として用いられることが多い。

　現在の戸籍だけでは身分関係が判明しない場合，除籍[34]や改製原戸籍[35]を調査する必要がある。プライバシー・個人情報保護の観点から，当該戸籍謄本等を請求できるのは原則として「戸籍に記載されている者」（本人）その他関係者に限られ（同法 10 条 1 項），弁護士・弁護士法人は「受任している事件又は事務に関する業務を遂行するために必要がある場合」（同法 10 条の 2 第 3 項），「裁判手続又は裁判外における民事上若しくは行政上の紛争処理の手続についての代理業務」「を遂行するために必要がある場合」（同法 10 条の 2 第 4 項）に限られる（職務上請求）。弁護士の職務遂行のため戸籍謄本等取得の必要性が高い一方，記載内容はプライバシー性が高いため，弁護士という職業に対する信頼のもと，法定の要件に該当する場合に限り本人の委任状なく取得できるもの

33）司法研修所［2019a］30 頁。

34）「じょせき」と読む。1 戸籍内の全員が戸籍から除かれたとき，その戸籍を戸籍簿から除き別に綴った帳簿（戸籍法 12 条）。除籍謄本のサンプルは資料 a。以下，資料 a-e は資料①〜⑨とあわせ名古屋大学出版会 HP に掲げた。

35）「かいせいげんこせき」と読むが，実務上「かいせいはらこせき」「はらこせき」「はらこ」などとも呼ばれる（資料 b）。現在の実務上よく遭遇するのは，コンピュータ化（平成 6 年法務省令 51 号）による改製（平成の改製）であるが，次に多いのは日本国憲法制定にともなう民法（親族篇）・戸籍法の改正による昭和 32 年改製（昭和の改製）である。

とした趣旨とされる。具体的手続は弁護士会から入手する「職務上請求書」に
もとづいて行うが，戸籍謄本等を私的利用したり業者へ流用したりすることは
もちろん，依頼者に交付することも事案によっては懲戒の対象となることがあ
るので留意する必要がある。

　戸籍の附票とは，戸籍と住民票との間を連絡・媒介して戸籍と住民票の共通
記載事項の内容を一致させ，住民基本台帳の記録の正確性を確保するための帳
票をいう（住民基本台帳法 16 条）。本籍が分かれば戸籍の附票を調査すること
により住民票上の住所を追跡できる点が実務上は重要である。

　次に住民票については，相手方と交渉する場合の手紙の送付先，訴訟を提起
したり調停を申し立てたりする場合の管轄[36]の確認などにおいて重要である。
住民票とは，個々の住民につき，その住民に関する住所・氏名等を記載する帳
票をいい（住民基本台帳法 7 条），住民票の写し（資料②）とは市町村が保有す
る住民票の原本の謄本をいう（住民基本台帳法 12 条[37]）。住民票も本人・関係者
のプライバシーを保護するため，その写しを請求できるのは原則として本人そ
の他関係者に限られているが（同法 12 条 1 項），弁護士等の特定事務受任者に
は，住民票の写しを請求することを認めている（職務上請求。同法 12 条の 3）。
この趣旨や，職務上請求について論じた点は戸籍について論じた点と同様であ
る。

　(2)登記（不動産登記・商業登記）：不動産登記とは，不動産の所在，種類，面
積，所有者の住所・氏名・権利変動等を記録し公開することで不動産の権利関
係を公示するものである。土地は所在・地番・地目・地積の 4 点で特定し，建
物は所在・家屋番号・種類・構造・床面積の 5 点で特定する（全部事項証明書
〈土地〉は資料③，同〈建物〉は資料 c）のが基本である。「不動産に関する事
件」の訴状に不動産の登記事項証明書の添付が法律上義務づけられる（民訴規
則 55 条 1 項 1 号）など，この 4 点（5 点）は不動産の訴状起案で重要なポイン
トとなる。

36）民事訴訟法 4 条 2 項「住所」（民法 22 条），民事調停法 3 条 1 項「住所」参照。
37）住民票のフォトコピーではないので注意が必要である。よって，「住民票の写し」のコ
　　ピーを添付する場合，正確な呼称は「住民票の写し」の写し」となる。

　商業登記とは，会社等に関する重要な一定事項を商業登記簿（磁気ディスク）に記録し一般に公示するものである。会社が当事者となる事件の訴状の添付書類，会社内部の紛争における会社の取締役等の構成を証する証拠として訴訟・商事非訟等の手続で用いられる。たとえば株式会社では，商号，本店所在地，役員の氏名，代表取締役の氏名及び住所が登記すべき事項とされており，これらの登記内容を登記事項証明書の交付請求（または民事法務協会運営の登記情報提供サービス）によって確認することができる（会社の登記事項を記載した履歴事項全部証明書は資料④）。

　(3)固定資産評価証明書：固定資産評価証明書（資料⑤）とは土地・建物について固定資産評価基準（地方税法 388 条）にもとづき評価した価格を市町村等が決定し，固定資産課税台帳（同法 380 条以下）に登録したものにつき，市町村長等が証明書を発行したもの（同法 382 条の 3）である（以下，評価証明）。本来，固定資産評価は固定資産税（同法 341 条以下）・都市計画税（同法 702 条以下）課税のためになされるものである。

　不動産に関する訴訟提起・調停申立てにあたっては，訴訟提起手数料（貼用印紙額）の算定の基礎たる「訴訟の目的の価額」（民事訴訟費用等に関する法律 4 条）の資料として，評価証明が訴状・調停申立書の添付書類に用いられる。他方，不動産の価格が争点の訴訟・ADR・交渉等で評価証明が用いられる場合もある。弁護士業務では，遺産分割（民法 907 条）や離婚の際の財産分与（民法 768 条）などで不動産価格が争点となりやすい。そして，不動産の評価は，不動産鑑定士による鑑定評価の精度が一番高いが，他にも地価公示等による評価，相続税評価額による評価，ここで論じる固定資産評価などの評価がある。同じ不動産であるのに様々な評価がある[38]のは不思議に思われるが，もともと不動産評価をする主体や目的が異なる。

---

38) 増井［2002］83 頁参照。このように土地に複数の評価がされる事態は「1 物 4 価」「1 物 5 価」（「時価」ないし「実勢価格」が 5 番目の価格である）などと評される。調停等では「時価」を推知するひとつの参考資料として不動産業者の査定書を当事者に提出してもらうことも多い。ただし，「不動産鑑定士でない者は，不動産鑑定業者の業務に関し，不動産の鑑定評価を行ってはならない」とする不動産の鑑定評価に関する法律 36 条の問題がある。

　各価格の評価方法はそれぞれ一長一短があり，ローヤリング技法としては依頼者から事情をよく聴き，意向を確認しつつ，幅広い調査に努め事案に応じて適切な評価方法を採り，その結果獲得できた証拠を提示できるよう準備するとよい。同じ不動産の価格でも複数の価格を提示できることは一種の「選択肢の開発」でもあり，そのような複数の価格を検討すること自体を通じて，新たに全体的な解決案に関する別の選択肢を開発できる場合もある。

　④弁護士会照会　　弁護士会照会とは，弁護士・弁護士法人が，受任事件につき，所属弁護士会に対し申し出た場合に，当該弁護士会が，公務所・公私の団体に照会し，必要事項の報告を求める制度である[39]（弁護士法 23 条の 2, 30 条の 21）。弁護士法 23 条の 2 は，1951 年の弁護士法改正で設けられた。その趣旨は，弁護士が受任事件につき訴訟資料を収集し事実を調査する等その職務活動を円滑に執行処理する点にあるとされ，基本的人権の擁護・社会正義の実現という「弁護士の職務の公共性」を根拠とし，真実発見と公正な判断に寄与し，その職務活動を円滑に処理するため，各単位弁護士会にこの制度が与えられたものと解されている。

　照会申出の方式は，各単位弁護士会で定める手続規則[40]による。一般には照会先・照会事項・照会を求める理由・照会申出人である弁護士等の住所氏名等を記載して申し出る（照会申出書は資料⑥）。照会を受けた者には一般的抽象的報告義務があると解されている[41]が，プライバシー権等他の利益との比較衡量も重要であると解され[42]，前科や犯罪歴に関する弁護士会照会について行った回答につきプライバシー侵害を認めた最判昭和 56 年 4 月 14 日民集 35 巻 3 号

39）司法研修所［2019b］78 頁以下。

40）愛知県弁護士会の場合「弁護士会照会手続規則」である。

41）しかし，これは一般的抽象的義務にとどまるとされ，最判平成 28 年 10 月 18 日民集 70 巻 7 号 1725 頁［19］は，照会先（郵便事業株式会社）の回答拒否につき当該弁護士会に対する不法行為（民法 709 条）の成立を認めず，最判平成 30 年 12 月 21 日民集 72 巻 6 号 1368 頁は弁護士会に対する報告義務確認訴訟につき，当該確認では当事者間の紛争を終局的に解決できず訴えの利益を欠くとし，これを却下した。

42）個人情報保護法との関係についても問題がある。司法研修所編［2019b］80 頁は「照会先は，個人情報保護法を理由として一律に報告を拒絶することは許されない」とするが，照会先から回答の可否について相談された弁護士には難しい利益衡量が必要となる。

620頁[43]等にも十分注意を払う必要がある（回答書は資料d）。

　調査嘱託・送付嘱託との比較では，自己に有利な証拠を選択して提出の可否を検討できる点が弁護士会照会の長所であるが，裁判上の手続である調査嘱託・送付嘱託より回答拒絶される例が多い点が問題である（後述）。

イ）裁判上の調査・証拠収集

　①調査嘱託の申立て　　調査嘱託とは，受訴裁判所が公私の団体に必要な調査を嘱託し，事実や知識の報告を求めるものである[44]（民事訴訟法186条。調査嘱託申立書は資料⑦）。具体例としては，気象台に対する特定の日時・地域の天候，取引所に対する相場価格，銀行に対する特定預金者の届出印影，商工会議所に対する特定地域における商慣習の存否等がある。

　嘱託に対する報告は書面でなされるのが通常である。事実の報告は証人または書証に代わるものであり，また，知識の報告は鑑定に代わるものであるという調査嘱託の性質から，当該書面を書証とする必要はなく当然に証拠となる[45]が，当事者が意見を述べる機会を保障するために，裁判所は，必ずその結果を口頭弁論に顕出しなければならない[46]。調査を受けた公私の団体は，それに回答すべき公的義務を負うものと一般には解され[47]，契約等に定められた守秘義務が当然に回答を否定する根拠とはならないものとされる[48]。

　弁護士としては，調査の選択肢のひとつとして裁判外で行う弁護士会照会（弁護士法23条の2。本項ア④）との得失を検討することがある。弁護士会照会には躊躇する照会先も調査嘱託ならば回答をすることが期待できる場合がある点や，調査嘱託は嘱託先に嘱託事項について原被告等当事者の意見を調整した

---

43) 法科大学院の憲法（プライバシー権）の授業でもよく取り上げられる重要判例である。これをローヤリングの観点からも検討することが憲法・プライバシー権の立体的理解に資する。

44) 司法研修所編［2019b］86頁以下。

45) 証拠資料とするためには書証の規定に従うべきとする反対説もあり，実務的には「挙証者はそのうち必要なものを書証として提出し，その書証の証拠調べが行われる」（司法研修所編［2019b］90頁）ことが一般的である。

46) 最判昭和45年3月26日民集24巻3号165頁。

47) 伊藤［2020］395頁。

48) 東京高判平成24年10月24日判時2168号65頁。

うえで行われることもあるため，弁護士会照会よりも事案に応じた的確な回答が得られる可能性がある点などにこの手法の長所がある。他方，弁護士会照会は文書の有利不利を判断して書証として提出するかどうかを検討できるが，調査嘱託は上記のとおり当然に口頭弁論に顕出される短所[49]もあり，その利害得失を検討すべきである。

　②**文書提出命令の申立て**　　文書提出命令とは，訴訟の相手方当事者または第三者が特定文書等[50]を所持し，当該所持者が文書提出義務を負う場合，所持者に対し当該文書の全部または一部の提出を命じる裁判所の決定である[51]（民事訴訟法 219〜225 条。文書提出命令は資料 e）。文書所有者の意思に反しても裁判所が提出を求める制度である点で，下記の③文書送付嘱託と異なる[52]。

　命令が出されるための要件は，文書等の存在と所持，要証事実（立証事項）との関係での証拠調べの必要性（同法 181 条），提出義務の存在（同法 220 条），（同法 221 条 4 号を原因とする場合）文章提出命令により当該文書等を入手する必要性であるが，実務上最も問題となるのは提出義務の有無である。

　平成 8 年改正民事訴訟法は文書提出義務を一般化した（220 条 4 号）。すなわち，引用[53]文書（同条 1 号），引渡・閲覧請求権[54]のある文書（同条 2 号），利益文書[55]（同条 3 号前段），法律関係文書[56]（同条 3 号後段）に加えて，各種除外事

---

49) 実務的には証拠調べには書証としての提出が必要とされている（本章注 45）が，嘱託に対する回答は，弁護士会照会の場合と違い，当方だけでなく相手方も閲覧・謄写できる（民事訴訟法 91 条 1 項，3 項）ので，不利な証拠を相手方が入手するチャンスを与える危険性がある。

50) 図面，写真，録音テープ，ビデオテープ，フラッシュメモリ等，コンピュータ用の種々の電磁気記憶媒体等の「準文書」も文書提出命令の対象となる（民事訴訟法 231 条）。

51) 司法研修所編［2019b］91 頁以下。

52) 文書提出義務の存否・範囲が熾烈に争われることもあり，決定への即時抗告（民事訴訟法 223 条 7 項）がなされると記録が高裁に移り進行が事実上停止するため，文書提出命令は最終手段として用いられることにつき司法研修所編［2019b］91 頁。

53) ここでいう「引用」とは，「自己の主張を基礎づけるために文書の存在及び内容に言及すれば足りる」ものと解されているから，準備書面で証拠文書に言及しようとするときは，文書全体の内容を十分に吟味し，当該証拠に記載されたこちらに不利な事実を根拠とする反論がされ得ることを念頭に置いた検討が必要である。

54) 債権証書返還請求権（民法 487 条），株主総会議事録（会社法 318 条 4 項），会社における計算書類（同法 442 条 3 項）など。

由[57]のない文書一般を提出義務の対象とし（同条 4 号），訴訟に協力する国民一般の義務として証言義務と同一の性格を有する文書提出義務を負うものとした。

　文書提出命令申立書（資料⑧）では，民事訴訟法 221 条 1 項の各事項（文書の表示〈1 号〉，文書の趣旨〈2 号〉，文書の所持者〈3 号〉，証明すべき事実〈4 号〉，文書提出義務の原因〈5 号〉）を明らかにして，これを行う必要がある。実務上しばしば困難を生じるのは文書の表示（1 号）である。相手方や第三者の手元に文書が存することからその具体的特定が難しい場合があるため，文書特定のための手続（同法 222 条）が設けられている。

　なお，実務上は提出命令にもとづき提出された文書について，当事者が提出すべきものを選択し改めて書証提出を行う[58]。この実務慣行には理論的批判がある[59]が，ローヤリング技法としては，証拠を通じた裁判所への説得活動として，特に必要な書類を整理して提出することに意義があり，その後の準備書面への引用や判決書への引用も容易となることから，積極的に書証として提出すべきである。

　③文書送付嘱託の申立て　　文書送付嘱託[60]とは，書証の申出のうち，手元にあるものを提出する方法（民事訴訟法 219 条），相手方・第三者が所持するものの提出命令を申し立てる方法（同法 220〜225 条）以外の第 3 の方法として認め

55）挙証者を受遺者とする遺言書，挙証者の弁済を証する領収書等。

56）挙証者を当事者とする契約書，契約時に授受された印鑑証明書等。

57）除外事由は，(1)刑事訴追のおそれ等証言拒絶事由（民事訴訟法 196 条）相当の事由ある場合，(2)公務秘密文書，(3)医師・弁護士等職業上の秘密の証言拒絶事由相当の事由ある場合，(4)専ら文書の所持者の利用に供するための文書（自己使用文書），(5)刑事事件関係書類等であるが，実務上も理論上も問題となるのは自己使用文書である。自己使用文書に該当するとして提出義務が否定された例としては銀行の貸出稟議書（最決平成 11 年 11 月 12 日民集 53 巻 8 号 1787 頁 [33]）などがあり，逆に自己使用文書にあたらないものとしては，(i)内部利用目的が欠けるもの，(ii)不利益性が欠けるもの，(iii)特段の事情があるもの（ゲーム開発のやり取りを記載したチャットログ〈知財高決平成 28 年 8 月 8 日〈平成 28 年(ウ)第 10038 号など〉〉）などの事例がある。

58）司法研修所編［2019b］103 頁。

59）伊藤［2020］438 頁は，法文が文書提出方法として提出命令申立と書証申出を併記する以上この慣行には疑問があるとする。理論的にはそのとおりであろう。

60）司法研修所編［2019b］89 頁以下。

られるもので，裁判所が文書の所持者にその文書の送付を嘱託することを求めるものである（同法 226 条）。具体例としては，法務局から不動産登記申請書・附属書類，病院から診療記録（カルテ）などを取り寄せる場合などがある。提出義務のある所持者に提出の協力が期待できるときは，提出命令によるのに比べ，この文書送付嘱託による方法が穏当とされる[61]。

　申立てには，民事訴訟法 221 条 1 項 1〜4 号が類推されるが，文書の特定・要証事実との関係は文書提出命令の場合に比べて緩やかに解されている（文書送付嘱託申立書は資料⑨）。官公署には，郵便法 8 条など秘密保持義務がある場合を除いて裁判所の文書送付嘱託に応じる公法上の義務があると解されているが，その他の場合には「嘱託」であり命令ではないので文書の所持者はこれを拒絶することができ，その場合は文書提出命令の申立てを検討することになる。送付された文書は，当然に証拠となるのではなく，挙証者はそのうち必要なものを書証として提出し，その書証の証拠調べが行われることとなる。

　弁護士会照会は調査嘱託に対応するものであるが，回答に代え文書が送付されることも多い。そのような場合，弁護士会照会と文書送付嘱託の利害得失を検討して選択肢を検討すべき点は調査嘱託で論じた点と同様である。

第 2 節　調査・証拠収集と弁護士倫理

　事実の調査については弁護士職務基本規程 37 条 2 項が「必要かつ可能な事実関係の調査を行うように努める」と規定する。文言通りこれは努力義務であると解される[62]が，調査が不十分であること自体が委任契約上の債務不履行であると評価されて弁護士が損害賠償責任を負う旨判示された事例がある[63]ことに注意を要する。この限りにおいては，事実調査は努力義務でなく法律上の義務となっており，かかる義務を果たさない場合は同規程 5 条誠実義務をも果たしていないと評価される可能性があり，弁護士倫理上の問題が生じる[64]。

61）司法研修所編［2019b］89 頁。なお，同書は，そのことの裏返しとして，文書送付嘱託など他の手段で書証の申出が可能となる場合には，あえて文書提出命令の申立てを認める必要（民事訴訟法 221 条 2 項）はないとする。

　これに対し，法（令）の調査について弁護士職務基本規程 37 条 1 項は「弁護士は，事件の処理に当たり，必要な法令の調査を怠ってはならない」とし，事実の調査よりも高度の義務があるかのような文言で規定している。これは，弁護士法 2 条で法令精通義務が定められていることを踏まえて定められたものである。

　他に調査や証拠収集にあたって問題となり得る弁護士職務基本規程の条文は，真実を尊重しなければならない（真実義務）とする 5 条，調査にあたっても調査対象者等の名誉信用を重んじることを命じる 6 条，調査や証拠収集に違法不正な行為を利用してはならないとする 14 条[65]，弁護士自身が自由かつ独立の立場を保持するように努めて調査や証拠収集を行わなければならないとする 20 条，調査収集した証拠を裁判手続で利用するときも裁判の公正・適正手続の実現に努めなければならないとする 74 条，偽証・虚偽陳述の教唆や「虚偽と知りながらその証拠を提出」することを禁じる 75 条などがある。

第 3 節　調査・証拠収集と「選択肢の開発と絞り込み」

　以上のような調査・証拠収集の過程においても，弁護士は選択肢を開発し，

---

62) 弁護士職務基本規程 82 条 2 項。しかし，「義務」ではなく積極的に証拠を「採取」する心構えを弁護士はもちたいものである。山浦［2012］は新堂幸司が名づけた「証拠採取」の用語に「昆虫採取」のように証拠を積極的に集めてくる加藤新太郎のアイデアを付加する。同書 458 頁以下は「証拠採取の心構え」として(1)事件を好きになる，(2)依頼者を好きになり・好かれるようになる，(3)裁判官を好きになり・好かれるようになるという 3 点を挙げる。このような積極的姿勢が事実調査・証拠収集における「選択肢の開発」につながる。

63) 東京地判昭和 54 年 5 月 30 日判タ 394 号 93 頁。

64) 以下，本節の「弁護士倫理」に関しては北川＝豊川［2019］参照。

65) 東京弁護士会法友全期会民事弁護研究会編［2019］55 頁は(1)原告代理人が，被告が共同経営する飲食店内で被告の承諾を得ず店内の造作・被告及び客等を撮影した事例（戒告。自正 47 巻 12 号 186 頁），(2)建物収去土地明渡請求訴訟で原告代理人が，事務員に指示し被告に無断で被告不在の建物に侵入・写真撮影させた事例（戒告。自正 52 巻 5 号 194 頁），(3)家事調停で代理人弁護士が，調停委員会の許可を得ず録音禁止の調停室内に録音状態の IC レコーダーを持ち込み調停の内容を録音しようとした（業務停止 3 カ月。自正 68 巻 6 号 126 頁）事例を紹介する。

それを適切な数に絞り込んでゆくことが重要である。たとえば，裁判外の調査（弁護士会照会）と裁判上の調査（調査嘱託・送付嘱託）の 2 つ以上の選択肢を提案し，その長短を依頼者に説明すると同時に事案に応じた適切なものに絞り込んでゆくことが「依頼者の納得」を獲得するために重要である。

　なお，調査・証拠収集と選択肢の開発の関係では以下 3 点を強調したい。

1) 調査・証拠収集すること自体が選択肢開発の契機になること

　情報が豊かになればなるほど，紛争自体の最終的な解決にあたり様々な選択肢を案出しやすくなる。法律相談で依頼者の「物語（ナラティブ）」を聴き，相手方の主張を聴いた後で証拠を客観的に見ることにより第 3 の光があてられ，それが選択肢を開発する契機となる場合もある。

2)「選択肢の絞り込み」の精度と質の向上

　調査・証拠収集により情報が豊かになることで，各選択肢の長短がより明らかになり「選択肢の絞り込み」の精度と質を向上させることができる。

3) 調査・証拠収集から検索へ

　インターネットを背景とする情報化社会において，調査・証拠収集により入手できる情報の量は格段に増えた。その意味では調査・証拠収集は容易になったが，他方，ジャンクな情報も増え，証拠を調査・収集して整理すること自体が大切だった時代から，検索し取り出すことにこそ意味がある時代となり[66]，有益な情報にいかにアクセスするかという検索（retrieval）技法の重要性が増している。とすれば，これからの弁護士は，Google その他の手法によってどのように効率的な検索ができるかということにより大きな関心を払ってゆく必要があるといえよう。

---

66) 野口［2019］6 頁は「デジタル情報について重要なことは「いらないものを捨てる」という努力をやめ，「必要なものを検索する」という方針に転換すること」が重要という。

文献案内

(1)司法研修所編［2019b］『7訂民事弁護における立証活動（増補版）』日本弁護士連合会。

(2)群馬県弁護士会編［2016］『立証の実務——証拠収集とその活用の手引（改訂版）』ぎょうせい。

(3)東京弁護士会法友全期会民事訴訟実務研究会編［2017］『証拠収集実務マニュアル（第3版）』ぎょうせい。

(4)東京弁護士会調査室編［2021］『弁護士会照会制度——活用マニュアルと事例集（第6版）』商事法務。

(5)愛知県弁護士会編［2020］『事件類型別 弁護士会照会（第2版）』日本評論社。

読者への道しるべ　　(1)は司法修習生むけ，(2)(3)は弁護士むけの実務本です。後者については類書が多数出版されていますので，若手弁護士のみなさんはたくさん目を通して証拠を「採取」できるよう頑張ってみることが，よりたくさんの「選択肢」を増やすために有益だと思います。(4)(5)のような本は各弁護士会から出版されていますが，自分の所属する会以外の本もたくさん集めて比較してみると，少しでも回答してもらいやすいようにするための「照会事項」の書き方の工夫や，「ああ，そんなところに照会してみる方法があったか」と新しい発見があります。

　証拠を集めることは大変で面倒な作業でもありますが，依頼者と「協働」して弁護士として懸命に作業すれば，事件全体に対する依頼者の「納得」もより得られやすくなるように思いますし，もちろん，裁判官や相手方への説得力も増します。何より，「もう，これ以上調べられない」というところまで徹底的にとことん調査したうえで事件を遂行することで，「この事件については，自分が世界で最もよく知っている弁護士だ」と思うことができ，たとえ同種の事件を一度も担当したことがなくても，自信をもって事件を進めるための心の礎にすることができます。

　一方で，現代は情報過多の時代ですので，集めるだけでなく，上手に整理し，いつでも検索して（retrieve）取り出す能力も重要ですから，そういう点も心がけたいところです。

┌─**設例3を考える視点**─────────────────

(1)どのような事項を調査するか

　(i)事実の調査：権利の主体（相続人），相手方（運転者・自動車所有者・運転者を使用していた者），権利の内容（損害論：Vの事故当時の仕事・収入・年齢），事故態様（過失相殺を基礎づける事実），紛争解決のために役立つ事実（依頼者及び相手方の保険加入状況・事故後のAとWのやり取りの経緯）など

(ii)法律の調査：民法（709, 715, 896 条その他），自動車損害賠償責任法（3
条その他），交通事故損害賠償の算定基準（各裁判所の基準や
「青本」など），過失相殺の算定基準（東京地裁民事交通訴訟
研究会編［2014］）など

(II)どのような証拠を集めるか

Vの除籍謄本や関係者の戸籍謄本，相手方 A の勤務先が法人であれば登記事
項証明書，交通事故証明書，自動車検査証，現場の状況を示す証拠（写真・
Google ストリートビュー・現場確認），A の交通事故事件の刑事記録，A の所
得を証明する証拠（源泉徴収票・確定申告書の写し），保険証券，A と W の
事故後の交渉経過を示すメールなど

第4章

交　渉

設例 4

　弁護士であるあなたは，依頼者 A から遺産分割協議事件を受任し，明日，相手方 B の代理人弁護士 L と直接会って交渉することになっている。交渉をするにあたって，どのような点に留意したらよいか。

　ローヤリングの各分野（法律相談，事件受任，調査・証拠収集など）の中でも，交渉については他分野と比べて多くの先行業績や文献が存する[1]。

　その理由としては，(a)法的交渉に限らず，外交から日常生活上の交渉にいたるまで交渉一般に関する研究・文献が多く存する点が，弁護士の他の業務（特に事件受任や調査など）と異なること（学際性），(b)とりわけ 1977 年ごろから開始された「ハーバード・プロジェクト（Harvard Negotiation Project）」が交渉に関する理論的な研究[2]を積極的に展開し，アメリカ国内にとどまらない強力な世界的影響力をもったこと（「ハーバード流交渉術」の影響力）がまず挙げられる。そして，(c)上記「ハーバード・プロジェクト」の中心的な文献は，ロジャー・フィッシャー＝ウィリアム・ユーリー著の *Getting to YES*（初版 1981 年）である[3]。フィッシャーはハーバード・ロースクール教授であり，彼を創設者とするハーバード大学交渉学研究所（PON: Program on Negotiation at Harvard Law

---

1) 深井［2009b］，佐藤［2009c］，竹内［2016］2 頁以下，宮城＝木村＝川合＝亀井＝宇加治＝榎本［2016］82 頁以下に記載された各文献などを参照。

2) Fisher et al.［2011］pp. vi, 203.

3) 原著は 1991 年に改訂され（邦訳はブルース・パットンが執筆者に加わった第 2 版，書誌は巻末参照），最新版は 2011 年の第 3 版である。2022 年現在，第 3 版の邦訳は出版されていない。

School）は法科大学院の中に置かれてはいるが，その教員構成は法律の専門家にとどまらず，上記の学際性も相まって，その分析の視点は法律・ビジネス・政治・心理学・経済学・人類学・芸術・教育など様々な分野にわたっている。その結果，認知心理学やゲーム理論など法学の枠内にとどまらない様々な分野における研究や文献が存することもひとつの要因として挙げられる（さらなる学際的研究の活性化）。それに加えて，(d)弁護士に限らず「交渉術」「交渉論」を論じるうえでは，（成功・失敗を問わず）様々な実践例に学ぶことが有益であることから，外交交渉，ビジネス交渉から弁護士同士の各種交渉まで様々な実例や経験談を記した書物が多数存すること（多数の先行する「逸話（anec-dotes）」の存在）も，先行研究の裾野を広げている。

　よって本書では，まずこれらの先行業績を可能な限り整理する（第 1〜4 節）。ただし，「ローヤリング」を法科大学院教育に必要不可欠なものに限定する本書の立場から絞り込みを行いたい。

　その際には，「交渉における弁護士倫理の問題」について併せて検討するとともに，「日本の」弁護士（法律家）にとって習得が必要であると考えられる交渉技法に特に焦点をあてる。すなわち，上記のような交渉論のこれまでの発展経緯（アメリカの議論が日本及び世界に大きな影響を与えていること）からすれば，アメリカの議論を参考にする必要はあるとしても，そのまま日本の交渉にはあてはまらない場合もある。よってここでは日本の弁護士に必要な実務技能を検討することが本書の目的にかなう。そこで，整理を踏まえ，特に「日本の」弁護士の交渉にとって必要な実務技能という観点から，法交渉学について考えたい（第 5 節）。

　そしてさらに，交渉の場面においても，法律相談・受任時と同様「選択肢の開発と絞り込み」が，上記のような弁護士の技能のうちで特に重要であることについて論じる。

第 1 節　交渉・法的交渉とは

1 ）交渉の意義

　交渉（Negotiation）とは，利害の対立する複数の当事者が，コミュニケーションを通して，合意点を目指してお互いの利益を実現していくプロセス[4]をいう。

ア）利害の対立があること

　交渉は，貸主と借主，遺産分割のきょうだい同士など，一定の利害の対立がある場合を前提としている。なお，交渉の中には団体としての意思形成の過程において利害対立がある交渉もあり得る（次節 2 項）。株主総会（会社法 295 条以下）や取締役会（同法 362 条以下），一般社団法人における社員総会（一般法人法 35 条以下）や理事会（同法 90 条以下）といった組織内の機関において各構成員の利害が対立する中で行われるものもこのような交渉に含まれる。

イ）コミュニケーションを通して行うものであること

　交渉には関係当事者の十分なコミュニケーションが不可欠である。この点で，法律相談における面談技法や，ADR における手続主宰者（仲裁人・調停人など）に関して論じられてきた各種のコミュニケーション理論（たとえば，積極的傾聴，パラフレージングやリフレーミングなど）が重要な役割を果たす。これらのコミュニケーションは，一般には口頭での「話し合い」が多いが，メールや SNS のやり取りや書簡の交換など手段は問わない。また，言語的コミュニケーションのみに限らず，表情やしぐさなど非言語的コミュニケーションも含まれることにも留意が必要である（Ⅰ部 2 章 2 節参照）。

ウ）合意点を目指しお互いの利益を実現していくプロセスであること

　交渉の結果，合意に達する場合もあるし，達しない場合もあるが，いずれにしても合意点を目指すことは交渉に共通しており，その活動の中でそれぞれの利益の実現を目指してゆくという点に特徴がある。

---

4 ）深井［2009b］169 頁。

2）法的交渉の意義

　法的交渉（Legal Negotiation）は「交渉」の一種である。法律家が交渉を議論するときは法的交渉を念頭に置いてしまいがちであるが，世の中の交渉には様々なものがある。たとえば，よく言われる「1 個のオレンジを争う姉妹の交渉」もあるし，「セールスマンが車を顧客に売る交渉」もある。「外交官による外交交渉」もあれば，「夫婦の間で今日の皿洗いをどちらがやるか決める交渉」もある。これらの「交渉」の中で特に「法的交渉」の特徴はどこにあるか。

　一般に「法的交渉」は「交渉のうち，交渉の対象が法的に規律されるべき事項または法的基準によって解決されるべき事項であるものおよび交渉の方法について法的に規律されるもの」などと定義づけられる[5]。しかし，法科大学院教育に必要不可欠なものに「ローヤリング」を限定する本書において，「法的交渉」は，全ての交渉ではなく，交渉が決裂した際に法律によって解決することが可能な交渉，もしくは交渉を法律の手続にもとづいて行うことが求められる交渉（会社法の取締役会など）のうち，その取扱いを法科大学院において習得する必要性や可能性があるものにさらに絞られる。

　たとえば，上記の各種の交渉のうち，「1 個のオレンジを争う姉妹の交渉」は，仮に当該オレンジが姉妹の共有物である場合で交渉が決裂した際には（姉妹で実際にそこまでの手続に進むか否かは別にして），共有物分割請求（民法 256，258 条）によって解決することが可能であり，「セールスマンが車を顧客に売る交渉」は決裂した場合には単に売買契約（同法 555 条）が締結されなかったにすぎないから法的に解決することは原則的にはできない（例外的な理屈としては「契約締結上の過失」の理論[6]が認められる場合ぐらいであろう）。「外交官による外交交渉」は交渉内容によっては法的に解決できる場合もあるが，「夫婦の間で今日の皿洗いをどちらがやるか決める交渉」は決裂した場合には法的に解決することは困難であるため，ここでいう「法的交渉」にはあたらないことに

　5）竹内［2016］5 頁。

　6）最判昭和 59 年 9 月 18 日集民 142 号 311 頁（マンション購入希望者が，交渉過程で歯科医院とするため注文を出す等しながら，交渉開始 6 か月後に自らの都合により契約を結ぶに至らなかった事案）参照。

なる。そして，各事案のさらに詳細な具体的内容や資料の有無などによって法
科大学院における習得の必要性や可能性を判断すべきことになる。

3）「法的交渉以外の交渉」を学ぶ意義

　しかし，法的交渉に限らず，交渉一般（ビジネス交渉・外交交渉も含む）に共
通する性質や技能もある。とすれば，法的交渉について検討するにあたっても，
法的交渉に限らず交渉一般の性質や技能もできる限り参考にすべきである。そ
のような意味において（法交渉学に縛られない）「交渉学」全体を学ぶ意義がある。
　交渉には「利害が対立する」複数の当事者が登場することから，その進め方
や結末に様々な可能性があり，多数の実例（逸話〈anecdotes〉）から経験的に学
ぶことが望ましい。当事者はそれぞれ個性と独自の考え方をもっている。交渉
当事者には 1 人ひとり必ず違った個性や特質が備わっており，2 人として同じ
人はいない。しかし，だからこそ，他の似た例や参考となる例と比較対照して
考えることに意味が出てくる。その意味では，一般的な交渉だけでなく歴史上
の事象や事件に学ぶことも有益である。なかでも，政治的交渉とりわけ外交交
渉は，最終的には戦争によってしか解決できないこともあるが，国際法によっ
て解決することもあり得るもので，その意味では法的交渉である。そのような
意味において，過去の事件や外交交渉に学ぶこともひとつの方法である。
　ハーバード・プロジェクトの諸文献には多くの外交交渉事案が登場する[7]。
弁護士として交渉を学ぼうとするときに外交の事例を検討することは奇異に感
じられるかもしれないが，上記のように位置づけると十分に学ぶ意義があるこ
とが分かる。とりわけ，弁護士の交渉には守秘義務がある（弁護士法 23 条，弁
護士職務基本規程 23 条，刑法 134 条）ので，実際にどのように交渉が進んだの
かを公にすることには難しい点があり，仮に依頼者自身の承諾が得られたとし
ても相手方や関係者の承諾まで得ようとすると，その公開は実際には非常に困
難となる。その点，政治的交渉は当時のやり取りが事後的に公になっているこ

7）たとえば，Fisher et al.［2011］p. 5 にある，キューバ危機におけるソ連との交渉に関す
　るケネディ大統領のエピソードなど。ibid., p. 204 でもアメリカの実際の外交交渉に関
　する研究がふれられている。

とも少なくなく，交渉時点で秘密であっても特にアメリカなどでは情報公開によって後日交渉の経緯や舞台裏が分かることもあり，その意味でも法的交渉を考えるうえで参考になる。

第2節　法的交渉の類型

1）交渉の2類型

　法的交渉の類型については，(a)私人間に紛争が発生した場合の交渉（紛争解決型交渉）と(b)私人間が取引を行おうとしている場合にその取引契約を締結するための交渉（取引契約型交渉）の2類型に整理されることが一般的である。紛争解決型交渉が紛争発生後の回顧的（retrospective）な交渉であるのに対し，取引契約型交渉は（過去の取引を一定程度検討することはあるにせよ）将来にむけた（prospective）ものである点に大きな違いがある。また，取引契約型交渉はビジネス交渉など一般的な交渉とより性質が接近するため，法的交渉に限らない交渉一般の技法を応用しやすいという点でこれを分類して考える意義がある。

2）2類型にあてはまらない交渉——団体における意思形成交渉

　上記分類は（例外はあるにせよ）基本的には2当事者，多くても3当事者程度の交渉を念頭に置いているものと考えられる。しかし，世上，さらに多数の当事者が関与する交渉もある。そのような多数当事者の交渉の中でも，団体における意思形成交渉，たとえば株主総会（会社法295条以下），取締役会（同法362条以下），理事会（一般法人法90条以下，特定非営利活動促進法17条〈NPO〉，医療法46条の7〈医療法人〉）などにおける交渉も，「法律の手続にもとづいて行うことが求められる交渉」に該当する以上，上記定義にいう「法的交渉」に含まれる。しかし，このような団体における意思形成交渉は前項の2類型のいずれにもあてはまらない。とすれば，ここに(c)団体における意思形成交渉という3つ目のカテゴリーを策定して検討すべきと考える。なお，「交渉」の定義を157頁のとおりとすれば，「利害の対立する」場面での協議のみが「交渉」に含まれることとなる。

　そして，「ローヤリング」を法科大学院教育に必要不可欠なものに限定する本書の観点からは，会社法の授業で取りあげられる「会社」（株式会社[8]，合名会社，合資会社または合同会社〈会社法 2 条 1 号〉）や民法の授業で取りあげられる各種の「法人」（民法 33 条及び一般法人法等）・「組合」（民法 667 条以下）における意思形成交渉が検討の対象となる。

　こうした「団体における意思形成交渉」の特徴はどこにあるか。交渉の参加者・利害関係人が多くなることはひとつの特徴であるが，それ以上に重要なのは，上記の類型(a)や(b)は，個々人が処分できる自己の利益を獲得することを最終的な目標とする（そのような前提であるからこそ，後述する「分配的」「統合的」交渉の分類に意味が出てくる）のに対し，類型(c)では，交渉にあたる個々人の利益ではなく当該団体自体の意思形成そのものが最終的目標となるので，次項でふれる「分配的交渉」と「統合的交渉」の理論は必ずしもあてはまらないという点である。ただし，当該交渉に参加する各人は，団体の意思形成をするにあたっても，常に個々人の利益について意識しながら交渉を行うのが通常である（たとえば，株主総会で剰余金処分〈会社法 452 条〉の具体的金額を決定するにあたっては，直接のテーマは会社としての配当政策が問題とはなっているが，各株主は，常に当該株主個人としての利害も考えながら議論に関わることになる）。また，このような交渉においては多数のステークホルダーが登場することも少なくないので，メンバーの選定その他の諸手続にも十分注意しなければならない。

3）2 つの交渉モデル──「分配的交渉」「統合的交渉」

　そして，(a)や(b)のような交渉については，それぞれ「分配的交渉（Distributive Negotiation：交渉の目的物は固定されており，当事者がお互いに情報を開示する

8）株主総会については，平成 2 年法 64 号による改正前は発起人が 7 人以上必要であり（旧商法 165 条），取締役会は平成 17 年法 86 号による改正（会社法の制定）前は取締役が 3 人以上必要であった（旧商法 255 条）から，株主総会（少なくとも設立当初の株主総会）や取締役会では必ず交渉が必要とされていた。現在は，株主 1 人の 1 人会社（会社法 38 条 1 項その他の規定に設立時取締役の人数制限はない）も取締役会 1 人の機関設計も可能である（取締役会設置会社とするか否かは各株式会社の制度設計による〈会社法 326 条 2 項〉のが原則である）から，株主や取締役が 1 人である場合には株主総会や取締役会でも例外的に交渉の必要がない場合が制度上あり得る。

ことなくそれぞれの利益のみの拡大を図り，最低限の譲歩しかしない方法）」と「統合的交渉（Integrative Negotiation：交渉の目的物は当事者が交渉の動機を提示し選択肢を広げることにより拡大し，当事者双方の利益を図りながら，多元的な提案をすることによって問題を解決していく方法）」の2種類があるとされる。

　とりわけ，ハーバード流交渉術では統合的交渉の重要性が強調される。典型例としてよく引用されるのは，1個のオレンジを争う姉妹が，オレンジを欲する動機を相互に開示すると，姉はケーキを作るためのオレンジの皮を，妹はそのまま食べるためのオレンジの実を欲しており，相互がその目的を達する分け方（Win-Win Solution）が実現できた例である[9]。分配的交渉ではお互いに情報開示をしないまま「とにかくオレンジが欲しい」ということしか言わず，最低限の譲歩しかしないため，成果に乏しい。

　以上の意味で，統合的交渉のポイントは，交渉の動機を提示して，選択肢を広げるという点にあると考えられる。なぜオレンジが欲しいのかという目的や動機を明らかにすることにより，交渉の対象や目的物が拡大し（オレンジの例でいえば，妹にとって皮は分ける対象としての意味はなかったのであり，皮にも意味が出てきたことによって，交渉の目的物・対象が拡大したことになる），多元的な提案をすることによって問題を解決していくモデルである。分配的交渉よりも統合的交渉の方が経済学的にも最適な結果に到達しうると指摘する経済学者もあり，このようなアプローチは「原則立脚型交渉（Principled Negotiation）」「協力型交渉」「問題解決型交渉」と呼ばれ，排他的で競争的な関係を志向する「分配型交渉」とは区別されるといわれる。

　上記のようにみると，ここでも「選択肢を開発する」ことが，交渉全体にとって非常に重要であることが分かる。また，交渉は全体としてみると複雑に入り組んでいたり，時間の経過によって状況が変わったりすることもよくあるから，ひとつの交渉を「これは分配的交渉」「こちらは統合的交渉」というように切り分けるのではなく，「分配的交渉」と「統合的交渉」を上手く組み合わせて（統合して）よりよい合意を目指してゆくことが望ましい。

---

9) Fisher et al.［2011］p. 58.

第3節　法的交渉における弁護士の機能

1）弁護士が関与しない法的交渉について

　交渉一般のみならず，法的交渉においても，双方（ないし当事者全員）に弁護士が関与しない場合や一方には弁護士が関与しない場合がある。しかし「ローヤリング」を法科大学院教育に必要不可欠なものに限定する本書では，少なくとも一方に弁護士が関与する交渉のみに限定して論じる。

2）法的交渉に弁護士が関与することの機能と効果

　交渉に弁護士が関与する[10]ことには，以下のようなポジティブな機能とネガティブな効果とがある。

ア）弁護士関与によるポジティブな機能

　①**事実整理促進機能**　　弁護士が第三者として関わることによって感情的な問題が大きく捨象され，客観的な利害を冷静に分析できるようになる。とりわけ弁護士は法律事務の専門家であるから，各種関係者が関わった複雑な紛争に関する言い分の中から客観的な証拠を合理的に評価して事実の有無や内容を分析することに長けている。このような事実整理に関する力量がある者が関わることによって複雑に絡み合った紛争がいわば「ほぐされて」ゆき，問題点が絞られていく（それは裁判官が行う「争点整理」に近い性質を有する）ことは交渉を合理的に進行させるために大きな意義がある。

　②**法的交渉促進機能**　　上記のように事実が整理されると，弁護士は交渉が決裂した場合の BATNA（171 頁）として常に「当該事実に法律や判例を適用した解決」を意識するようになり，時にはこれを相手方に直接提示することもある。これによって，弁護士に依頼した当事者本人[11]もその相手方[12]も，法律適用の結果を常に意識して交渉にあたることになるから，弁護士が関与すること

10）交渉に本来の権利義務の帰属主体以外の者が関わるのは弁護士による場合に限らない。
　　たとえば，会社（法人）のために担当者（個人）が当該交渉を遂行する場合も，厳密にいえば，本来の権利義務の帰属主体（当事者）以外の者が交渉に関わっている。

によって，（経済的な強弱，人間関係や社会因習などとは必ずしも一致しない）法的な解決が促進されるという機能がある[13]。

　③**倫理的交渉促進機能**　　弁護士は倫理的に行動することが法律上求められているので，交渉に弁護士が関与することは暴力を用いるような非倫理的交渉を排除する方向で働く。その意味で，交渉への弁護士の関与は倫理的交渉促進機能がある。

　④**当事者を説得する機能**　　弁護士は当事者（依頼者）そのものではない。当事者の利益を常に考えてはいるが，当事者と一体になってはならない[14]。当事者が感情的になっているときに，冷静になるよう促し，説得して交渉をまとめることは弁護士の重要な仕事である。この作業は，自らに対して報酬を支払う者を説得するという非常に矛盾した仕事であり，特に新人弁護士はそこに矛盾を感じたり悩みをもったりすることも多い。しかし，当事者が言いたいことを代弁するのは大切であるが，それを代理人弁護士がスピーカーのように喧伝しあうだけでは，紛争は解決しない。お互いに「こうした方がよいのではないか」と説得しあって，争いのある距離や領域を少しずつ縮めていく作業がなければ，交渉はまとまらない。その意味では，弁護士は非常にアンビバレントな立場に立つ。逆にいえば，かような困難で難しい作業を弁護士が行うからこそ紛争が解決していくのであり，このような意味で弁護士が交渉に関与することに重要な意義がある。

　イ）弁護士関与によるネガティブな効果

　①**本人意思との乖離の可能性**　　上記④と裏腹の問題だが，当事者本人の感情

---

11) 当事者本人は必ずしも「法」を十分知るとは限らない。

12) 相手方にも弁護士が選任されている場合には，相手方弁護士も法的解決を前提とした BATNA を意識するから，法的交渉はさらに促進されることになる。

13) 弁護士が関与することにより「法の影のもとの交渉」（前章注 6）がより促進されている状態ともいえる。しかし，そもそもこの前提として，弁護士が交渉に関与しても常に喧嘩腰の態度で相手方に臨んでは，法的交渉は促進されるどころか紛糾をきわめることにもなりかねないため，注意が必要である。

14) 弁護士職務基本規程 2 条は「弁護士は，職務の自由と独立を重んじる」と規定し，同 20 条は依頼者との関係でも「弁護士は，事件の受任及び処理に当たり，自由かつ独立の立場を保持するように努める」と規定する。

コラム⑦

依頼者を説得するという矛盾

　弁護士 2 年目のころ筆者は，修習生時代お世話になった裁判官との飲み会でこんな話をしました。

　「私は，弁護士になったら日々「相手方を」説得する仕事だと思っていました。しかし，毎日，「依頼者を」説得している気がします。お金をもらっている依頼者を相手に，「これは通りませんよ」「これは諦めてこうした方がいいですよ」と説得することに日々，矛盾を感じて辛いです」。こんな筆者に，裁判官は「そういう大変な仕事だから，高いお金をもらえるんじゃないですか？」と冗談交じりに答えられたのを覚えています。

　法律相談から始まって，調査・証拠収集と依頼者の気持ちを大切に，依頼者の希望を実現するために頑張ってきたのに，ここで反対に依頼者の方を説得するという作業をするのです。それも，着手金を支払ってくれた依頼者を説得し，この後和解が成立したらこの依頼者から報酬金ももらう予定です。その依頼者を説得する自己の作業に弁護士は矛盾を感じることがあります。

　訴訟の多くは裁判上の和解（民事訴訟法 267 条）で解決します。和解には「当事者が互いに譲歩」すること（互譲）が必要です（民法 695 条）から，裁判官からすれば，民事司法制度の一翼を担う代理人弁護士には，「どこをどう譲るか」を考えて依頼者を説得してほしい，ということになります。そのような譲歩を依頼者に「納得」してもらうためには，説得が必要です。

　説得がパターナリズムにもとづいて「上から見下ろす」態度で行われる場合には，依頼者は「納得」しません。本当に心から「納得」してくれたときは，最後の弁護士報酬も気持ちよく払ってもらえる気がします。他方，説得が度を過ぎたり，言い方が悪かったり，タイミングを誤ったりすると，依頼者との信頼関係は簡単に崩壊します。依頼者はみな異なりますし，弁護士の個性もそれぞれです。オールマイティな方法は残念ながらありません。しかし，非常に単純なことですが「自分自身が依頼者の立場になったつもり」で依頼者の気持ちを考えることがよくできた場合，「納得」してもらえる確率が少し高い気がします。最後の和解の場面でそのような「共感」が上手くいくには，最初の法律相談から，依頼者の言葉をよく「聴く」（積極的傾聴）ことを繰り返し，信頼を獲得することが重要です（簡単なことではないのですが……）。

から離れた形で解決を図ろうとすることは，「そのように解決するつもりでは
なかったのに……」という本人の不満（本人意思との乖離）を招来しかねない
点に十分な注意が必要である。

②交渉期間の長期化　　単純に関係当事者が増えることによって日程調整な
どのために期間がより長くかかることになる（弁護士と相手方の交渉，弁護士と
依頼者の打合せの 2 つの期日を調整しなければならないことも多い）。この意味で，
弁護士の関与は交渉期間を長期化させる方向で働く。

③エージェント・コスト　　代理人関与により，代理人自身の利害と本人の
利害が微妙に異なることが生じ得る（エージェント・コスト）。弁護士費用の負
担は本人と代理人弁護士の利益が直接相反する顕著な例であるが，現在の日本
の法制では仮に最終的に判決まで進んだとしても，その費用は基本的には [15]依
頼者本人（当事者本人）の負担となっており，その費用（場合によっては双方弁
護士の費用）も念頭においた解決が必要になってくるため，この観点からみる
と弁護士の関与は合意をより成立しにくくする方向で働く要素である。

ウ）グッド・ネゴシエーターとは何か

では，弁護士がそのような形で交渉人として関わる場合，どのような弁護士
が「グッド・ネゴシエーター（よい交渉人）」とされるのであろうか。この点に
ついては，交渉論一般では法的交渉に限定せず議論がされているので，様々な
見解がある。ここでは，「ローヤリング」の上記定義から，弁護士がどのよう
な者を「グッド・ネゴシエーター」として挙げているかをみてみよう。

弁護士である廣田尚久は，(a)冴えた動物的勘をもっている，(b)知，情，意と
もにすぐれて強靱である，(c)数字に強い，(d)強烈な正義感，(e)人を信じる力を
もっている，(f)察しがよい，(g)芝居がかったことが好きといった点を挙げる [16]。
法律の知識や考え方が明示されていない点が興味深い。他方，「数字に強い」
という点は，金銭賠償の原則（民法 417 条，722 条 1 項）により，そもそもの紛
争の原因が非金銭的な問題（作為義務の有無，離婚による精神的苦痛など）で

---

15) 不法行為では一定範囲で相手方負担とされているが，債務不履行の事案ではこれを認め
　　ないのが最高裁判例である（最判昭和 48 年 10 月 11 日判時 723 号 44 頁）。
16) 廣田［2006］133 頁以下。

あっても，最終的には多くが金銭的な問題として解決されるという性質をもつ
法的交渉を対象として論じていることが，少なからず影響しているように思わ
れる。

　同じく弁護士である豊田愛祥は，(1)依頼者の信認を得，説得力をもつことが
できる，(2)情報に関する感覚が鋭敏で，ふだんから情報収集に熱意があり，情
報の真偽の判断に研鑽を積んでいる，(3)物事の本質を即座かつ素直に何のけれ
ん味もなく把握できる，(4)熟考して信念とした事柄については断固としてこれ
を貫く勇気をもつ，(5)相手方とする陣営から公正で誠実な，責任感のある人間
と思われることに加えて，法的知識に関連する要素として，(6)法律全体の流れ
についてその動向や価値観を的確に把握し時代が進むべき方向を確実に予見で
きる，(7)個々の法規の詳細に通暁し，具体的な問題について，瞬時に適切な先
例，判例，行政通達等を検索して提示できるといった点を挙げる[17]。ここで廣
田が明示しなかった法的知識に関連する要素が強調されているのは，特に法的
交渉であることが意識されていることによるものであろう。廣田が法的知識を
強調しなかったのは，弁護士である以上法的知識が備わっているのは当然であ
るとして省略したとも考えられる。しかし，従前と比べて，弁護士が取り扱う
法律分野が広範となり，求められる知識や技法も高度となっている一方，弁護
士人口が増え，知識の範囲や深さにおいて様々な弁護士が存在する現代では，
当該事案に関連する事項についての法的知識が十分に備わっていることは，豊
田がいうように「グッド・ネゴシエーター」に求められる資質として明示して
ゆくべきであろう。

　他方，同じく弁護士である深井靖博は，ローヤリングの授業において交渉に
関して身につけるべき能力として，(i)入念に準備する能力，(ii)プレゼンテー
ションする能力，(iii)相手方の話をしっかりと聞きその真意を理解する能力，(iv)
問題を分析し解決する能力，(v)相手方との間で信頼関係を構築していく能力を
挙げる[18]。

　以上のとおり「グッド・ネゴシエーター」には様々な資質が必要であると提

17）豊田［2007］54 頁。
18）深井［2009b］175 頁。

唱されている。しかし，各要素のうち一要素でも欠けば全く交渉できないというわけではないし，何をもって「グッド」とし，なぜ「必要」なのかが具体的に実証されているわけでもない。各自が論じていることは共通しているようにみえる面もあるが，必ずしもその外延が明確ではなく共通する部分がどこまであるのかも不明確である。以上の主張は，必要不可欠な点を論じているというわけでは必ずしもなく，各自で「あった方が良い」と思うものを並べているだけのように思える[19]。各論者が挙げる要素は一致点もあるが，各論者が自己の理想とする弁護士像を掲げて，その要素を列挙している側面が強いともいえよう。およそ交渉には必ず相手方があり，弁護士が関わる法的交渉では必ず依頼者と弁護士が登場することが予定されている以上，3人以上の人間が必ず関わる。人はそれぞれ異なった個性をもっているから，「このような人は，必ずうまくいく」という絶対の法則はない。むしろ，これらの条件や能力は，このような点に気をつけると「よい場合がある」という程度にとどめるべき性質の事柄ではなかろうか。

　以上の限界があることを前提に筆者なりの「グッド・ネゴシエーター」観をあえて付け加えるとすれば，依頼者とも相手方とも「ラポール（rapport：信頼）」を上手に醸成できる[20]人であること，選択肢の開発と絞り込みに長けている人であること，という2点が重要であると考える。そして，この議論は「交渉において何を大切と考えるか」を別の角度から検討している面もある。そこで，この点は日本における交渉の特徴を中心にあらためて本章5節で後述する。

第4節　アメリカなどで論じられてきた交渉学の概要

　以上第1〜3節で「（法的）交渉の有する性質」「（法的）交渉に関わる交渉人

19）たとえば，廣田は「強烈な正義感がある」ことを要素とする。確かに正義感があることが交渉を推進する場合もあるが，他方，当事者と事案によっては，正義感が強い人よりも，ある意味で鷹揚とした素朴な感情をもっている交渉人の方が効果を発揮する場合もあろう。

（弁護士）に必要な資質」を論じた。以下では，法的交渉に限らない交渉全体を対象にアメリカなどで論じられてきた交渉学の概要について整理を試みる。

1）交渉全体のあり方——「ハーバード流交渉術」

　本章冒頭で述べたとおり，交渉学の世界では，1977 年ごろ開始された「ハーバード・プロジェクト」の理論的研究（いわゆる「ハーバード流交渉術」）が強い影響力をもつ。その中心文献は，フィッシャー＝ユーリーの *Getting to YES* であり，そこで述べられる技法（methods）は，以下の 4 つに集約できる。

　【ハーバード流交渉術の「4 つの技法」】
　技法1　人と問題を切り離す。
　技法2　「条件や立場」ではなく「利益」に注目する。
　技法3　お互いの利益に配慮した複数の選択肢を考える。
　技法4　客観的基準にもとづく解決にこだわる。

　「選択肢の開発と絞り込み」をローヤリングのプロセス全体において重視する本書の立場からは，技法 1〜4 は等閑視されるべきではなく，特に技法 3 の選択肢創出（及びその後の選択肢の絞り込み）に大きな意味があることを評価すべきである。

　この「ハーバード流交渉術」は，161 頁のように「統合型交渉」のほか，「原則立脚型交渉」とも「問題解決型交渉（Problem Solving Negotiation）」とも呼ばれる。ここで「統合型（Integrative）」と呼ばれるのは，「双方の利益を統合する（integrating their interests into an agreement）」交渉方法だからであり，「原則立脚型（Principled）」と呼ばれるのは，「できるだけ共通の利益を見出し（you look

---

20）なお，交渉（とりわけ「弁護士としての交渉」）を学び始めたばかりの者は，ときに相手方から利を得る攻撃的な態度を採り，（依頼者ではなく）相手方とラポールを醸成することについて抵抗感をもつ場合がある。しかし，利害の対立する相手方との関係であるからこそ，争点以外や交渉の前段階で無用な摩擦を生じさせず，信頼関係を醸成することが交渉をスムーズに進めるために有益であり，そのことが結局は依頼者の「納得」を得られる有利な結果をもたらす場合も多いことを銘記すべきである。とりわけ，日本人同士の交渉では，このような相手方とのラポールの醸成が重要である。

for mutual gains)」，利害が衝突する場合は「どちら側の意志からも独立した公正
な基準にもとづいて（on fair standards independent of the will of either sides）結論を
出す」交渉方法だからである[21]。上記の「共通の利益を見出」すことを極限ま
で追究したものが，双方の利益を実現して解決する「ウィン・ウィン型（Win-
Win)」の交渉と呼ばれるものである。交渉の勝者と敗者とを分かつ従前の
「ウィン・ルーズ型（Win-Lose）」交渉に対置する概念として，ひとつの目指す
べき交渉のあり方である。そして，「選択肢の開発と絞り込み」の観点からは，
かかる選択肢を開発し，絞り込むためのひとつの重要な視点として，「ウィ
ン・ウィン型」を位置づけることができる。

2）交渉における基本概念

　上記のような交渉全体とは別に，交渉のあり方を議論してゆく中で論じられ
てきた様々な基本的概念が存在する。ローヤリングにおいて「選択肢の開発と
絞り込み」が重要であるとの本書の立場からは，下記のうち(ウ)「BATNA」を意
識することが特に重要である。

ア）ボトムライン・留保価値

　交渉対象につき，各当事者が合意できる最低水準をいう。双方のボトムライ
ンを意識的に整理・理解することで，下記(イ)「合意可能領域」を初めて意識で
きる。また，下記(ウ)「BATNA」の理解には，まずこのボトムラインを意識する
ことが重要となる。ただ，実際には最初から自分自身でボトムラインを意識で
きる当事者は少ない。依頼者本人が何を大切に考えるか（損得，解決の手続，
面子その他）によって，ボトムラインのあり方が変わり得る。弁護士が依頼者
本人との十分な法律相談及び打合せを繰り返さなければ，このボトムラインが
明確とはならない。そしてこの把握を間違うと以後の戦略手法は全て大きく変
わる。その意味で何をボトムラインと考えるかの見極めは非常に重要である。

イ）合意（交渉）可能領域（ZOPA：Zone of Possible Agreement）

　交渉当事者双方のボトムラインを第三者の目で比較した場合，交渉による妥

21）Fisher et al.［2011］xxviii.

結が可能と考えている範囲に重複がある場合の当該重複部分をいう。

ウ）BATNA

万一交渉が決裂した場合において採り得る最善の選択肢（Best Alternative to a Negotiated Agreement[22]：「不調時対策案」「最善（最適）代替案」）をいう。力強い代替案をもっている者は相手方に対して強い立場に立つことができ，力強い代替案を作り出す能力がある弁護士は相手方よりもきわめて有利な立場から交渉を進めることができる。

エ）「落としどころ」

交渉において実務家がよく用いる言葉であり，双方が納得する決着点をいう。合意可能領域の範囲内で，どこで最終的に決着するかという具体的ポイントを指すことになる。

「納得」は各人の主観的問題であるから，所与の「落としどころ」があるわけではない。しかし，とりわけ法的交渉の場合には，証拠の有無や内容・評価，そして事実関係が固まってくれば，それに法律を適用し，判例などを参照することによって，ある程度の落着予想点が見えてくることがある（「法の影のもとの交渉[23]」）。もちろん事件は生き物であるし，同じものでも見る者の位置や角度によって全く異なって見えることはよくあるから，必ずしも簡単ではないが，そのような落着予想点について交渉代理人である弁護士同士で共通認識がもてた場合には，当該交渉は妥結にむかって大きく動き出してゆくことになる。その意味で，この「落としどころ」には大きな意味がある。

オ）「バルコニーに登ってみる」ことの重要性

交渉が佳境に入り交渉者が感情的になったりすると交渉全体を見失うことがあり得る。この場合 *Getting to YES* の共著者であるユーリーが推奨する「バルコニーへ登れ（go to the balcony）」との考え方は一考に値する[24]。

カ）性別による考え方の違い

ステレオタイプ的に検討することは問題であるが，男性か女性[25]かによって

22）ここでいう1つ目の「A」が，"Alternative"（選択肢）を指すことは，選択肢の開発や絞り込みを強調する本書にとっては特に大きな意味がある。

23）前章注6参照。

交渉についての考え方が違うことはあり得る。たとえば，男性は（女性より）話し方が断定的で（相手の話を遮る），女性は（男性より）感情的シグナルや相手の反応に注意を払う傾向があると指摘するものもあれば，「女性のリスニング・共感（empathy）スキルは男性と異なっているはずだ」との考えを「神話（myth）」と断じ，男女間で交渉しても同性間の交渉と大きな違いはないと結論づけるもの，「昇給・昇進につき女性は（男性より）交渉することを選択しない」という実験結果や，女性は平均して男性よりも協力的だが，それは自分が非協力的だと思われたときの社会的反動（backlash）を心配してのことであると指摘するものもある[26]。シェルは，この種の性別による偏見が交渉の障害となりそうな場合に検討すべき点を 4 点挙げており参考になる。すなわち(a)「自分は女性だから交渉では弱い立場だ」「自分は男性だから他人の感情を読むのが苦手だ」のような固定観念（stereotype）を揺り動かす（move），(b)自分の給料の交渉をする場合でも，自分の「家族のため」に交渉すると考えるなど他人を代理しているかのように交渉する[27]，(c)相手方が性的な固定観念をもっていると感じたときは，それに対する具体的な行動を起こす前に一呼吸置く，(d)たとえば女性 M＆A 担当者であれば，交渉に入る前に「自分は昔，イスラエルの軍人でした」と説明してしまうといったかたちで，性別への偏見が表面化する前に，固定観念とは異なった自身の利害や活動について説明するといった点である。

3）交渉の準備の重要性と留意点

　一般に「交渉の成否を決するのは，交渉の準備（プランニング）にある」「交

---

24) Ury [2007] p. 38 は，日本の武士道の例をひき，「自分に対して刃を向ける相手」を「遠いところにある山のごとく見よ」と説き，これを「バルコニーから見下ろす」極意とする。刃を向けられると刃物に対する恐怖感や対抗心だけにとらわれがちであるが，そこからあえて一歩離れて，より広い視野で冷静にむきあうことを勧める趣旨であろう。
25) それは生物学的意味に限らず，当人が自認する性によっても異なり得る。
26) Shell [2018] p. 19.
27) Shell [2018] p. 18 は，他人を代理する場合は男女全く同様に交渉するとの研究があるという。

渉の優劣は，多くの場合，段取り次第で決ま
る」「交渉の要諦は準備にあり」などといわれ
る。その具体的な準備につき，さきにふれた弁
護士の深井は，(a)事実調査・証拠収集，(b)法
律・判例の調査，(c)訴訟等になった場合に発生

表2　交渉マトリックス

	利害	BATNA
自分		
交渉相手		

する問題の予測，(d)交渉が決裂した場合の対応の考慮，(e)依頼者の意向を踏ま
えた和解解決の見通しを挙げる[28]。

　また，松浦正浩は「交渉の準備にはいろいろな方法論がある」としたうえで，
ホワイトボードなどに表2のような「交渉マトリックス」を作成する方法を
「比較的単純な方法」として紹介している[29]。

　この点は，まさに様々な方法があり得るが，一定の準備が必要であることは
間違いがない。上記で深井が挙げる諸点は弁護士として検討する一般的なポイ
ントであると思われる。ただし，後述するとおり，日本人同士の交渉において
は特にラポールが重視される点を勘案するとき，あまりに詳細に交渉の準備を
した場合，どうしても「その準備のとおり交渉を進めたい」という気持ちが先
に立ってしまい，ラポールの醸成が後回しになり得るので注意が必要である。

4）交渉と隣接諸科学（経済学・心理学・社会学など）

　上記のとおり，ハーバード大学交渉学研究所での分析の視点は法律にとどま
らず，ビジネス・政治・心理学・経済学・人類学・芸術・教育など様々な分野
にわたっている。本書では，その中でも法科大学院において学生に習得させる
べきローヤリング技法との関係に注目し，下記の点に絞り込んで検討する。

ア）社会心理学から（Group Polarization：集団極性化）

　同じ意見をもっている人だけで議論すると，議論の内容が極端な結論に至っ
たり（リスキーシフト）より安全な意見に落ちついたり（コーシャスシフト）す
ることがある[30]。

28）深井［2009b］189頁以下。
29）松浦［2010］71〜72頁。
30）田村＝隅田［2014］210頁。

160頁以下で論じたように，交渉には，主として2当事者の交渉を念頭に置いた「紛争解決型交渉」「取引契約型交渉」のほかに，2類型にあてはまらない交渉として「団体における意思形成交渉」があるが，集団極性化は，特にそのような交渉を分析するにあたって有用な社会心理学，とりわけグループ・ダイナミクス（Group Dynamics：集団力学）研究の重要なテーマである。この原因としては，少数意見には反論や批判が含まれているため多数の者が不愉快になり，そのような議論を「無駄」だと考え早く結論を出したくなるという心理が指摘されている。

こうした弊害を防ぐため，「悪魔の代理人（Devil's Advocate）」[31]を導入するなど，少数意見を重んじるアプローチが重要であるとされる。

イ）ゲーム理論から（Tit-for-tat Strategy：しっぺ返し戦略）

当初は協調的な行動をとり，これに対し相手方が協調的な態度に出れば当方も協調で応じるが，相手方が裏切り行為あるいは競争的態度に出れば，当方も同様の態度で応じる戦略のことをいう。ゲーム理論で，「囚人のジレンマ」の状況下における長期的な最適戦略として論じられる。

日本で弁護士がこの戦略を正面から用いると，当該戦略を採ること自体に相手方から抵抗感を示され，相手方とのラポール醸成が困難になったり，すでに醸成されていたラポールが崩壊する危険性が高い[32]。その意味で，この戦略を選択することには慎重になるべきである。

ただし，他の様々な理論や戦略と違う効能がこのしっぺ返し戦略には存在する。筆者は，日本の弁護士実務で最初からこの種の「交渉技術」「交渉術」を振りかざすことは望ましくないと考えている。それは，上記のとおり相手方とのラポールの醸成を阻害するからであるが，逆に相手方がこのような「交渉技術[33]」を駆使してきた場合には，「こちらもそういう技法は知っています」「この種の「交渉技術」を使ってまで，本当にとことん戦いますか？」という点を考え直してもらうため，あえてしっぺ返し戦略をとることがある（防御法とし

31）「悪魔の代理人（代弁者）」は，会議であえて反対意見を述べる役割を担う者。カトリック教会で聖人を選ぶ際，その人物の欠点を指摘する列聖調査審問検事に因む。

32）加藤編［2004］68頁。引用箇所は柏木による。

てのみ用いるしっぺ返し戦略。こうした対応のために，交渉技法を学び理解する意味は十分にある）。その結果双方が「技術だけに頼った交渉には限界がある」と自覚し，再度ラポールの醸成に向かうのが目指すべき交渉であると筆者は考えている。

5）交渉の開始方法・場所など

　交渉をどのように始めるか，どこで交渉を行うかなども一種の交渉技法である。以下，大澤［2004］193 頁以下をベースに検討する。

ア）交渉の開始方法

　弁護士の大澤恒夫は，弁護士は「相手方への第一歩の対応として内容証明郵便による警告を行うことがよくある」が，「話し合いにより迅速で適正な解決がなされうる事案も多い」から，「弁護士はまず，「対話」の場の設定を円滑にできるように相手方への連絡を行うべきであろう」と述べる。これまでの弁護士実務は，右から左に内容証明郵便などの書面を送り付けるあり方も少なくなかった。この点，大澤は「依頼者自身からまず相手方に連絡を取ってもらい，弁護士を交えた話し合いの場を持つことについて提案をしてもらうという方法」を示唆するが，他にも，弁護士が（弁護士名義ではなく）本人名義で書面を起案し，それを送付してまずは相手方の反応を待ち，どうしても難しそうならば弁護士が直接相手方との折衝にあたる方法もある。具体的連絡方法について，大澤は「電話等の口頭で行うか，手紙・電子メール・FAX 等の文書で行うかなど種々の選択肢がある。対話の場の設定そのものに特別に困難はないと思われる事案では，電話など口頭で連絡を取り，当方が話し合いによる解決を希望する趣旨をよく説明して，相手方の理解を得るのが，もっとも迅速で円滑な場の設定につながる」という。弁護士はいきなり電話して相手方と話をすることについて消極的な場合も多い。しかし「対話」を本当に行おうと思えば，

33）ここでいう相手方が先に駆使する「交渉技術」には，しっぺ返し戦略自体は含まれない。本書の考え方では，先にしっぺ返し戦略を取ることは得策だとは考えないので，相手方が「しっぺ返し」をしてくるのは，しっぺ返し以外の交渉技法を相手方が先制的に繰り出してきた場合となるからである。

もっと積極的に弁護士から電話や面談での話し合いができるように進めることも前向きに検討しなければならないだろう（ただし，たとえば相手がいつも飲酒して電話をかけてくるような場合など，具体的な相手や状況によっては，直接面談が危険な場合もあるので注意が必要である）。

そして「相手方には，以下のような諸点を伝え，理解を得られるように努力すべき」とする（大澤は，その内容につき「事前に依頼者本人に伝えてその了解を得ておくべき」とする[34]）。すなわち，(a)両当事者間に存する問題についてできるだけ客観的な説明を，リフレーミング（33～35 頁参照）などの手法により，感情的対立を捨象し角を丸めた表現を用いて行ったうえで，(b)この問題について当方の考えを聴いてほしいこと，当方としても相手方の考えを聴くこと，(c)相互に質問し合い，語り合い，聴き合って，両当事者間の問題を双方が納得できる形で解決できるよう，一緒に誠実に考えるという基本的な姿勢でいること，(d)相手方としても，弁護士など適切と思う人に相談するなどして，話し合いに臨んでほしいこと，(e)具体的な対話の日時・場所などについては双方の都合により協議して決めさせてほしいこと，以上 4 点などを伝えるべきということである。

確かに，以上のように進むのが理想であるとは思われるが，(a)の客観的説明は最も難しい点でもある。同じものを全く違った角度から見ている両当事者間において，「客観的状況」を共通認識とすることは非常に難しい。最終的な解決の際に，そのような認識の共有ができることを目標とすることはあり得るが，交渉開始の時点で認識の共有まで至ることは難しいことも少なくない。

イ）交渉場所

上記のうちでも，実務上特に重要なのは(e)の交渉場所である[35]。大澤は「対

---

34) 守秘義務（弁護士法 23 条，弁護士職務基本規程 23 条，刑法 134 条）を慮ってのことと思われる。ただし，ここで具体的に同意を得なくても，交渉の進め方を説明してゆく中で当該内容を相手方に話すことについて黙示の承諾があったと評価される場合も多い。

35) ランブルゥ゠コルソン［2014］69 頁は，交渉場所の設定自体が「「予備交渉」の一部になることもあ」り，部屋の大きさ，ロジスティクス（インターネットへのアクセスから食事まで），書類（配布するのに十分な数），サンプル，図面，PC，プラグコード，黒板，OHP，プロジェクターなどの「共通」の設備の手当ても重要であるという。

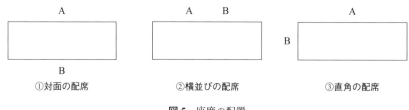

図 5　座席の配置

話を行う場所も重要な要素であり，相手方の希望も尊重して話し合いで決める
べきである」が，「プライバシーを保って双方の当事者が安心して話ができる
場所が望ましい」とし，「相手先に出かけていって，話し合いをするというこ
ともよくあることである」とする。これまでの弁護士は腰が重いことも多く[36]，
相手方のところへ行って交渉する技法はもっと採用されてよい。

ウ）座席の配置

一般に「座席の配置は，交渉における物理的な設定においておそらく最も重
要な要素であろう」といわれる[37]。

①対面の配席　　対面（face-to-face）の配席（図 5 ①）は「相手方から一定の
情報は取得したいが友好な関係を確立したいとまでは思わない場合に好まれる
方式」とされる[38]。

②横並びの配席　　これに対し，横並び（side-by-side）の配席（図 5 ②）は
「より協力的な関係を築き情報を共有したい」場合に用いられる[39]。

③直角の配席　　日本ではあまり用いられないが，直角（seat at right angles）
の配席（図 5 ③）は「より協力的な関係を築き情報を共有したい」場合に用い

36）たとえば，奥山［2019］10 頁「2 交渉場所は自分のテリトリーで」など。高中＝堀川＝
　　西田＝関［2018］61 頁で関は，「どこに会いに行くか，会いに行く時間はいつかは，い
　　ずれもケースバイケース」だが「一般論としては，密室となる場所はなるべく避ける。
　　自宅に来いという要望にはできれば応じない」などの注意点を挙げる。確かにセキュリ
　　ティなどには注意が必要だが，相手方のホームグラウンドに飛び込む勇気をもつことも
　　あってよい。

37）Teply［2016］p. 188.

38）Teply［2016］p. 189.

39）Teply［2016］p. 190. 法律相談においても，近時は弁護士と相談者が横並びで行う場合
　　も少なくないことについてⅡ部 1 章注 28 参照。

られる[40]。

　一般には，対面の配席で交渉を開始することが多いが，交渉の進展状況に応じて直角の配席が用いられることもあってよい。そのような配席は，双方の対決的な姿勢を和らげるから，相互に心理的に余裕をもって交渉を進められよう。大きな図面を広げての事実確認や PC のディスプレイを一緒に見て行う情報確認が必要な場合には，例外的であるが横並びの配席が用いられることもあろう。このように同じ方向を向いて協働作業を行うこと自体が，合意や互譲を促進する心理的効果をもたらすこともあり得る。

6）様々な交渉技法──日本の弁護士倫理を踏まえた整理

　これまで交渉技術として論じられてきたものの中には，洋の東西を問わず，外交交渉の技術，政治的交渉の技術，日常生活での交渉の技術など様々な技術の叡智の蓄積がある。しかし本書はローヤリングの基礎を論じるものであるから，交渉技術の中でも特に弁護士の交渉技法として用いることを前提に検討する。

　この点で特筆すべきは，弁護士には高度の職業倫理が求められることである。一般的な交渉技術としては有用でも，弁護士倫理上問題を含む技術もある[41]。そこで以下では，先達の研究成果[42]を踏まえて，これらを弁護士倫理の観点から検討する。なお，ここでは弁護士法を「法」，弁護士会及び日弁連を「日弁連等」，日弁連会則を「会則」，弁護士職務基本規程（平成 16 年会規第 70 号）を「規程」，弁護士及び弁護士法人を「弁護士等」と略称する。

---

40) Teply［2016］p. 190. 奥山［2019］59 頁は「心理学では正面に座った相手には無意識に敵対している感覚をもつといわれている」として，椅子をずらすなどの方法により，被害者や相手側の決定権者の正面には座らない方法を採るという。
41) ハーバード流交渉術では倫理的側面は排除し，技術論に徹することを前提とする。たとえば，Fisher et al.［2011］p. 157 は，「この本は，善悪の道徳を説く説教ではなく，いかに交渉を上手く運ぶかにつき論じた」「道徳的に良いことをすること自体を自己目的化することを勧めない」という。
42) 技法が幅広く整理された小林編［2012］56 頁以下を基本として，これに弁護士倫理的観点から検討を加えた。

ア）交渉と一般的な弁護士倫理

　法的交渉において問題となる各種の倫理を法律などの条文に沿って整理すると，以下のとおりとなる。

　①**誠実義務**　　弁護士は，基本的人権を擁護し，社会正義を実現するという使命（法1条1項）にもとづき，誠実にその職務を行うものとされる（同条2項）。

　②**品位保持義務**　　日弁連等の目的は弁護士等の「品位を保持」することにあるとされ（法31，45条），弁護士等に「職務の内外を問わずその品位を失うべき非行があったときは，懲戒を受ける」（法56条1項）。

　③**人権擁護・社会正義・人格・責任感・気品**　　会則は「弁護士は，人権の擁護者であり，社会正義を顕現するものであることを自覚しなければなら」ず（10条），「絶えず人格を錬磨し，強き責任感と高き気品を保たなければならない」（12条）と定める。

　④**真実尊重・信義誠実・公正**　　規程では「弁護士は，真実を尊重し，信義に従い，誠実かつ公正に職務を行う」（5条）ものとされ，同70条は「弁護士は他の弁護士，弁護士法人及び外国法事務弁護士」「との関係において，相互に名誉と信義を重んじる」，同71条は「弁護士は，信義に反して他の弁護士等を不利益に陥れてはならない」と規定する。

　⑤**守秘義務**　　法23条は「弁護士又は弁護士であった者は，その職務上知り得た秘密を保持する権利を有し，義務を負う」，規程23条は「弁護士は，正当な理由なく，依頼者について職務上知り得た秘密を他に漏らし，又は利用してはならない」と定め，これとは別に刑法134条は「弁護士，弁護人」「又はこれらの職にあった者が，正当な理由がないのに，その業務上取り扱ったことについて知り得た人の秘密を漏らしたときは，6月以下の懲役又は10万円以下の罰金に処す」と定める。

　以上について，弁護士が負う義務の観点から大きく整理すると，このような場合に弁護士が負う義務は，(i)誠実義務[43]（法1条2項，規程5条。相手方も弁

43）訴訟上の和解で交渉が行われる場合は，民事訴訟法2条も問題となる。

護士に委任している場合につき 70, 71 条), (ii)品位保持義務（法 31, 45, 56 条 1
項, 会則 12 条), (iii)真実義務（規程 5 条), (iv)守秘義務（法 23 条, 規程 23 条, 刑
法 134 条）の 4 つに整理できる。

　イ）特に交渉の相手方との関係で問題となる倫理

　上記の倫理が許す範囲だが, 特に交渉の相手方との間では「駆け引き」「誇
張」「はったり」などが問題となり, 一種の「嘘」が用いられることがあり得
る。そこでは, 上記の義務のうちでも特に(i)〜(iii)が問題となる。

　ただ, その評価は難しく, これまでも「現実の交渉ではどこまでが違法では
ない「駆け引き」や「はったり」なのかということについては, 程度問題とし
て判断が難しい[44]」「詐欺など明らかに違法なケースを除き, 「欺く技術」はあ
る程度までは, 交渉上のテクニックとして首肯しうるといえるかもしれな
い[45]」などともいわれてきた。

　この点アメリカの法曹倫理に関する議論を見ると, ABA モデル・ルール第
5 章「依頼者以外の者との関係」4.1 (a)は「依頼者を代理する弁護士は第三者
に対して, 重要な事実や法律について, 故意に虚偽の陳述をしてはならない」
と規定する。何が「重要な事実」なのかについて, 問題が残る文言である。他
方 ABA モデル・ルールの注釈書（The Comment）では, 4.1 (a)には「慣行によ
る例外」があり, 取引の対象物の価格や見積もり, 受け容れ可能な和解案に関
する当事者の意向については「重要な事実」の範囲外であるとされる[46]。

　ウ）特に依頼者との間で問題となる倫理

　弁護士は, 「依頼者の代理人として期待されている役割を果たす過程で, と
きに依頼者のために非道徳的行為をなすことがある」とされる[47]。ここでは,
「依頼者のため」というパターナリスティックな動機・目的をいかに評価する
かが問題である。特に日本ではこのようなパターナリズムが弁護士に対してあ

44）太田 = 野村編［2005］110 頁。
45）小林編［2012］263 頁。
46）小山［2019］850 頁は, この解説を「嘘くさいことは許されるともとれる, 微妙なとこ
　　ろ」と評したうえで, 小山自身の交渉姿勢について, 自分は「嘘をつかないと決めてい
　　る」から, 立ち位置が定まり, 「心は軽く自由になり, 交渉を楽しむことができる」
　　（851 頁）という。

る程度期待されていると感じられる場面もあり[48]，評価がより困難となる。

7）一般的に使われる交渉技法

　以上のような一般論を前提として，各交渉技法[49]について具体的に論じる。具体的には独占禁止法のガイドラインが(a)「原則として違法となる」もの（黒色），(b)「違反となるおそれがある」もの（灰色），(c)「原則として違反とならない」もの（白色）に場合分けをしている[50]ことにならい，弁護士倫理の観点から，(ア)弁護士倫理上，特に問題があるとは思われない交渉技法，(イ)場合によっては弁護士倫理上の問題がある交渉技法，(ウ)弁護士倫理上問題となることが明らかな交渉技法の 3 つに分けて論じる。

ア）弁護士倫理上，特に問題があるとは思われない交渉技法

　①最初のオファーと大きな要求　相手方が絶対に受けることができない大きな要求を出し，次に小さな要求を出すことで，小さな要求に相対的合理性があるようにみせる方法をいう。これは弁護士間の交渉でも相当程度用いられる。後から大きなオファーを出す方がむしろ問題であり（その最たるものが㉞追加要求・ニブリングである），逆に最初に大きな要求をきちんと示しておくことには倫理上も特に問題はない。ただし，全く法的根拠が認められない要求はローヤ

47）小林編［2012］263 頁は，実際は相手方から 150 万円のオファーを受けていても，「100万円のオファーを受けた」と顧客に（虚偽の）報告をして交渉の成立可能性を高める場合を挙げる。「その後，100 万円を上回るオファーの提示があったと報告すれば，顧客は提案に容易に合意する傾向がある」という。弁護士がこうした言動で交渉をまとめた場合，弁護士が（本当は 150 万円なのに）「100 万円のオファーがありました」と報告した点と，（その後改めて 150 万円のオファーがあったわけではないのに）「100 万円を上回るオファーがありました」と報告した点という 2 点で（2 回にわたり）依頼者に対して虚偽の報告をなし，義務(i)(iii)上問題ある行為を行っている。これを許容することは妥当ではないと考える。後日「相手方が前から 150 万円のオファーをしていた」事実を依頼者が何らかの方法で知ったとき，交渉者（弁護士）は窮地に陥るのではなかろうか。

48）たとえば，交渉に関する様々な情報があり感情も乱れる中で，弁護士が解決案やその叩き台を作って依頼者をある程度リードした方がよい場面があり，そのような役割が期待されている面がある。

49）本項をまとめるにあたっては，小林編［2012］56 頁以下を中心的に参照した。

50）たとえば，平成 7 年 10 月 30 日公正取引委員会「事業者団体の活動に関する独占禁止法上の指針」（最終改正平成 22 年 1 月 1 日）「2 本指針の構成等」参照。

リングとしては許されず，相応の根拠がある場合でもあまりに大きなオファー
をすると相手方とのラポールの醸成に失敗したり大きな反感を買ったりするこ
とがあり，実質的な交渉に入ることができずに訴訟その他の強硬手段へ移行す
ることを相手方が主張し始めて，話合いの糸口を逃してしまうこともある。こ
こは自己の BATNA をよく検討したうえで最初のオファーを検討するとよい。

　②聴き役になること　　「交渉者は相手方からの際限ない質問によって情報が
引き出されることを回避し主に相手方に対し聴き役に回り，多くを語らない戦
術をとることがある。良い聴き役になることで相手方から情報を引き出す一方
こちらは多くを語らないことで情報漏えいを防ぐことができる[51]」とされる。

　聴くこと自体は，むしろ交渉において非常に重要であり[52]，そのこと自体に
は弁護士倫理上の問題はない。この手法が例外的に問題となるとすれば，本当
に徹頭徹尾聴くだけで，自分側の情報を全く開示せず，交渉がそれを理由に行
き詰まる場合に，そのような交渉態度が本当に義務(i)にかなうかということが
問題となる余地はあるが，きわめて例外的な場面に限定されよう。

　③相手方の条件提示　　丁寧に相手方の意見を聴くふりをして，相手方に先
に条件提示させ，それに合わせて自らの条件を修正する方法をいう。聴く「ふ
り」をする点で嘘が混入する。先に相手方に条件提示させる点がポイントであ
る。本当はさらに譲歩する腹案をもっていても，不必要に譲歩せずにすむので，
当方に有利である。弁護士は，ときにこのような方法を用いる。聴く「ふり」
をする点で，義務(iii)との関係で問題がなくはないが，実際に相手方の話をよく
聴く中で相手方から条件を提示させても同じ目的は達せられる。その場合は特
に問題はない。ただ，相互に手の内をあかさず「自分の提示を後にしよう」と
すると譲り合いで交渉が堂々めぐりとなり，進展しない可能性や，実際に先に
条件を提示した方が不利になる可能性はあり得る。また，この方法はある意味
では，④係留効果と逆の方法ともいえる。あまりに交渉が進展しないなら，自
分から早期にアンカーを打って交渉をリードする方法もあり得る。

　④係留効果（Anchoring：アンカリング）　　最初に提示した金額が交渉の基準

51）小林編［2012］57 頁。
52）宮城［2013］99 頁以下参照。

になってしまうように交渉を進める方法。停泊している船が錨（anchor：アンカー）を下ろしてその周りで停泊しているように，当該提示金額が基準点となっているのでこの名がある。交渉技法を積極的に用いようとする弁護士はこのような策略を多く使っていると思われるが，（少なくとも日本では）まだ必ずしも一般的になっているとはいえないように思われる。心理学的には，この手法は一種の「認知バイアス」を利用した方法であり，大きな効果が期待できるが，他方，③とは相反する場合があり，そのタイミングや方法は慎重に検討する必要がある。なお，この戦術は義務(i)や(ii)に反するとも考えられず，弁護士倫理上特に問題となる点はない。

　⑤**段階的要請法（Foot-in-the-door）**　　最初に小さな依頼を承諾させ，段階的に大きな依頼をしていき，最終的に本当の目的である大きな依頼についての承諾を取り付けるという戦術のことをいう。人間の「心理的に一貫性を保持しようとする傾向」を利用した戦術だといわれている。

　たとえば，アメリカの社会心理学実験では，まず「安全運転のステッカーを車に貼って欲しい」と依頼し，承諾が得られると，さらに「庭に交通安全の大きな看板を置かせてくれ」と依頼した場合，初めから「大きな看板を置かせてくれ」と依頼した場合より高い確率で同意が得られたという[53]。

　ドアが閉まりそうなところに「足（foot）」という小さなものをそっと差し入れて閉めるのを止め，徐々に大きなものを入れていくという意味からか"Foot-in-the-door"とも呼ばれる。この方法自体には，特に倫理的な問題はないように思われる。ただし，相手方が徐々に当方の意図に気づいて警戒的になると交渉が進まなくなる場合があり得る。

　⑥**サラミ戦術（Salami Tactics, Salami-slice Strategy）**　　小さな要求を連続して受け容れさせ，次々に合意を重ねてゆき，自ら望む交渉結果を導く戦術。⑤と同一のものを別の名前で呼んでいるようにもみえるが，段階的要請法が合意成立自体に重きを置いているのに対し，この「サラミ戦術」は問題を「小分けにする」という合意成立前の準備や手法に重点がある点でニュアンスが異なる。

---

53)　太田 = 野村編 ［2005］6頁。

あたかもサラミを1枚ずつ切ってゆくように，少しずつ状況を変えれば抵抗を少なく抑えて合意に達することができるという含意かと思われる。どこかで相手方に猜疑心を抱かれると暗礁にのりあげる可能性があることは，⑤で述べたことと同様である。

　⑦ブルウェアリズム（Boulwarism）　ある決められた条件を受けるか否かを迫る戦術。ジェネラル・エレクトリック（GE）社のブルウェア副社長の名前に因む。自分側が受け容れることができる条件だけを列挙すれば，こちらにはリスクがないが，選択肢の押し付けになり破談するリスクがある。提案する内容自体に問題が含まれていない限り，この戦術を選択すること自体には弁護士倫理上の問題はない。

　⑧原則（Principle）　「原則に固執することで，説得力ある交渉を進めることができる。お互いの立場を支える原則を議論することは，交渉を有利に進めるための有効的な方法である」とされる[54]。確かに無原則に交渉するのではなく，「当方はこのような原則にもとづいてこの案を提案しているから，この点は譲れない」と明確にすることは，交渉を有利に進めるうえで有効な場合がある。これは「原則立脚型交渉」の最も中心的な技術でもあり，重要な点である。しかし，あまりに原則論を振りかざすと，その時点で拒絶感をもたれてしまい，ラポールの醸成に失敗し，交渉が先に進まない場合もあるので注意が必要である。

　なお，このような原則論をはっきりさせながら交渉すること自体には特に弁護士倫理上の問題はない。

　⑨他のオファー　他のオファーがあることを相手方に伝えて，相手方より有利に立つ戦術のことをいう。これは，BATNAと似た部分があり，関連している。他の選択肢を念頭に置く点では共通だが，BATNAは他の選択肢を必ずしも相手方に開示することを予定していないのに対し，この「他のオファー」は，相手方に直接示すことを前提としている点に大きな違いがある。一般にひとつの選択肢でも多面的評価が可能であり，たとえば法的には当方に有利でも，

54）小林編［2012］61頁。

経済的には当方に損害がある提案やその逆もあり得る。経済的に良い提案でも爾後の人間関係に大きな亀裂を入れる提案の場合もある。そのような意味で「他のオファー」も様々な評価がなされ得ることから，相手方としてはそのような「他のオファー」よりは，現在検討している提案の方が相対的によい（または「ましだ」）と考えて，現在の案の内容で合意が成立する場合があり得る。そのように現在の提案のよさを相手方に納得してもらうためには，このような別案を示すことが効果的であり，そのこと自体には，弁護士倫理上特に問題はない。また，このような「オファー」を開発する姿勢は，本書が強調している「選択肢の開発」の視点からも重要である。

　⑩差異の分割（Splitting the Difference：足して 2 で割る）　　交渉の最後で，差異を両者で分割して受け容れる方法のことをいう。この方法は一種の「痛み分け」であり，よくない方法ともいえるが，交渉を尽くし最終局面に至れば，この方法をとるほかない場合もある。虚偽を弄する点もないし，特に弁護士倫理上の問題はない交渉手法である。ただ，技法としてはあまり優れたものとはいえず（最初に大きな主張をしたものが有利になる），他に採る方法がなくなった最終場面で初めて検討すべき性質のものである。そして，このように考えると，交渉技法としては，最後にこの技法を取らざるをえないことがあり得ることも念頭において，最初の提案（ファーストプロポーザル）を相手方に示す際に十分に内容を吟味することが重要であることがわかる。

　⑪時間切れ　　「交渉において時間は重要な要素である。期限までに合意に至らなければならない必要性によって，妥協を引き出すことができる。交渉者は実際には急いでいない場合でも時間がないふりをして，相手方の合意形成を早めることもできる」といわれる[55]。このような観点からは「時間切れを狙う」こと自体がひとつの交渉技法・交渉技能ということになる。このような技法は，日本の弁護士実務でも時折用いられる。たとえば，本当はいつ合意してもよいようなケースでも「今度の決算期までに合意を成立させたい」「次の社内〇〇会議までに合意したい」などと期限を切ってしまうという方法である。

55）小林編［2012］61 頁。

「消費税があがる〇月までに合意しましょう」と目標を示したり，12月に交渉
している場合なら（特に個人の感情が原因となっているようなケースでは）「今年
のうちにまとめてしまいましょう（すっきりとした気持ちで新年を迎えましょ
う）」と言って各人の精神的な安定を図ったり，相続争いの場合なら「故人の
命日までに合意しましょう」と提案したり，「相続税の申告期限までにまとめ
ましょう」と区切りをつけたりすることもある。このように合意を急ぎたい理
由には，「もめごとは早く解決した方が双方にメリットがある」という単純な
一般論もあるが，いろいろ悩んでいるうちに種々の利害関係者により「あなた
はもっともらえるはずだ」「そんなことで譲歩してはいけない」「私はもっとた
くさんもらった」などの介入が行われ，本人が悩んでしまい，結局合意できず
本人にとっても不幸な結果になることがあるので，これを防ぐためある程度ス
ピード感をもって話を進めてゆくことが大切だという点もある。その意味で，
弁護士はこのような「時間切れ」の到来が近いことを相手方に告知して，上手
に交渉を進めることがある。時間がない「ふり」をすると(iii)の問題があるが，
そうでないならば，この方法自体には特に大きな弁護士倫理上の問題はない。

　⑫交渉期限　　「両当事者が競争的に交渉しながらも期限内に取引を取りま
とめたい意向が強い場合，交渉期限が近づくに従って譲歩を引き出すことが容
易になる」とされる[56]。⑪とほぼ同じ技法である。

　⑬交渉文書草案作成（Draftsman）　　最終合意のための文書[57]草案をこちらで
起案してしまう方法のことをいう。これは，交渉を有利に進めるきわめて有益
な技法である。その理由は「交渉の論点が明確になり，こちらが起案した文章
に従って交渉が進められる」点にあるといわれる[58]が，これを敷衍すれば以下
のような点が指摘できる。まず，問題点[59]に早期に気づくことができる（相手
方起案の文案から問題点を発見することも可能だが，自分で一から文書を作成する
方が，手間がかかる分早く問題点に気づくことができ[60]，自分の頭の中も整理され

56）小林編［2012］61頁。
57）このような「交渉文書」の表題は「合意書」「確認書」「示談書」など種々あるが，法的
　　交渉が一定の紛争を前提としていることを考えれば，その法的実質は和解契約（民法
　　695条）の成立を証する契約書であることが多い。
58）小林編［2012］62頁。

る）。さらに相手方の草案にクレームをつけて修正させるには相当の心理的パ
ワーを要する。それよりも第 1 案に有利な条項を自然に挿入しておく方が心理
的に容易で，交渉を優位に進められる（一種の④アンカリングともいえる）。

　最終的合意の成立直前に「誰かが和解契約書案・条項案を作らなければなら
ない」という点を（特に弁護士同士の交渉では）双方がともに意識する瞬間があ
る。条項案作成は起案者にとって負担が重い作業であるので，相手方が「自分
が作ります」と言い出してくれるのを双方ともに待つ瞬間がある場合もある。
一瞬の「間」が生じてしまうのである。交渉を有利に進めるには，ここで勇気
を振り絞り「私が起案します」と申し出るのがよい。ただし，仮にここで検討
点に見落としがあった場合，その後間違いに気づく可能性はかなり低いので，
ファーストドラフトは念入りに作成する必要がある点には注意が必要である。
相手方に第 1 案を作られてしまうと当方にとってよい案が来るかどうかは分か
らないし，相手方代理人弁護士は相手方の利益を最大限にするのが職務である
以上，むしろそうでない可能性の方が高い。弁護士倫理的にも，その提案内容
自体に倫理的問題がない限り，当該技法自体には何の問題もない。そのように
考えると，自分でファーストプロポーザルを作るという方法は，交渉において
普遍的で，有益な交渉技法である。

イ）場合によっては弁護士倫理上の問題がある交渉技法

　⑭前提条件要求　　交渉開始前に一定の条件・要望が満たされていないこと
を理由に交渉を拒否する方法をいう。相手方の出鼻をくじき，強烈なスタート
を強いて相手方より優位に立てる。たとえば，現在アマゾンジャパン合同会社
においては，同社サイトに出品された商品につき特許権その他の知的財産権侵
害のクレームを申し立てる場合，同社 HP の専用ページ[61]に詳細を書き込ま

59）たとえば，(1)何と何を同時履行（民法 533 条）にするか，(2)振込先（弁護士の預かり金
　　口座か依頼者本人の口座でよいか），(3)どの時点で登記（所有権移転・役員変更）を経
　　由するか，(4)利害関係人の個人（会社同士の交渉でも，合意では代表者個人が参加する
　　必要がある場合もある）や法人（関連会社などの別），(5)清算条項の内容（「本件に関
　　し」の文言の有無）などの検討の必要性に気づくことがある。
60）激しい交渉を最後にまとめる時，改めて問題の所在を見つけるのは相当難しい作業であ
　　る。

いと当該クレーム自体を受け付けない取扱いとしている（弁護士が内容証明郵便などで請求書やクレームを送付しても改めて当該 HP に書き込むことを求められる）。これはこうしたフォームが要求する事項を一種の前提条件とする前提条件要求の一例と評価できよう。こうした方法は，日本の弁護士実務では必ずしも多く用いられているとはいえない。弁護士倫理との関係では，義務(i)や(ii)などが問題となり得る。

　⑮嘘の要求・譲歩　　嘘の要求や譲歩により，実際に関心がないことを重要だと思わせて交渉を有利に進める方法をいう。日本の弁護士実務上，特に「嘘の譲歩」は相当数行われている[62]。実際には，このような形で進めないと交渉が妥結しない場合も少なくなく，何とか合意を成立させるためあえてこのような方法が採られる場合もある。

　　【例1】弁護士 X が先方に対し「当方の合意条件は甲・乙・丙の3つを呑んでもらうことです」と提示するが，本当は3つの条件のうち乙については全く不要であり，弁護士 X はあえてそれを最初から仕込んでおく。

　これが「嘘の要求」の一例である。そして先方が「乙だけは呑めない。その代わり甲と丙は受諾する」と回答した場合，弁護士 X は心中では「目的を100％達成し，満足できる回答だ」と思いながら「乙は呑めませんか。仕方がない。そこは譲りましょう」と譲歩した形にする。これが「嘘の譲歩」である。一貫しているのは，当方依頼者は，乙という条件には実際には全く関心がないのに，弁護士 X はあえてそれを言わず，いかにも当該条件に関心があり，最後に譲歩までして諦めたような説明をする点であり，この一連の弁護士の行動に「嘘」があるのである[63]。

　他には以下の例が考えられる。

　　【例2】依頼者との事前打合せで弁護士 L は，依頼者自身は1000万円もら

────────────

61)「知的財産権の侵害を申告」（https://www.amazon.co.jp/report/infringement　2022年1月1日最終閲覧）。

62) これはアメリカでもよく用いられる嘘のようである。Shell［2018］p. 191.

えば十分と思っていることを知っているが，いきなり「1000万円でいい
です」と言ってしまうと相手方からさらに金額を下げられる危険があるの
で，最初は相手方に「1500万円もらえないと依頼者は納得しません」と
切り出し，先方から「でも何とかもう少し低い金額で説得してくれません
か」と言われてから初めて，「分かりました，何とか譲歩してもらうよう
に話をします」と相手方に話し，本当はすでに1000万円で依頼者本人は
納得しているのに，「何とか話をして1000万円まで減額してもらいまし
た」と説明して合意を成立させた。

　最初の1500万円が「嘘の要求」であり，いかにも500万円譲歩したような
説明をするのが「嘘の譲歩」である。これは，500万円の上積み部分が例1の
乙という条件と同じ意味をもっており，その部分をあえて足し上げて要求する
ことが「嘘の要求」であり，その部分をあたかも後から譲歩したかのように説
明するのが「嘘の譲歩」である。
　このような「嘘の要求」「嘘の譲歩」には，義務(i)(iii)上の問題や，方法に
よっては義務(ii)との関係で問題があり得る。
　⑯譲歩的要請法（**Door-in-the-face**）　⑤段階的要請法（Foot-in-the-door）とは
反対に，まず大きい要求を拒否させて，次に小さい依頼に移って，目的を達成
する戦術である。「門前払いを食わせる」の意である"shut the door in the
face"から，営業マンの目の前（顔前）で勢いよくドアを閉める様子を大きい
要求への拒否と重ねたものと思われる。人が義理を感じると譲歩してお返しを

63）もっとも実際の弁護士実務では，「全く関心がない乙」とまでは言えないが，「当事者が
　　一応言ってはいるが「他の条件に比して要求程度が弱く，そこにこだわり交渉が決裂す
　　るならば当該条件は諦める」という留保つきの条件」である場合もある。法的交渉では，
　　当事者本人が混乱していたり種々の思いが交錯していたりすることもある。そのような
　　話を事前打合せで弁護士が聞く中で，「本人はいろいろ言っているが，本当は乙の条件
　　は諦めることに納得するかもしれない」と思った場合，最初から当該条件をなしにして
　　説得したうえで先方に提案するか，「甲乙丙」と3つを並べて提案するか（しかも「条
　　件乙は本当は引っ込められるかもしれない」ことは相手に言わない）というのは，事案
　　の内容や当事者の意向などケースに応じてどちらもあり得る。当事者にとって，そのよ
　　うな「諦めてもかまわない条件」と「全く関心がない条件」との差異は相対的なもので
　　あり，時には微妙なものであり得る。

しようとする傾向を利用したものと言われる。

　【例 3】ある相手に対して翌月に 1 回きりのボランティア活動を依頼した
いと考えた場合，2 年間週 2 時間のボランティア活動を依頼して拒絶させ
たのちに，翌月に行う 1 回きりのボランティア活動を依頼した方が，はじ
めから翌月のボランティア活動を依頼するよりも同意が得やすいとのアメ
リカの社会心理学実験があるといわれる[64]。

　この方法は，やり方によっては，⑮と同様の弁護士倫理上の問題があり得る。
　⑰非難と失敗探し　　本題と関係ないところで相手方の失敗を探して非難を
続け，相手方より有利な立場に立つ戦術のことをいう。たとえば，相手方が約
束の時間に少し遅れたとき，必要以上に相手方を非難し，なかなか本題に入ら
ない方法がある。弁護士倫理上は，義務(i)などが問題となり得る場合があるが，
相当の範囲内であれば誠実義務に当然に反するとまではいえないように思われ
る。
　⑱よい刑事・悪い刑事（Good-cop, Bad-cop）　　故意に相反する態度をとる弁
護士 2 人がペアとなって協力し，1 人が攻撃的に，もう 1 人が親切に対応する
ことで，相手方の交渉に対する抵抗を和らげて妥協を引き出す戦術をいう。海
外では「マットとジェフ（Mutt and Jeff）」「共同質問（Joint Questioning）」「友人
と敵（Friend and Foe）」とも呼ばれ，尋問に使用される心理学的な戦術であると
いわれる。これは，実際の日本の弁護士実務においても，ある程度使われ得る
方法である。応用版としては，依頼者本人が攻撃的になるので，ある程度その
まま攻撃的に言いたいことをいってもらい，弁護士はなだめ役に回る方法も用
いられる。また弁護士が 2 人いない場合は，最初はわざと攻撃的に bad-cop の
役を演じ，徐々に親切な対応をして 1 人 2 役を担うということもある。"cop"
が名称となっているのは警察官の取調べで用いられることに因むものであろう。
　2 人は「警官」「弁護士」といった同じ立場の者であるが，一方の者に攻撃
的に対処された後に，他の者に親切かつ友好的に対応されると，その人に対し

64）太田＝野村編［2005］6〜7 頁。

て宥和的な態度をとりやすいことを利用した交渉技法である。弁護士倫理上の問題は基本的にはないように思われる。特に1人で2役演じる場合，最初のうちはわざと攻撃的に対応するのであるが，それ自体が特に義務(i)などに反するとまではいえないであろう。

⑲**突然のモード変更**　それまでの穏やかな雰囲気から一転して，怒りをあらわにし，罵声をあげ，攻撃的・敵対的な雰囲気に変える戦術であり，それによって交渉を進めることができるものとされる。⑱とは逆の順番に，異なるキャラクターを1人で演じ分けるような形になる。

一般にこの戦術に対する相手方の対抗策は「同様の反応を示すか，しっぺ返し戦略〔174～175頁参照〕が有効な手段である[65]」とされるが，ここから分かるように相手方からも厳しい反応が予想される。いったん敵対的な雰囲気に変えた後に，再度穏やかな雰囲気に至らないとその後の合意に向けたラポールは醸成しがたいこともあり，この手法を取る弁護士はあまり多くないように思われる。弁護士倫理上の問題点は，⑱と同様である。

⑳**権限なき交渉（Lack of Authority, Negotiator without Authority）**　最初にあたかも自分が交渉についての最終決定権者であるかのように振る舞い，相手の手の内を明らかにさせて，交渉の最後になって自分に権限がないことを伝え，別の権限者に交渉させることによって相手側のさらなる譲歩を引き出す戦術のことをいう。

【例4】ビジネス交渉で担当者が長く交渉してきた結果，「300万円で手を打ちましょう」という話になりかけたところで，突然「この合意をするには部長の決裁がいるので持ち帰らせてもらいます」と切り出し，後日「部長に話をしたらもう50万円高くないと決裁はできないと言われたので，50万円の上乗せをお願いしたいのですが……（先回の300万円というのは，自分には合意の完全な権限がなかったのです）」と再依頼した。

当初から意図せず交渉したところ，結果的にこのようになってしまうのは仕

方がない面もあるが，最終的にこの方法で 50 万円を上乗せする作戦のもと，最後に決裁の話をもちだしたならば，倫理的に問題がある。最初の 300 万円の話も，ある程度は上司と事前打合せのうえ交渉に臨んでいると相手方に期待を持たせる言動がある場合はなおさらであろう。とりわけ，このような方法を弁護士が採ることには問題がある。弁護士が代理人となる場合，「権限」を持っているのは依頼者本人である。弁護士がこの方法を用いるとすれば，双方が種々交渉してほぼ妥結した段階になって，依頼者の意思を確認したのち突然に「その案では無理だった」と言い出したケースなどが考えられる。もちろん弁護士は依頼者の意思を尊重し（規程 22 条 1 項），最終的には依頼者本人意思を確認しそれに沿って業務をしなければならないから，依頼者意思に反する合意はできないが，基本的には弁護士が一定の事件の解決について委任を受けた（これが民法 99 条 1 項の「権限」である）以上，代理権の範囲に制限はないのが原則であり（民法 110 条参照），制限があるのであればその点を相手方に示す必要がある（同条参照）。

　実務上そのような場合によく行われているのは「代理人案ですが（本人は了解していません）」「まだ依頼者本人の了解はとっていないのですが」などと前置きして，自分の側の提案を示したり事実上の合意にむけての意思表示をしたりする交渉技法である。これは，まだ依頼者の正式な了解を得ていないことを事前に示しながら「代理人としてはこの内容でまとめたいと思っている」と相手方に示して相手方の意向を探る方法であり，「権限なき交渉」とは似て非なる方法である。依頼者の正式な承諾を得ていない点を明示すれば，相手方は「代理人弁護士としてはこの提案に前向きであるが，依頼者本人の意思によっては難しいという場合もあり得る」という状況を十分に理解して対応を検討することができ，信頼が裏切られることもない。

　そのような十分な配慮をせずにこの方法を用いるときは，弁護士倫理上，義務(i)〜(iii)の問題があり得る。他方，代理人案であることを明確に示した交渉は，当方が依頼者の確認をしていないことを留保しつつ相手方に案を示すので，撤回も可能である状況を確保しながら相手方の意向を打診することができるため，和解の必要条件に必須の互譲（民法 695 条）を形成する弁護士の技法としてき

わめて有力な技法である。依頼者の承諾を得ていないことを相手方にも正式に示している以上，この場合は弁護士倫理上も問題がないのが原則である。しかし，「本当は依頼者もこの内容で承諾しているのに代理人案として示して相手方の意向を探ってみる」方法が採られる場合があり，この場合は「依頼者の承諾が得られていない」という説明に「嘘」が混入しており，義務(i)や(iii)，また方法によっては義務(ii)の問題があり得る。

　ただ，微妙なのは，実務では「依頼者の承諾が得られた」といっても本人は弁護士の説得に応じて渋々承諾していたり，不満が残っていたりする場合である。弁護士の前では「分かりました」と答えたが，家に帰ってみたら「そんなことを譲歩して承諾したのか」と家族から責められて依頼者の承諾が撤回されることもあり得る。事後的にそのような撤回がなされた場合には，相手方との交渉はさらなる混乱に陥ってしまう。そのような事態を避けるために，依頼者は承諾しているが念のため「代理人案ですが」として相手方には案を示すのが妥当な場合もあり，実際の線引きは難しい。ここは和解成立において最も難しい点である互譲に関する，依頼者の最後の微妙な心理と関わる。弁護士には弁護士倫理も含めた慎重な判断が求められる。

　㉑地位・権威・学歴　　地位・権威・学歴の差異が明確である場合，交渉においてその参加者が無意識のうちにその差異を認知することで，その展開が変化することがあるとされる[66]。確かに，たとえば弁護士の場合，法曹経験（司法修習期の上下）などが交渉に影響する可能性はあり得る。しかし，これを実際にどのように交渉技法として活かすのだろうか。たとえば，相手方が地位・権威・学歴で優位であっても，それは無意識に影響されているだけだから，冷静に対処せよという趣旨であろうか。しかし，相手方が優位にあると強く思っている場合には，その点に摩擦が生じる恐れがあり，交渉が上手く進まない可能性もある。

　では逆に，自分が「優位」にある場合に，それをかさに着て交渉を進めよという趣旨であろうか。これは，言い方ややり方によっては，義務(ii)に関して弁

---

66) 小林編［2012］61頁。

護士倫理上の問題があり得るように思われる。

　㉒撤回不能なコミットメント　交渉者が「すでにこれ以上譲歩できない状況に達した」と相手方を説得する戦術のことをいう。実際に譲歩できない点に達していてこれを伝えるだけならば，特に戦術というまでもなく「事実の伝達」であろう。しかし，一般に「有利に交渉を進めるため」「本当は交渉の打ち切り点に達していない」のに交渉者が「撤回不能なコミットメントであると申し出ることもできる」ともされる[67]。この場合，「嘘」の要素が混入してくるため，義務(i)(iii)との関係で弁護士倫理上問題があり得る。方法によっては義務(ii)も問題となり得る。「自らが設定した撤回不能は，コミットメントを守らなかった場合には交渉者の威信や評判を大きく傷つけ」る。「撤回不能なコミットメントとは，自発的かつ不可逆的に行動の自由を捨て去ること」であり，「自らを拘束する力によって，相手方をも拘束する力を持[68]」つといわれるのは，こうした趣旨から理解できる。

　㉓意図を隠す　「交渉者は交渉における自らのゴール（意図）をわからせないように交渉を進めなければならない」とされる[69]。これ自体は，当然に行われていることであり，逆に意図（自分の依頼者の譲歩の限界点など）を明白にしてしまうと交渉は非常に難しくなる。しかし，こうした技法の中には「本当は他の選択肢があるように見せかけて相手側の交渉力を弱めること」も含まれ，これは「実際の交渉でもよく行われている戦術」だともいわれる[70]。ここには，存在しない他の選択肢があるように「見せかける」点で嘘の要素が混入していることになるから，義務(i)(iii)の関係で弁護士倫理上の問題があり得る。また方法によっては義務(ii)の問題もあり得る。

　㉔はったり（**Bluff**）　「弱点がないことを相手側に誤認させる戦術」「嘘の脅しや約束を使って確信的な発言を行うこと」である[71]。いわゆる「ブラフ」であるが，ここにも「嘘の脅しや約束」が入ってくる点で義務(i)や(iii)の問題があ

67）小林編［2012］62 頁。
68）小林編［2012］62 頁。
69）小林編［2012］62 頁。
70）小林編［2012］63 頁。
71）小林編［2012］63 頁。

り，方法によっては義務(ii)の問題も生じかねない。そもそも「はったり」とは「わずかなことを大げさに言ったり，ありもしない物事をあるように見せたりして他人を圧倒しようとすること。また，そういう言動」をいうものとされ[72]，Bluff とは "to pretend that you are going to do something, when this is not true" とされている[73]から「ありもしない物事をあるように見せる（pretend）」点で嘘の要素が含まれることになる。

　本当は訴訟をする気が全くないのに「ならば，訴訟を提起します」という言い方をするのは一種の「はったり」であるが，「ならば，訴訟になってしまうかもしれませんね」というのは（微妙であるが）可能性を示唆したのにとどまる。実際に，人間の気持ちは様々な状況によって変わり得るから，この交渉結果を依頼者に伝えたところやはり訴訟をする気に変わるということはあり得る。上記の 2 つの表現は，相手方に対しては似たような効果をもたらす弁護士の言辞であるが，弁護士倫理の観点からは後者の方が望ましい表現である。

　このような「本当は存在しないもの」をあるかのように見せかけて行う交渉には，弁護士倫理上の問題があり得る。それは，交互尋問において誤導尋問が許されない（刑事訴訟規則 199 条の 3 第 3 項，5 項，民事訴訟規則 115 条 2 項 2 号参照）のと同様である。その趣旨は，誤導尋問が「尋問者に敵意を抱く証人を錯誤におとしいれ，その意思に反して，経験しない事実を供述させる結果に導くおそれ[74]がある」点にあるとされるが，これは交渉においてもあてはまる。

　㉕予想　　その主張が単なる予想であるにもかかわらず，実際に発生しているかのように表現する方法。たとえば㉔の例で，「訴訟が起こることになりますね」と言う場合，「相手方は「確実に訴訟になる」と受けとめるだろう」と知りながら故意にそのような表現を用いると，これ自体が交渉技法のひとつになる。「あくまでも交渉者の一方的な見方を示しているので，それは嘘でも真実でもないということを逆手にとった戦術ということができ」るとされ[75]，実

72）松村編［2019］。
73）Pearson Education［2008］.
74）岸 = 横川［1983］116 頁。なお，同書は続けて誤導尋問は「このため，英米では最も不当な尋問とされ」るという。
75）小林編［2012］63 頁。

際に交渉者が本当にそのように考えているのであれば特に嘘はないことになる。しかし，本当はそうでもないのにそう述べているとすれば「嘘」の要素が混入してくるので，弁護士倫理の観点からは，義務(i)や(iii)のうえで問題が生じ得る。方法によっては義務(ii)の問題もあり得る。

㉖情報を隠す　「嘘をつくことと情報を提供しないことは同義ではない」との理解のもと(a)相手方から要求された情報を提供しなかったり，もしくは(b)相手側が誤認するように，情報の一部だけを回答することをいう[76]。

> 【例5】本来は客先要求の期限内に納入できる十分な生産能力があるにもかかわらず，自社の生産状況を明らかにしないことで，客先に高い価格を支払ってでも納期内に必要数量を確保したいと思わせる。

弁護士が関わる法的交渉においては，(a)の情報の不提供は義務(iv)などとの関係もあり特に問題があることは少ないが，(b)で相手方が誤認するように一部だけ回答することには，その方法・程度・交渉経過によっては弁護士倫理上，義務(i)〜(iii)との関連で問題が生じ得る。

㉗意図をそらす　相手方の質問に直接答えずに，それを無視して話を変える技法。たとえば，質問に対して相手方に質問し返すというような方法が考えられる。「無意識のうちに質問には答えなければならないと考える人間の心理を利用して，議論の主導権を握っていく戦術」とされる[77]。相手方に誠実に答えているのかという点では義務(i)などの観点から弁護士倫理上の問題はあり得るが，相手方が非常に感情的になっている場合に相手方の質問に逐一回答することがさらに相手方を刺激したり感情を高ぶらせることもあり，必要によっては話題を変えることが合理的である場合もあり得る。

㉘部分回答　相手方の質問に対して部分的に回答することをいう。「相手方に知られたくない事項に対して質問を受けた場合，回答を拒否してしまうと重要な論点であることを相手方に悟られてしまう」から，これを避けるため部分的に回答することで「相手方が質問に回答されていないと感じることなく，

76）小林編［2012］63頁。
77）小林編［2012］64頁。

情報漏洩をコントロールすることができ」るとされる[78]。特に嘘をついたわけではないが，相手方の質問に誠実に答えていない点で，方法によっては義務(i)上の問題があり得る。

　㉙**如才なく回答拒否をすること**　　交渉者が「私には情報を提供する権限がない」「現段階では回答する準備ができていない」などという理由で相手方の質問に対して回答拒否することがある。これにより「議論をコントロール」でき，「相手方は，それを聞いても本当に回答したくないのか，回答する権限がないのか，準備ができていないのか迷ってしまう」ことになるといわれる[79]。本当に交渉者に情報提供権限がない場合や，回答準備が整っていない場合には特に問題はないが，本当は権限や準備が整っているのに嘘を言って回答を拒否する場合には，義務(i)(iii)に反しないかという弁護士倫理上の問題がある。

　㉚**約束**　　「交渉者は適宜回答するように約束するのだが，実際はきちんと対応しないことがある。そのかわり自分の関心がある事にのみ回答して，質問者の論点への関心をそらすことができる」とされる[80]。たとえば，「いつになったら回答してくれるんですか」と尋ねると簡単に「ああ，すぐ答えます」と返事をするのに，いつまで経っても回答はしない，もしくは一応回答はするが肝心な点に全くふれない（たとえば，肝心な点以外の部分についてばかり書かれた回答書を送ってくる）というような方法である。

　このように「きちんと対応しない」ことを最初から意図してこの技法を取る場合には，義務(i)に反するのではないかという弁護士倫理上の問題がある。方法によっては，義務(ii)の問題ともなりかねない。

　ウ）弁護士倫理上問題となることが明らかな交渉技法

　㉛**故意の誤報**　　(a)相手方を騙すため間違ったことを説明する場合，もしくは(b)真実ではあるが相手方に誤認を招くような表現を使うことをいう。交渉者が「過去，私は最終条件を提示した後に再び交渉の席についたことはない」と発言した場合，相手方にはこれが最後の交渉だという暗示にはなるが，それは

78）小林編［2012］64 頁。
79）小林編［2012］64 頁。
80）小林編［2012］65 頁。

必ずしも今回もここで交渉が打ち切られることと同義ではなく，これが最後の条件提示であると相手方が誤認することを期待する戦術とされる[81]。

　(a)はもちろん，(b)も，その方法・程度・交渉経過によっては弁護士倫理上，義務(i)(iii)の問題，方法によっては義務(ii)の問題が生じ得るので，実際にこの方法を利用するには慎重な検討が必要である。

　㉜譲歩案を間違って伝えること　　たとえば，あえて間違って厳しい譲歩案を伝え，相手のボトムラインを探る戦術が考えられる。

> 【例6】依頼者からすでに「相手方から1000万円回収できれば交渉は妥結してよい」という内諾をもらっている弁護士が，相手方にはあえて「1200万円もらえない限り合意はできません」と高く伝え，相手方がそれで応諾すれば相手のボトムラインは比較的高かったことが判明する。

　この方法は，間違って伝えることについて依頼者から事前に了解を得ていなければ，依頼者との関係での義務(i)が問題となるし，仮に依頼者が了解していても相手方との関係での義務(i)も問題となり得るほか，方法次第では義務(ii)にも反しかねない。義務(iii)との関係でも問題含みであり，弁護士倫理上，かなり大きな問題がある方法である。実際にも，間違って伝えることが「あまりにも強気の提示」として交渉決裂を招くリスクもあり得るから，本当に依頼者のためになるか否かについても難しい点がある。

　㉝前言撤回　　前言を撤回して相手方に譲歩を迫る方法。たとえば，当事者が複数の問題を同時並行的に議論する場合に，ある問題は解決されたが，新たに別の問題が発生したとき，有利な結論を導くため，交渉者が「すでに合意した事項にも対応しない」として，実質的に前言を撤回してしまう方法があり得る。弁護士がこのような方法を採ると，交渉は相当に混乱する。確かに，前提条件が違ってくれば前言を撤回したいときはある。しかし，それは，前の合意の時点でそのような問題が生じることを十分予測できなかった点で撤回する側に落ち度がある。その点を棚上げにして，簡単に前言撤回を認めてしまえば，

81）小林編［2012］63頁。

相手方からも同様の理由で前言撤回されても非難しがたくなり，交渉は漂流しかねない。

このような状況に陥るとすれば，その根本はこの方法が義務(i)に反するからであろう。このような禁反言を許す交渉は，相手方とのラポール自体を崩壊させ得る。方法によっては，義務(ii)の問題にもなりかねない。この方法を用いること，とりわけ意図して用いることには弁護士倫理上の問題がある。

㉞追加要求・ニブリング（Nibbling，the Nibble）　合意が全て成立した後に，新たな要求を突きつけて有利な立場に立つ方法をいう。

【例7】裁判所での和解協議が大詰めとなり，金額面も含めて条件・内容が固まった。事前に和解条項案も相互に確認し，次回和解期日で支払う側が当日現金（たとえば500万円）を持参して席上で支払うという内容で和解が成立することが決まっていた。ところが，弁護士Lは和解期日の前日になって「申し訳ないですがもう50万円だけ金額を増やしてもらえませんか。そうしないと私の弁護士報酬がもらえないので」と相手方弁護士に電話した。

この50万円の上乗せ請求が追加要求の例である。ここで，この50万円の案を拒絶したら，一からやり直しになってしまう。そこで，相手方は仕方なく50万円の追加要求を受け容れることがある。この場合，追加要求をした者は有利な立場に立てる。しかし，このような方法は，相当に信義に反するものとして相手方や裁判所から大きな批判を浴びる可能性がある（義務(i)に反するおそれがある。なお，上記事例は裁判上の事例でもあるので，民事訴訟法2条「当事者は，信義に従い誠実に民事訴訟を追行しなければならない」との関係でも問題である)。また，双方がこのような追加要求を繰り返していたら交渉はまとまらない。弁護士がそのような方法を用いた場合，その弁護士の品位評判にもかかわるであろう。同業者の間では「あの弁護士には気をつけろ」という話になり，長期的にはその弁護士のためにもならない。このようなこともあって，少なくとも日本の弁護士実務では，この方法はあまり行われていない。

㉟承諾先取り法　ある条件について，いったん合意をした後に，それらの

条件を撤回して有利な立場に立つ方法のことをいう。

　これも，㉞と同様に，弁護士倫理上，大きな問題があり，日本の弁護士実務ではあまり用いられていない。このように一度決めたことを覆すと，様々な手続を積み重ねて築いてきたラポールも崩壊し，交渉はきわめて困難となる。

第5節　日本における法的交渉のあり方

1）日本における交渉の現状と特質

　以上において，いわゆる「ハーバード流交渉術」と呼ばれるアメリカを中心に論じられてきた交渉論を中心に交渉学の概要を整理した。これらは，非常に示唆深いものである。とりわけ，勝者と敗者を峻別し前者となることを追求することに重きを置く従前の交渉「術」から離れ，「両者がともに勝者になる」という「ウィン・ウィン型」の考え方を強調・提唱し，広く受け容れられたことには重大な意味があるし，この点自体は日本での日本人同士の交渉でも受け容れられやすい。実際の法的交渉に役立つ点もあると思われる。

　しかし，少なくとも現在の日本における交渉，特に法的交渉において，ハーバード流交渉術を中心とするいわゆる「交渉術」の全てが多く活用されているとはいえない。これは，どのような事情によるものであろうか。

ア）数値化における限界

　これは必ずしも日本の法的交渉に限らない問題であるが，数値化による限界という問題がある。たとえば，ハーバード流交渉術に関連してふれられる「囚人のジレンマ」について論じる場合，下記のような数値化による仮定が行われる[82]。

　　2人の囚人は当局によってお互いの罪を認めるように仕向けられている。もし両者が協調的な対応で自白を拒めば，当局は罪の重い犯罪を証明することができず両者とも懲役2年という短期刑である。もし両者が自白してしまえば，お互い短い刑期で終えることができずそれぞれ10年の刑期を

82）小林編［2012］154〜155頁。

受けることになる。もし一方が自白し，一方が黙秘する場合は，自白した
方は懲役1年という短い刑期になり，黙秘した方が15年という長い刑期
を受けることになる。もっとも好ましい戦略はお互いに協調行動をとり黙
秘を貫くことである。しかし，どちらも相手が自白することを防ぐことが
できないので，みずからが長期刑に処せられるおそれがあるから，相手に
協調することの価値を見失う。そして，最も合理的な選択は自分が黙秘せ
ず自白することになる。自分にとって最適な選択をとることで，全体とし
て最適な選択をとることができないことから「囚人のジレンマ」と言われ
ている。

　この「囚人のジレンマ」についても，いわゆる「ナッシュ均衡[83]」が成立し
ており，それ以外の戦略を採用しても利得が大きくなることがないため，
「ナッシュ均衡」の状態が続いているとされる。そして「囚人のジレンマ」の
理論は，「継続的な関係が予見されていない1回限りの交渉」では，そのよう
な状態に陥る可能性があるという点で，交渉についてもあてはまるという[84]。
　しかし，この囚人が負っているリスクを「懲役1年，2年，10年，15年」
と数値評価した点に，すでに一定の人為的操作が加わっており，その操作が正
しいか否かの検証は実際には不可能である。現実の交渉では，リスクを数値化
できないことも多い。実際に，日本の刑事実務においてこうした状況を想定し
た場合，日本では比較的広い刑期の幅が取られており[85]，裁判所が具体的にど
のような刑を科すかを正確に予測することは相当に困難である。裁判官（所）
は，事実は証拠にもとづいてしか認定できない（刑事訴訟法317条）が，当該
事実の評価や量刑にどの事情をどのように反映させるかについてはきわめて広
い裁量をもっている。刑事裁判に限らず，民事上の実際の裁判も，それぞれ異
なる相手方を対象とする交渉も，その行動を単純に数値化することは難しい。
そのような中で，単純に刑期や結果を数値化し，それをもとに交渉理論を組み

83）「信頼を通じて行動の選択がなされ，その行動がさらにその信頼を高めていく関係にあ
　る状況」（ジャクソン＝キャプロー＝シャベル＝ビクスィィ＝コープ［2014］39頁）。
84）以上につき小林編［2012］154〜155頁参照。
85）刑の量定に関する，いわゆる「幅の理論」について，前田［2019］413頁。

立てても，実際の実務的な交渉には応用しづらいことが，このような理論が実際の日本の交渉で必ずしも多く用いられていない原因のひとつであるように思われる。

イ）「交渉術」そのものに対する警戒感

そもそも，実際の日本の法律実務においては，このような「交渉術（交渉技法）」に対する警戒感が根強くある[86]。ここまでみてきたとおり，交渉には「嘘」「はったり」「駆け引き」をともなう部分が少なくない。弁護士倫理上の問題を検討することが必要な交渉技法も相当に存在する（なかでも，上記の㉛〜㉟の技法には問題がかなり多い）。これらの交渉術を広く積極的に活用しようとする姿勢を相手方に示した場合，「この弁護士は様々な交渉術を使って交渉してくるから，警戒しなければならない」と身構えられるリスクがことに日本ではきわめて大きいように思われる。

筆者は，弁護士として「はぐらかす」「駆け引きする」「交渉術を駆使する」という話をし続けると，（そのような交渉をしていなくても，そのような交渉術について語ること自体により）自分自身嫌な気持ちになることが多い。逆に，相手方弁護士から「交渉を勉強している」「交渉の権威である」「交渉に強い」と評価された場合や，「嘘」「はったり」「駆け引き」に長けた弁護士と評価された場合，相手方弁護士は「いつどんな方向から切りつけられるか分からない」との気持ちで相当な警戒心をもって交渉に臨むことになるから，ラポールの醸成は非常に難しくなり，交渉は難航してしまう。これは，法的交渉として必ずしもよいものとはいえないのではないか。

ウ）日本における「交渉」についての考え方

むしろ，日本における（法的交渉にとどまらない）交渉全般，とりわけ日本人

86）加藤編［2004］67頁は，日本人が「「誠心誠意」「虚心坦懐」に話し合うことに力点を置く」のは，「小手先の術策を弄して利益を得ようとすることは，日本人にとっては「誠意」に反する行為であり，信頼関係の構築に害にな」るからであり，交渉を研究したりすることは，「品格を汚すものと理解される」という。佐久間［2011］27頁は，一部上場企業の月例朝食会で，交渉について講演をしたところ，ある役員から「ご忠告として申し上げれば，このような交渉についての研究にはあまり深入りしない方がいいと思います。先生の品格に関わりますから」と忠告されたという。

同士の交渉においては，そのような交渉術を弄せず，相手方の立場をよく理解
して（understanding にとどまらず sympathy をもって[87]），ラポールを醸成すること
にこそ重きが置かれる[88]。これは，ハーバード流交渉術の 4 技法のひとつ「「条
件や立場」ではなく「利益」に注目する」（169 頁）とはある意味逆である。む
しろ相手方の懐に飛び込んで[89]，相手方の置かれた「立場」をよく理解し，そ
の理解の上にラポールを醸成し，そこから初めて実際の本格的な交渉に入るこ
とができる場合がよくある。また，交渉を「競争的交渉」と「協調的交渉」に
分けるとすれば，日本の交渉では後者が重視されることが多い。このような背
景もあり，日本では法的交渉においてもこのような協調的交渉によるラポール
の醸成に重きが置かれることが少なくない[90]。

　では，日本の弁護士実務や法的交渉では，ハーバード流交渉術は十全には使
えないのだろうか。*Getting to YES* は「世界中のどんな交渉もこれで解決でき
る」と豪語する[91]。ハーバード・プロジェクトでは実際に，様々な国での交渉
の例が取りあげられているし，そもそもアメリカ自体が多民族から構成される
国家である。アメリカ国内でこの方法で交渉が上手くいくならば，全世界でそ
の方法が通用しそうにも思える。*Getting to YES* には日本の「柔術」の例も引
かれている[92]。

87）加藤編［2004］71 頁は「日本人は，相手の「理解」を求めることが他の国民に比べ多
　　い。この「理解」は英語に訳すときは，understanding ではなく，sympathy と訳すとう
　　まく訳せる場合が多い」という。
88）加藤編［2004］62 頁は，ハーバード流交渉術には「人と問題を分離する」傾向があり，
　　ここでの交渉は「信頼するしないと無関係に進行する」とあるが，日本人は「信頼する
　　しないで交渉の進展が決定的に影響されることが多い」とする。
89）加藤編［2004］63 頁が紹介する，地主のところに一升瓶をぶら下げて交渉に臨み成功
　　した例は「相手の懐に飛び込む交渉」の典型例である。日本の交渉ではこの方法こそが
　　美談であり，実際に上手くいく場合も少なくない。
90）大澤［2004］4 頁は「法と対話の専門家」としての弁護士像」「ヒューマンな法曹」を
　　目指すべきとするが，筆者も同意する。それに近づくことがラポールの醸成に有利に働
　　くことが多いであろう。
91）加藤編［2004］47 頁は「『ハーバード流交渉術』の序文には「ここで提示した交渉方法
　　は，典型的なアメリカ式交渉術でもなければ，典型的な日本式交渉術でもない。日米を
　　含め，あらゆる交渉様式に適応できるものである」と述べてある。しかし，これはかな
　　り疑問であるし，そう信じることは危険」であるという。

　しかし，このような「国際的」交渉で念頭に置かれているのは基本的にはアメリカ人と他国人（もしくは，アメリカ市民権を得た世界各国出身のアメリカ人同士）の交渉であり，他国人同士の交渉ではない。仮に「アメリカ人」という留保を除くとしても，全く異なる交渉文化や考え方をもつ者同士の交渉にはハーバード流交渉術も対応を図っているが，ひとつの交渉文化圏内に属する（しかも，それがアメリカの交渉文化と異なる）者同士の交渉（それは，日本人同士だけでなく，中国人同士，アフリカの人同士，日本でも関西人同士，江戸っ子[93]同士など区分の方法によって無数のものがあり得る）については十分対処できているとはいえない。少なくとも，日本人同士の交渉を前提とした検討は十分にはなされていない[94]。とすると，ハーバード流交渉術の中でも，日本人同士の交渉にあてはまる部分以外にも，直接にはあてはまらず，ある程度修正や改善を加えて利用してゆくことが必要な部分があるのではないか。

エ）日本人同士の交渉において重要なポイント

　以上のように考えると，日本人同士の交渉において考えるべき重要なポイントは以下のような事柄であるように思われる。

　(A)ハーバード流交渉術の4技法（169頁）のうち，技法2は相当な修正を要する。「立場」をきわめて大切にするべきであり，「利益」を問題としてよいのは最初と最後である。しかも，その場合であっても「立場」を決して忘れては

92）「柔術（Negotiation Jujitsu）」とは，相手が立場による交渉でその主張を押しつけてきた場合，日本の「柔術」のように，あえて押し返す（push back）ことをせず相手の力の方向を変えて，押したり引いたりの悪循環を避け相手の力を自分自身の目標へと向けることをいう（Fisher et al.［2011］p. 109）。

93）「ちゃきちゃきの江戸っ子」の交渉態度を⑦ブルウェアリズムと比較して論じた加藤編［2004］51頁参照。

94）このような「日本人同士の交渉」について，加藤編［2004］65頁は，「日本式交渉スタイル」として以下の特徴を挙げる。すなわち，(1)性善説に立って人間同士，理解し合えないことはない，(2)虚心坦懐に誠心誠意話し合えば分かってもらえる，(3)お互いの立場を理解し合い誠意をもって話し合うことが交渉の王道，(4)術策を弄したり，威嚇的言動は得るところがない，(5)信頼関係が成立すれば互譲の精神で解決の糸口がつかめる，(6)雄弁は不要で口下手でも真摯な態度をとるべき，(7)変化に対応できる柔軟性が重要で，(8)場合によっては玉虫色の暫定的取り決めでもよい，(9)相手が圧倒的に強いときは温情に頼り，(10)相手が弱いときは惻隠の情を持ち接するのがよい，以上の10点である。

いけない[95]。

　(B)何よりもラポールを大切にする必要がある[96]。ラポールが醸成されないところで交渉が上手くいく例は少ない。そのためには，相手方を理解する（understanding にとどまらず sympathy をもつ）ことが重要であり，露骨に交渉術を駆使するような態度はリスクが大きい。もちろん人間は，それぞれ異なる考えをもち，弁護士にも個性があるから全ての相手方とラポールが築けるわけではない。しかし，もし可能であるならばラポールが醸成されるように努めることが結局は依頼者にとっても利益になることが多い。

　(C)ラポールが十分に醸成されたら，選択肢を開発する協働作業を行うのがよい[97]（これはハーバード流交渉術の技法3であり，本書はここにこそ交渉の目標を置く[98]）。そして，できる限りたくさんの選択肢を開発した後，実際に実行可能な選択肢を少数（できれば3つ以内）に絞り込んでゆく。

　(D)弁護士は，相手方と交渉して開発・絞り込みをした選択肢を自身の依頼者のもとに持ち帰り，さらに選択肢の開発と絞り込みを行うことになる。相手方にも弁護士が選任されている場合には，相手方弁護士も自身の依頼者と同様の作業を行う。

　(E)上記(C)(D)の作業を繰り返すことによって，両当事者にとって最善の選択肢をひとつに絞り込むことに成功したときが，合意の成立である。

---

95) 古代ギリシアでアリストテレスがパトス（pathos：情熱）やロゴス（logos：論理）より前にエトス（ēthos：信頼）を確立することが重要だと説いた（アリストテレス［1992］32，410頁参照）ように，「ラポールが特に重要であることは日本に独特の文化ではなく世界共通である」とする見方もある（以上はシドニー・カナザワ弁護士の指摘による）。しかし，「相手の「立場」を大切にしてラポールを醸成する」という考え方は，ハーバード流交渉術が4つの技法を並列しているのに比べれば，前注のように特に相手の「立場」を重視して交渉を展開しようとする考え方であるので，日本人同士の交渉に独特な部分があるように筆者には思われる。
96) 加藤編［2004］68頁は，「信頼関係の基礎は，交渉者個人の人格的資質によることが多」く，「日本では交渉の要諦として比較的強く交渉者個人の人格的信頼性が強調されることが多い」という。

2）選択肢の開発と絞り込み

上記の中で，ラポールの醸成とともに重要な(C)「選択肢の開発[99]と絞り込み」とは何であり，どのような意義をもつか。

ア）選択肢の開発

① **Getting to YES が指摘する「選択肢の開発」法**　「選択肢の開発と絞り込み」のうち「開発」の部分は，Getting to YES では技法3「お互いの利益に配慮した複数の選択肢を考える」にあたる。同書では，選択肢の開発にあたって障害となるものとして以下の4点を挙げる[100]。

(1)早まった判断をしすぎること：早く決定しようとしすぎると，「新しいアイデアの欠点を探そうとする批判的態度」「決めつけ」が生じ，「考え出す」作業を阻害し，思考を妨げる。また「選択肢を提示すると自分の立場を危うくする情報を出すことになるのでは」と考え，選択肢の開発・提案を躊躇することがある。

(2)単一の答えを探そうとすること：最初から唯一最良の回答を得ようとして，数多くの可能性から選び出す賢明な決定過程を壊すことがある。

(3)分けるパイの大きさを一定と決めてかかること：対象物を「どちらが取るかの二者択一」とみずに，オレンジの例（162頁）のようにその大きさ自体を広げる柔軟な姿勢が重要である。

---

97) 双方に代理人弁護士が選任された事件においては，両弁護士は相手方であって敵ではあるが，最終的な解決を図るという意味では協働作業者である。特に和解をする場合，双方ともが譲歩（互譲）しなければならない（民法695条）。法科大学院や法曹養成課程において法曹としての一体感が保持向上されればされるほど，協働作業の土壌は整い，双方にとって満足できるよりよい解決の可能性が高くなる。そのような一体感が喪失されてくると，究極的には「しっぺ返し戦略」が最適解ということになってしまいかねない。それは，司法制度の利用者（当事者）にとって幸せなことであるとは思われない。

98) Fisher et al.［2011］p. 58 によれば，「弁護士にとっての成功は，依頼者と相手方との双方を満足させる解決策を考え出す能力にある」という。

99) 田村＝隅田［2014］175〜177頁は，「自分の強みを生かした選択肢（付帯条件）を作り上げることによって合意を形成する」（傍点引用者。これこそが選択肢の開発である）ためには，近江商人である伊藤忠商事創業者，初代伊藤忠兵衛の「三方よし」（三方とは「売手」「買手」「世間」の3つ）の考え方が重要であるという。

100) Fisher et al.［2011］p. 59 ff.

(4)「相手の問題は相手が解決すればよい」と考えること：人は「問題の一面にだけ感情的にこだわって，双方の利益にかなう賢明な方法を考えるための客観的な態度を身につけるのが苦手」なため，「我々は我々が抱えている問題で精いっぱいだ。彼らも自分の問題は自分で処理すべきだ」という態度をとってしまうことがあり，それが選択肢の開発を妨げる。

　以上に対処するため，同書は下記の対処法を提示する。

　(i)選択肢の立案者と決定者を分離する：選択肢を評価し「判断を下すこと」や「批判」は選択肢立案の独創性を妨げるため，立案者と決定者を分離するとよい。同一グループ内で選択肢を案出する際には，ブレインストーミングをすることも検討すべきであり，その際の最も基本的なルールは，アイデアの批判や評価を全て先送りし，「良いか悪いか」「現実的であるか」などの評価を途中で挟まないことである。他方，相手方との合同ブレインストーミングは「自分に不利な発言をしてしまう危険が高い」が「関係者全員の利害を考慮に入れたアイデアを生み，協働で問題を解決しようという機運を生じさせ」るので有益とされる。

　(ii)選択肢の幅を広げる：ここが選択肢開発の一番中心となる部分であるが，同書では以下のような方法を提唱している。

　第1に，「具体案と一般論を交差させて選択肢を増やす」こと。具体例として，問題点（例：川が汚い）→分析（化学成分の状況）→対処法（化学排水を減らす）→実施案（上流企業に化学排水量の制限命令を出すよう州に働きかける）がある場合，その方法で上手くいけばよいが，上手くいかない場合は，いくつかの実施案を分析し，その背後にある「一般原則」を見つけ出しそれを応用して現実に即した別の実施案を考案する。

　第2に，「専門家の目から見てみる」こと。「専門家ならどう考えるか」という観点から考えると新しい選択肢が開発できる場合がある。たとえば，子どもの養育権をめぐる紛争について，教育者，銀行家，精神科医，民事弁護士，聖職者，栄養士，医師，婦人解放論者，フットボールのコーチなどであれば，どのような解決策を考えるか。商取引の問題ならば，銀行家，発明家，労働組合幹部，不動産投資家，株式ブローカー，経済学者，税理士，社会主義者などそ

れぞれの専門家の目から見た場合，どのような選択肢が考えられるか検討する。

　第3に，「強弱のレベルの異なる合意を用意する」こと。内容について合意できないなら解決手続につき合意する，最終的解決が図れなくても暫定的合意をする，全部合意が無理なら一部合意をすることなどを選択肢に入れる。内容について同意できなくても，「同意できないのは何か」を確認し，それについて合意するという選択肢を提示することで，両当事者は問題点の所在を共有できる。

　第4に，「合意案の範囲を変えてみる」こと。合意の対象を小さく処理しやすい単位に「細分化」する方法（これは，交渉範囲を「小さくする」ことになる）もあるし，第三者や別の問題を付け加えて妥協点を増やす方法（これは，逆に交渉範囲を「大きくする」ということになる）もある。

　第5に，「相互の利益を探す」こと。「パイの大きさは決まっている」「自分と相手のゼロサムゲームである」と決めつけず，双方に利益になる点を探す。共通の損害を避けたいという関心事以外にも，共通の利益がたいていの場合存在するが，共通の利益はどの交渉においても表面に現れないこと，共通の利益はあくまでも合意を得るきっかけにすぎず，それを踏み台に合意に向けて新たな何かを創り出さなければならないこと，共通の利害を強調すれば，交渉をスムーズにし，関係を友好的にできることの3点に留意すべきである。そして，「利益が異なるからこそ交渉ができる」ことを強調し「異なる利益をしっかり組み合わせ」「相手にどちらがよいか聞く」必要がある。

　第6に，「相手が決定しやすいようにする」こと。一般に「人は，自分の提案の長所を過大評価し，相手にとっての利益まで考慮しようとしない」ため，「目前の自己の利益しか見ない視野の狭さを克服するには，相手方の立場に自分自身を置いてみ」る（put yourself in their shoes：彼らの靴に足を入れる）ことが重要である。そのうえで，具体的に「誰の靴に足を入れるか」（誰の立場に立って考えるのか。当該担当者自身か，そのボスか，委員会などの意思決定機関か）について考え，いかに決定過程が複雑でも1人（通常は交渉担当者自身）に焦点を絞り，その人の観点から問題をとらえれば，その決定過程を理解できる。

　選択肢開発の局面では，相手を脅かせばよいというものではなく，むしろ建

設的な提案の方が効果的である。そして選択肢の最終的なテストは，選択肢を
「合意可能な提案」の形で書き出してみることであり，そのためにはできるだ
け多くの選択肢を並べてみる（まず考え出す。決定は後でよい）ことが重要であ
る。

　②**選択肢開発に関するその他の技法**　　以上が *Getting to YES* において提示さ
れている選択肢の開発方法であるが，他にも以下のような技法が考えられる。

　(1)契約条件・和解条項の内容を工夫して選択肢を開発する方法：たとえば，
債権者側が 1000 万円請求しているケースで，最終的に債務者が 500 万円しか
払えないことになる場合，「1000 万円の支払義務を認めさせ，1 回も遅れず
500 万円払ったら残額を免除する」という和解条項を作ることがある。これは，
最初から 500 万円の支払いのことしか決めない場合でも，結果的に債務不履行
がなかった場合には決めた内容は実質的には同じである[101]。しかし，単に 500
万円を支払うことだけを決める和解条項のほかに，このような別の和解条項案
を 1 個作り出すと，債務名義としては 1 回でも期限の利益を失えば 1000 万円
の強制執行が可能となる選択肢が創出されたことになる。

　(2)その他の方法：弁護士などの法律家は法的側面のみを考えて選択肢を開発
しようとすることが多いが，法律相談の場面でも検討したとおり，法律以外の
要素（たとえば，経済的判断，税務上の判断や人間関係など）も積極的に考慮に入
れてゆく（非法律問題の重視）ことで，より多くの選択肢を開発することがで
きる。また，多くの事件に積極的にふれて選択肢開発の経験を増やすとともに，
判例や過去の契約書の条文，先輩法曹の例に学ぶことも有益であるし，特に交
渉においては外交交渉や歴史上の事実に関する「逸話」が多数存在するから，
そうした例から学ぶ姿勢をもつことも重要であろう。

　イ）選択肢の絞り込み

　選択肢の開発では，一種のブレインストーミングとして，できるだけ多くの
選択肢を挙げるのがよい。しかし，情報化社会に生きる私たちは「選択肢が多
数であるほど幸福であるとは限らない」という「選択肢のパラドックス」にも

101）草野［2020］は，これを「一部完済後免除型」と呼ぶ（Ⅱ部 5 章注 60 参照）。

表3　法律相談と交渉全体での「選択肢の開発と絞り込み」

(I) 事前の法律相談①〈A と L1〉	A と L1 が交渉前の事前の法律相談で多数の選択肢を開発し（A1〜An），3つに絞り込む（A1〜A3）。
(II) 事前の法律相談②〈B と L2〉	B と L2 も交渉前の事前の法律相談で多数の選択肢を開発し（B1〜Bn），3つに絞り込む（B1〜B3）。
(III) 交渉〈L1 と L2〉	L1 と L2 が交渉を行う。双方でラポールが醸成できたら[1]，それぞれ持ち寄った選択肢（A1〜A3・B1〜B3）を提示しあい，さらに双方で新たな選択肢を開発する（P1〜Pn）。その上で，L1 と L2 で3つの選択肢に絞り込む（C1〜C3[2]）。
(IV) 選択肢を持ち帰っての再度の法律相談（打合せ）	L1 と L2 は上記の新たな3つの選択肢（C1〜C3）を持ち帰り，それぞれの当事者（A・B）と検討する。それによって，さらに選択肢を新しく開発し，3つに絞り込む（A につき A'1〜A'3，B につき B'1〜B'3）。
(V) 再交渉〈L1 と L2〉	L1 と L2 で(III)を繰り返す。
(VI) 合意の成立（交渉の終了）	以下，(IV)と(V)を繰り返してゆき，最終的に全員が納得できたところで，合意が成立し，交渉が終了する。

注1）ここでラポールを醸成するには，依頼者との法律相談において重視すべきとされた「積極的傾聴」などが相手方との法的交渉においても重要である。
　2）当事者と専門家，専門家と相手方の専門家で選択肢を多数開発し絞り込むという作業を真剣に行ってこのプロセスを経れば，この段階で絞り込まれた当該選択肢の内容は，当初の選択肢より相当洗練されたものに進化しているはずである。

意識をむけるべきである。とすれば，選択肢の開発で案出した多数の選択肢の中から，スピード・費用・内容の3点において，依頼者も相手方も「納得」できるような3つ程度の選択肢に，相手方との交渉の中で絞り込んでゆくのがよい。

ウ）法律相談における「選択肢の開発と絞り込み」との相互作用

　これを法律相談における「選択肢の開発と絞り込み」も統合して考えると，交渉全体の理想的な形は，表3のようにモデル化できる（当事者 A が弁護士 L1 に依頼し，当事者 B が弁護士 L2 に依頼した場合）。

　各交渉の当事者，各弁護士や各紛争の内容は，それぞれ個性をもっているから，全ての事案がこのような形で進むとは限らない。むしろ，これまでの日本における法的交渉では，これほどまでに多数の選択肢の開発が行われることはあまりなく（これは，きわめて創造的な作業であり，法律だけでなく税務会計，社

会常識，人間の感情など様々な事柄に配慮した重労働であるが，弁護士が新たな価値を創出できる非常に重要な職務分野である[102]。しかし，弁護士の判例や前例を大切にする考え方，前例踏襲的な考え方，日本人の受け身的な姿勢から，これまでは必ずしもそのような積極的な選択肢開発が重要視されてこなかったのではなかろうか[103]），絞り込むほどの数にならないことも少なくない。しかし，目指すべきモデルとしてはこのようなものがよいのではないか[104]。

　合意内容の観点からも，このように依頼者と弁護士，弁護士と弁護士が相互に情報を開示しあって必死に選択肢を開発して，よいものに絞り込んでいった結果としての合意の内容は，相当に洗練されたものとなる。また，手続的にもこのような形で法律相談と交渉が進めば，きっと依頼者や相手方の「納得」が得られやすいであろう。

文献案内

(1)加藤新太郎編［2004］『リーガル・ネゴシエーション（民事プラクティスシリーズ2)』弘文堂。
(2)小林秀之編［2012］『交渉の作法――法交渉学入門』弘文堂。
(3) Roger Fisher = William Ury = Bruce Patton［2011］*Getting to YES : Negotiating Agreement with out Giving In,* 3rd ed., Penguin Group (first published 1981).
(4)日本弁護士連合会法科大学院センターローヤリング研究会編［2016］『法的交渉の技法と実践――問題解決の考え方と事件へのアプローチ』民事法研究会。
(5)奈良輝久企画／若松亮 = 宮坂英司 = 神田孝編［2020］『ケース別 法的交渉の実務――交

---

102) 選択肢の開発に関するバインダーの指摘についてⅡ部1章注52参照。
103) たとえば，税負担を考えると新しい選択肢が開発されることが多い。法律的には債権者は少しでも多く，債務者は少しでも少なく払いたいというゼロサムゲームになるが，税負担を考えれば支払名目を変更することにより，債務者が同じ金額を支払うにしても債権者の手取りは多くなることもある（たとえば，慰謝料ならば非課税なので全額債権者の手元に残る〈所得税法9条1項17号及び所得税法施行令30条3号参照〉）。とすれば，債務者の支払額は少なくても名目を変更することによって，債権者の取り分は増えて「ウィン・ウィン・ソリューション」になり得る。
104) 田村 = 隅田［2014］144頁「まず書き出してみる」。瀧本［2012］210頁「面倒くさいやり取りが「仲間意識」をつくる」も参照。

渉理論を習得したいあなたのために』青林書院。

⑹宮澤里美［2014］『弁護士業務の勘所──弁護士という仕事をもっと楽しむために』第一法規。

読者への道しるべ　⑴は司法研修所長も務めた元裁判官である加藤新太郎が編纂し，弁護士などが加わった書籍，⑵は民事訴訟法学者で弁護士資格もある小林秀之が各種の交渉技法を整理した書籍です。⑶がいわゆる「ハーバード流交渉術」の中心となる書籍であり，アメリカでこの分野の最も基本となる書籍になります。日本語訳は第 2 版までしか出ていませんが，原著の最新版は 2011 年出版の第 3 版となります。⑷⑸は日本の弁護士による共著です。法的交渉の意義や基本概念の解説の後，債権回収・M & A などケース別に法的知識や交渉上の留意点が解説されています。⑹は東北大学法科大学院で教鞭をとり，仙台弁護士会司法修習委員長も務める弁護士が，業務の勘所を説きながら弁護士のやりがいと楽しさを伝える書籍。裁判上の和解交渉の場面で，和解案を「自分で作成すれば勉強にもなるし，依頼者に都合のよい文言や納得しやすい文言を使えるなど，自分のペースで進められます」（同書 36 頁）と説く点は，186 頁でふれた⑬交渉文書草案作成の技法と通じるものがあります。

┌─ **設例 4 を考える視点** ─────────────────────

　交渉の準備が重要である（172〜173 頁）ので，表 2 の交渉マトリックスを使うなどして十分検討しておくことが望ましい。181 頁以下のような技法を駆使することも考えられるが，日本人同士の交渉なのであれば，むしろ本章 5 節で論じたように，ラポールの醸成など(A)〜(E)のポイントを十分におさえ交渉に臨むべきである。ただし，相手方が交渉術を駆使してきたら「しっぺ返し戦略」をとる（174〜175 頁）ことも考えられる。

第 5 章

ADR・裁判外紛争解決手続

設例 5

　弁護士であるあなたは，依頼者 A から，近隣でカラオケ店舗を経営する B の騒音を何とかしてほしい旨の相談を受けて，B と直接交渉を繰り返したが，B は「近所の人ともめたくはないが，こちらも営業を続けないと生きていけない」と主張して譲らず，妥協点を見出せずに物別れとなった。この件を解決してゆくために，どのような紛争解決手続を選択するのがよいか。

第 1 節　ADR・裁判外紛争解決手続とは──総論 1

　「ADR」をどのように定義するかについては，各論者が理想とする ADR が様々であることもあり，議論が錯綜している。英語の ADR は "Alternative Dispute Resolution" の略語であり，一般に「裁判外紛争解決手続」と訳される[1]が，その意味は多義的かつ「重層的[2]」である。以下では，まずその言葉の意味から探ってみよう。

　ADR の "A[3]" は "Alternative"（代替）の略で「裁判に代替するもの」と説明

---

1) 山本＝山田［2015］6 頁。

2) 山本＝山田［2015］8 頁図 1.1 は，交渉と相談との間に広義の ADR の外延があるとする。そして，相談と狭義の ADR（あっせん〈公害紛争処理法 28〜30 条など〉・調停〈民家事調停など〉・和解勧試〈民事訴訟法 89 条など〉・片面的仲裁・仲裁法上の仲裁）をあわせて広義の ADR であると整理し，この状況を山田は「重層的」と評価する（同書 14 頁）。

3) 廣田［2001］5 頁は，「A」は "Appropriate"（適切な），"A"（第 1 級の），"Aid"（助力する，援助），"Available"（役に立つ，有効な）をあてるべき，などとする。

されることが多い。とすれば ADR の日本語訳は「代替的紛争解決手続」が原語に忠実だが，この訳語は必ずしも一般的ではなく，実際には「裁判外紛争解決手続」と訳されることが多い[4]。すなわち，ここでいう「代替」の対象としては，裁判（判決）手続への代替と考えるのが通常である。しかし，裁判上の和解（民事訴訟法 267 条）を ADR に含める考え方もあり，その立場からは単純に「裁判手続」の代替とは断言できず，何に代替するか自体必ずしも自明ではないのである。

また，"D"すなわち"Dispute"（紛争）には，「スポーツ判定の当否」などが含まれるか，「法律上の争訟」（裁判所法 3 条）との関係はどうか，民事上の紛争に限定するか，家事や刑事における紛争はどうなるかという問題がある。

そして，"R"すなわち"Resolution"（解決）には，合意・裁定のみならず交渉過程での関係者の認識変容といったものも含める余地があり，解決に「第三者」の介在を要求するか否か，要求するならばその「第三者」の意味（意義）や関与の仕方はどのようなものか，も問題であるとされる。なお"Resolution"につき代替的紛争「処理」との訳語が使われることもあるが，この訳には無理がある。また，日本語の「処理」には「ゴミ処理」のように厄介なものを片づけてゆくニュアンスが含まれる点でも適切とはいえない。「解決」の訳語をあてることが適切である[5]。

以上のように「ADR とは何か」という根本問題につき議論が「重層的」になされる[6]状況のもと，各論者の主張を厳密に引用して分析すると議論がより混乱する。そこで議論を 3 つの視点から類型化して一定の整理を加えたい。

---

4) わが国で ADR について制定された法律の名称も「裁判外紛争解決手続の利用の促進に関する法律」（平成 16 年法 151 号）である。
5) その意味でも「裁判外紛争解決手続の利用の促進に関する法律」との名称は適切であろう。
6) 廣田［1999］159〜163 頁，小島［2001］1〜7 頁，石川［2003］3〜25 頁，佐藤＝吉田＝橋本［2003］27 頁，垣内［2015a］63〜66 頁，小島編［2010］123〜147 頁（猪股孝史執筆による），廣田［2010］199〜214 頁，入江［2013］15 頁，小島＝猪股［2014］2〜7 頁，山本＝山田［2015］6〜18 頁，村山＝濱野［2019］75〜94 頁などを参照。

1）視点 I：仲裁・調停・交渉は ADR か？──「当事者の自律性」への評価

　仲裁・調停・交渉を ADR の範囲に含めるか否かが最初の大きな論点である。
ADR の本質について「当事者自身が自律的・積極的な合意・交渉をすること
にある」点を強調して(i)このうち仲裁を ADR の定義から除外する考え方があ
る。さらにそれを強調して，第三者たる調停人（調停委員など）の登場による
他律性を重くみて(ii)調停すら ADR の定義から除外する考え方もあり得る。そ
して，さらに当事者の自律性を強調した結果，(iii)交渉までも ADR に含めると
いう考え方もある。いずれも「当事者の自律性」を理由とした解釈論であるが，
上記(i)(ii)が ADR の範囲を狭める方向，逆に(iii)はこれを広げる方向の解釈であ
る。

2）視点 II：相談・苦情処理や裁判上の和解は ADR か？──広義の ADR

　別の視点としては，(iv)「相談」「苦情処理」（特に業界団体が設置した PL セン
ターにおける「相談」など）をも ADR に含める考え方，(v)裁判上の和解[7]（民事
訴訟法 267 条）をも ADR に含める考え方もある。視点 I で検討の中軸となって
いる「当事者の自律性」からすれば，「相談」「苦情処理」は第三者が関与する
点で ADR の本質から外れることになるし，裁判上の和解に至っては話し合い
が決裂した場合に裁判官（公務員）が判決（公権力にもとづく強制力）を背景に
強烈に解決を押し付けてくる手続であり，ADR とは真っ向から対立する概念
ともいえる。しかし，利用者・当事者の意思にもとづいた手続選択・解決では
あるといった点で判決手続そのものとは異なるとの理由から，このような相
談・苦情処理，裁判上の和解を ADR の定義の中に含める論者もあり，これら
に仲裁・調停などを含めて[8]広義の ADR として定義されることがある[9]。

7）さらには和解条項案の書面による受諾（同法 264 条），裁判所が定める和解条項（同法
　265 条）も含まれ得る。
8）ただし，そもそも「仲裁」「調停」を ADR に入れるかどうかについて自体，視点 I に
　あるとおり異論がある。
9）たとえば，山本 = 山田［2015］8 頁図 1.1 など。

3）視点Ⅲ：ADR と「司法」の関係

　司法制度改革審議会意見書[10]が「裁判外紛争解決手続の利用の促進に関する法律」（平成 16 年法 151 号）成立の出発点である[11]ように，ADR は「司法」と深く関係する。しかし，本来の「司法」権の概念（憲法 76 条）と ADR とは大きな緊張関係を孕む。なぜなら，一般に司法は「具体的な争訟について，法を適用し，宣言することにより，これを裁定する国家作用」と定義され[12]，特にADR での当事者の自律性を強調する立場からは「裁定」（第三者が解決を強制するものである）が根本的に受け容れられないものと考えられるからである。ただし元来，裁判所法 3 条が「一切の法律上の争訟を裁判する」機能以外に「その他法律において特に定める権限」（非訟事件）を裁判所に認めていることから，商事・人事の非訟事件のみならず，民事・家事の調停事件を裁判所が扱うこと自体については大きな疑問はもたれてこなかったため，ADR のこれまでの議論ではこの点は必ずしもあまり意識されていないように思われる。

4）整　　理

ア）論者のバックグランドの相違による意見の多様性

　ADR に関する議論は，様々な分野のバラエティに富む論者により行われている[13]。

　たとえば，研究者か実務家（弁護士など）か，また，同じ研究者の中でも民事手続法（主として民事訴訟法・仲裁法）研究者か，法社会学研究者か（双方に造詣が深い論者も少なくないがその軸足は様々である），アメリカの「ADR ムーブメント」（さらにはこれと深く関連する，交渉や法律相談の理論）を重視するか否かなど，論者の立場は様々に想定できる。

　ADR については様々なバックグラウンドの論者が論じているためか，各々

10）意見書について，詳しくはコラム⑤参照。
11）意見書で「裁判外の紛争解決手段（ADR）」は，「Ⅱ 国民の期待に応える司法制度」「第 1 民事司法制度の改革」で論じられる。
12）芦部［2019］347 頁。
13）この点を，山田［1994］149 頁は「民事手続法学・法社会学・法哲学・公共政策学等に及ぶ殆ど無限ともいえるインプリケイションを内包する ADR という大海」と表現する。

の重視するものがそもそも異なるので議論がかみ合っていない。たとえば仲裁を取りあげると，民事手続法学者は仲裁がもともと民事訴訟法の中に規定されていた[14]こともあり仲裁手続を ADR の一部としてとらえることが多い。他方，法社会学者はアメリカの調停理論や Med-Arb（調停人による仲裁。242 頁参照）の手続の峻別を強調して，ADR から仲裁を除いて考える論者も少なくない。日本の裁判所調停制度（民家事調停）に対する評価についても，様々なものがある[15]。

イ）仲裁法・ADR 法制定以降の ADR に関する議論のあり方

　時代的背景を考えれば，司法制度改革審議会意見書（2001 年）を受けた仲裁法（2003 年）・「裁判外紛争解決手続の利用の促進に関する法律」（2004 年，以下，ADR 法）の成立までは，立法論と解釈論をオーバーラップさせて議論させる意味が大きかった。しかし，これら 2 大立法が完了した以上，立法論と解釈論をより峻別して論じるべきではなかろうか。

　本書では以上の観点から，ADR 法立法の経緯と，その条文の文言を尊重して考え，ADR には仲裁や調停が含まれると解する[16]。特に弁護士の視点からは，日本のローヤリングにおいて ADR を論じるにあたっては，多くの件数を占める調停を無視することは適当でない。このような ADR は，やはり伝統的な「司法」の概念には反するから，これらを「司法」の中に含めることはできな

14）民事訴訟法（明治 23 年法 29 号）「第 8 編 仲裁手続」は，民事訴訟法（平成 8 年法 109号）成立により「公示催告及ヒ仲裁手続ニ関スル法律」に改題，切り離され存続した。つまり，仲裁法（平成 15 年法 138 号）成立までは，明治時代に制定された民事訴訟法の中に置かれていたことになる。

15）民事調停を合意・互譲・条理・実情にかなう解決を図る手続として積極視する者もあるし，家事調停には上記に加え調査官・裁判所技官が関わり得る点などにメリットを見出す者もある。他方，川島［1967］などの日本の調停批判を背景に ADR から除外する論者もある一方，法社会学者の一部はアメリカの ADR や調停と日本のそれを比較して論じており，（「日本人の法意識」とは違う）「アメリカ人の法意識」にもとづく調停（mediation）には寛容であるようにもみえる。

16）仲裁や調停は「裁判外紛争解決手続」（1 条）に含まれる（「訴訟手続によらずに民事上の紛争を解決しようとする紛争の当事者のため，公平な第三者が関与して，その解決を図る手続」にほかならないから）。しかし，「民間紛争解決手続」（2 条 1 号）には含まれず，5 条の認証の対象とはならない（小林［2005］45, 49 頁）。山本＝山田［2015］2頁も，民家事調停を ADR に含めて考えるのが「現在の一般的考え方」であるとする。

い[17]。また ADR 法の文言上，相談や交渉を ADR に含めることはできない[18]。
よって，本書では相談・交渉を ADR から除外し，仲裁・調停を ADR に含め
て検討する。

第 2 節　訴訟（裁判）と ADR の関係──総論 2

　以上のように ADR に関する議論はきわめて錯綜しているが，これを全体的
に整理するものとして小島武司が示す「正義の総合システム」（Planetary System
of Justice）は，最初に明示的にこの問題を取りあげたものと評価されており[19]，
裁判と ADR の関係のあり方を理解するにあたっても有用である[20]ことから，
その理解と活用が，法科大学院において学生に習得させたく，かつ，習得させ
ることが相当程度可能なローヤリング技能と評価できるので，以下これを検討
する。

1)「正義の総合システム」

　この考え方は，小島が 1978 年に提唱した[21]もので（図6），中心に存在する
「裁判」が紛争解決基準を外延の ADR などに波及させてゆき（波及のベクトル），
他方 ADR などでの解決内容が裁判基準よりも優れている場合は，裁判の法的

---

17) 芦部［2019］349 頁は，「司法」観念は国・時代により異なる「歴史的なもの」である
　　という。「司法」を「具体的な争訟事件につき，法を適用し，宣言することによって，
　　これを解決する作用」（法令用語研究会［2012］）と考えれば，「宣言」や「解決」の解
　　釈によっては ADR を「司法」に含め得る。しかし，憲法 76 条が「すべて司法権は」
　　裁判所に属すると規定することを裏返せば，ADR を「司法」に入れることはやはり困
　　難ではないか。「司法」の定義を広げることは論理的には可能だが，それは司法権の中
　　核的な価値たる「司法権の独立」を危殆に瀕せしめかねない。
18)「相談」は，ADR 法 1 条の「解決を図る手続」には文言上含まれないからである（小林
　　［2005］25，416 頁参照）。
19) 山本 = 山田［2015］74 頁。
20) 法科大学院では，「民事訴訟法」が必修科目であるが，訴訟（裁判）の特質を知るには
　　ADR との比較が有用である。たとえば，相手方に対する応訴強制（民事訴訟法 159 条
　　3 項，1 項参照）や，確定判決の執行力（民事執行法 22 条 1 号）の意義は，ADR にこ
　　うした機能が当然には存しないことと比較してこそよく理解できる。
21) 小島［1978］。

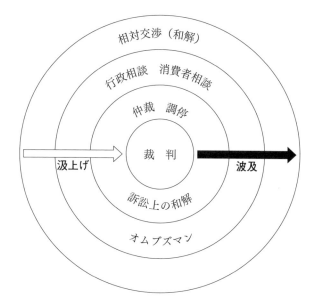

図 6　「正義の総合システム」
出所）小島編［1991］15 頁をもとに作成。

基準に影響を与えていく（汲上げのベクトル）というものである。

　波及ベクトルの例としては，判例の規範が各種 ADR や交渉の解決基準とし
て波及する場合が考えられる。汲上げベクトルの例としては，日照権紛争にお
いて，当初は調停手続を通じて一定範囲で日照権を認めることを前提とする解
決結果が累積してゆき，やがて裁判所もそれを受け容れる形で人格権を根拠と
する日照権が国家法規範として認められるようになった例が挙げられる。一般
的には ADR の手続の結果は公表されないので，汲上げ効果の実効性には疑問
の余地があり得るが，全般的には肯定的な評価が少なくない。

2 ）批判・異なる見解など

　これに対しては，「考え方の基本的枠組としては適切だ」としつつも
「フォーマルな訴訟手続とインフォーマルな調停などの ADR とを異質的なも
のとして対比的に捉え過ぎている」という田中成明の考え方[22]や，訴訟，仲裁，

調停, 相対交渉を並列に位置づける井上治典の考え方[23], この立場を「裁判と
ADR の関係の現状を説明し, またあるべき関係を定立していくうえでも極め
て有力なモデル」として積極的に評価する山本和彦の考え方[24]などがある。

第3節　アメリカの「ADR ムーブメント」と日本の ADR

以上のような「正義の総合システム」に対する見解を検討する前提として,
各論者が前提とするアメリカの「ADR ムーブメント」の歴史と, それと比較
される日本の ADR の発展史を概観したい。

1) アメリカの「ADR ムーブメント」

ア)「ADR ムーブメント」とは

1980 年代以降の日本の ADR の議論は, アメリカの「ADR ムーブメント」
の影響を強く受けている。これは 1976 年に「司法運営に対する人々の不満足
の要因に関する全国会議[25](Pound Conference：パウンド会議)」でアメリカ最高
裁長官ウォーレン・E. バーガーやフランク・サンダーによる問題提起（Multi-
door Courthouse：複数のドアをもつ裁判所）を端緒として発生し, 裁判官むけ論
文・会議・講演の形式で展開されたキャンペーンである。「個々の紛争は（必

---

22) 田中［1996］56 頁。
23) 井上［1993］72 頁は, これを「八ヶ岳志向」と呼び,「正義の総合システム論」は「富
士山志向」「太陽志向」「裁判外手続が裁判によって誘導される発想」であるから,
ADR が「結果的に裁判の亜流になりかねない」と指摘する（85 頁）。なお, 川嶋
［2010］111 頁の「阿蘇型」も参照。
24) 山本＝山田［2015］83 頁以下は, この説に対する批判も紹介しつつこれに対する反論
を用意して同説を擁護する。
25) 入江［2013］は, 同会議の名称が「米国のプラグマティズム法学者パウンド（Pound）
にちなんだ」ものであることを指摘（39 頁）したうえで, パウンドの「反権威主義思
想としての隣人調停とも共通する視線」を指摘する（163 頁）。すなわちそれは,「法や
裁判の完全性・包括性を疑問視し, 相対化した上で自律的な代替手続を考えようとする
構想」であり, これが「実務としての「当事者の紛争現場に向かい」「当事者の自律性
を尊重し」「当事者の話をじっくり聞く」姿勢につながっている」（同頁）というもので
ある。なお, パウンドらが論じた「プロフェッション」論については, 本書補論 2 参照。

ずしも裁判手続によらず）各紛争にふさわしい適切な手続（調停〈mediation〉・仲裁〈arbitration〉・事実調査〈fact finding〉・医療過誤スクリーンパネル〈malpractice screen panel〉など）によるべき」とする。

イ）「ADR ムーブメント」前後

「ADR ムーブメント」以前にも，アメリカでは様々な形で司法外の紛争解決制度が発展していた（揺籃期[26]）が，上記の「ADR ムーブメント」草創期を経て，サンダー教授が「ADR への警戒期[27]」と呼んだ時期（1980〜90 年代）へとつながってゆく（ADR の光と影）。

ウ）ADR 制度化期（1990 年代以降）

1990 年のアメリカ司法改革法などにより ADR の「制度化」が進んだ一方，ADR の限界[28]や危険性[29]に対する評価や，その具体的内容に関する議論が展開された。日本の司法制度改革審議会意見書は 2001 年，ADR 法制定が 2004 年であるから，日本の ADR 法はアメリカから約 15 年遅れて成立したことになる。

エ）アメリカでの調停理論の発展と日本の実務への示唆

以上のような「ADR ムーブメント」を経て，アメリカでは調停や ADR に関する理論が大きく発展してきた。なかでも，日本の法律実務への示唆として非常に興味深いのは「当事者の自律性」や「手続保障」の重要性であろう。特に「仲裁的調停」「Med-Arb に関する手続批判[30]」（230 頁以下）などについては，

---

26) 19 世紀には特定職種・教会などの宗教的コミュニティ・地域コミュニティ（部分社会）で，国家法と異なるコミュニティの規範にもとづく ADR が機能していたとされる（山田［2004］24 頁）。

27) 山田［2004］26 頁は，裁判所が ADR や裁判上の和解を促進し判決・トライアルを減少させていることへの批判（裁判を受ける権利の空洞化）や，ADR に内在する諸問題（手続主宰者の中立性，実体規範と和解内容の乖離など）を指摘する。

28) 山田［2004］27 頁によれば，ランド研究所による詳細な報告（Kakalic et. al.［1997］）が，ADR 促進を通じて「迅速化はみられたが，費用はかえって上がった」ことを明らかにし，「ADR の神話性」が知られることとなった。これにつき入江［2013］41 頁は，ADR は速くも安くもないという結果が「衝撃を持って受け入れられた」とする。

29) 山田［2004］27 頁は「多様な ADR を一括りにして批判したり規制をかけることの危険性」を踏まえて，「ADR を制度的／手続的に規律する，個別的アプローチが採用されるようになった（1998 年連邦 ADR 法等）」とする。

日本の ADR 実務はもっと敏感になってよいのではないか。

　上記のようなアメリカの調停理論は，権利者である当事者本人が自分自身で判断し決定できること自体に大きな価値を置き，他人から解決を押し付けられたり，そのような意思決定の機会を奪われたりすることに対する強い警戒感を前提としている。これに対し，日本の ADR 実務は「ADR 機関にもたれかかり，依存した手続」「お上にお任せする ADR」になっていないか。日本とアメリカの文化・風土の違いもあり，それぞれの利点や問題点があるから単純な比較は禁物であるが，日本の ADR の実務は，当事者自身の自己決定の意欲・能力，ADR 側がそのような当事者の意思決定を尊重する姿勢，という点でアメリカの調停理論から学ぶ点があってよい。

2）日本における ADR

　これに対し日本では，古くは江戸時代の内済[31)]，明治初期の勧解[32)]制度があり，借地借家調停法（1922 年）など[33)]を始祖とする調停や国際商事仲裁などの豊かな実務的歴史があるが，これらはそれぞれ民事調停法・家事審判法・仲裁法など各単行法ごとに論じられることが多く，必ずしも「裁判外紛争解決手続」としてひとまとまりには論じられてこなかった。その後も，建築紛争・公害・交通事故・消費者問題などその時々に応じた社会的な需要に応じるために様々な ADR 機関・制度が設立されたが，諸外国とりわけ上記のアメリカの「ADR ムーブメント」を背景に，アメリカでの ADR の議論や発展を踏まえ，ADR を裁判と対置させるものとして論じるようになったのはさらに後のことで，これを本格的に制度の中に位置づけたのは 2001 年の司法制度改革審議会意見書である。これをうけて ADR 法が 2004 年に成立した。

30）早川［2000］。調停と仲裁の連続による手続保障欠如の問題が批判される。

31）江戸幕府の解決制度。訴訟案件につき「扱い人」（名主など）が介在して和解示談をあっせんし，示談内容は内済証文に記され奉行に提出されたという。小林編［2012］337 頁。

32）明治 8 年に"conciliation（仏）"の影響を受けて成立した，裁判官が原被告の間に立ち民事上の争いを和解させる制度。明治 23 年民事訴訟法制定まで存続した。

33）小作調停法（1924 年）・商事調停法（1926 年）・金銭債務臨時調停法（1932 年）など。

　このような経緯で整備されてきた日本の ADR については，手続構造に着目した分類（調整型〈民家事調停，裁判上の和解など〉・裁断型〈裁定，仲裁など〉）や，設営機関に着目した分類（司法型〈民家事調停，裁判上の和解〉・行政型〈公害等調整委員会など〉・民間型〈日本商事仲裁協会，弁護士会 ADR，各種 PL センターなど〉）がなされることが多い。

3）検　討

　日本の調停には，歴史的に裁判所を重視し，上から当事者を見下ろすパターナリズムの傾向が強く（特に当事者への「説得」が大きな要素となっている点が特色である），その点に対する警戒が必要であり，さきの井上がいう「富士山志向」には十分注意しなくてはならない。また，調停と仲裁を同一手続主宰者のもとで行う日本の実務慣行上の問題も存在するうえ，裁判上の和解について，手続保障軽視である，アメリカのスタンダードから大きく外れるといった指摘も重要なものである。

　以上の課題の指摘は理念としてはよく理解できるが，現在の日本の ADR が置かれた位置を客観的に評価すれば，少なくとも「正義の総合システム」が提示した見取り図はかなり的確なものであるように思われる。手続法的には，裁判所における裁判は，相手方を手続に引き入れるためにその同意を必要としない強制力をもつ点で，人権たる裁判を受ける権利（憲法 32 条）に裏打ちされた最後の砦・最後の手段（ultima ratio）であり，受け皿でもある。それはちょうど，倒産法の世界で，民事再生・会社更生など他の倒産手続が全て頓挫したときに破産法が最後の受け皿になって倒産制度全てを底支えしている[34]のにも類する。

　実体法的にも，裁判において示される裁判所による「法」の解釈適用は，当事者間の相対交渉も含めた，紛争解決手続全体を底支えする性質を有する。ADR での手続が頓挫した場合，最後は「法[35]」（ここでいう「法」とは実定法の

34）牽連破産（民事再生法 250 条，会社更生法 250 条）。
35）仲裁手続では，例外的に（法でなく）「衡平と善」を判断基準とできる（仲裁法 36 条 3 項）。

みをさすのではなく，強行法規に反しない当事者の合意〈民法 91 条参照〉すなわち私的自治により当事者が合意した内容が含まれる）が適用されて解決されること（民事訴訟法 253 条 2 項参照）は，裁判所による「裁判」が最後の受け皿・砦としての性質を有する事実を客観的に示している。

　そして，少なくとも「裁判になればこうなるのだから」という当事者に対して示される予測効果が，少なくない ADR や当事者間の相対交渉に波及するという「波及のベクトル」が存することは事実である[36]。確かに，山本が的確に指摘するとおり「汲上げのベクトル」には客観的実証に乏しい点はあるが，総体としては現代日本における ADR と裁判の関係を正当に示しているように思われる。

　裁判（民事訴訟）というものの特質をより深く理解するためには ADR と裁判の違いや関係を理解する必要があること，またローヤリング科目の授業時間（コマ）数が限られていることや，（本書での定義における）ローヤリングは民法・民事訴訟法などの法律基本科目と並行して法科大学院の教育段階で習得すべき基礎的な実務技能であることなどを勘案すれば，この「正義の総合システム」の理解・活用こそが「法科大学院において学生に習得させたい」ものと考えられるのである。

4）ADR の目的・特質

ア）ADR の目的

　ADR の目的は，一般に，司法資源の節減（裁判所の負担軽減），裁判による救済の限界を超えた解決，そして当事者の自律的紛争解決の効率化・合理化を図る点などにあるとされる。

イ）ADR の長所

　ADR の長所として，一般には，(a)利用者の自主性・自律性を活かした解決，

---

36) たとえば，交通事故損害賠償事案に関する判例が，(1)「青本」（日弁連交通事故相談センター編 [2022]），(2)「赤い本」（日弁連交通事故相談センター東京支部編 [2022]）と(3)東京地裁民事交通訴訟研究会編 [2014] に示されるような形で，逸失利益や慰謝料・過失相殺に関する裁判の結果が，裁判外の相対交渉や調停・仲裁の規範として「波及」していることが一番端的な例である。

⒝プライバシーや営業秘密を保持した非公開での解決，⒞簡易・迅速で廉価な解決，⒟多様な分野の専門家の知見を活かしたきめ細かな解決，⒠法律上の権利義務の存否にとどまらない実情に沿った解決が可能であることが挙げられる。これに加えて，山田文は⒡正義へのアクセス拡大への方途となることを挙げ[37]，廣田尚久は⒢(訴訟が過去志向であるのに対し)「ADR は，当事者がこれからどうするかが主要なテーマであるから，当然将来志向になる[38]」という点を挙げる。

ウ）ADR の短所や限界・批判

他方，ADR の短所や限界としては，⒤民事訴訟のように相手方をテーブルにつかせる（手続に引き込む）強制力が当然には備わっていないことのほか，⒒裁判所の ADR の多用により裁判所の公的役割（法形成・法宣言）が放棄されること，⒤紛争解決の公開性が失われること，⒖当事者間の格差を追認する可能性があること（ラフ・ジャスティスや二流の正義，「声が大きい者・机をたくさん叩いた者が勝つ」といわれる問題），⒱真の合意が担保されていない可能性があることなどの問題があり得る。

第 4 節　各 ADR の手続——各論 1

1 ）仲裁総論

ア）仲裁の意義

仲裁は，民事上の紛争について，当事者がその解決を第三者である仲裁人に委ね，仲裁人の判断に終局的に服する旨を合意する手続である。仲裁手続の本質は「合意にもとづく強制」にある。手続開始・判断結果の両者について双方の合意がその基礎となっている点で，手続開始につき相手方の同意を必要とせず応訴を強制する（民事訴訟法 159 条 3 項，1 項）裁判とは異なり，最終的な判断結果を強制される点で調停やあっせんと異なる。

37）山本 = 山田［2015］14 頁。
38）廣田［2001］54 頁。

コラム⑧

「仲裁」という日本語の再評価

　「仲裁」は"arbitrage（仏）"や"arbitration（英）"を翻訳したものと考えがちです。しかし、「仲裁」という言葉は江戸時代から存在した日本古来の言葉で、幕府が定めた五人組の掟の中にも「濫訴を抑へ、或は仲裁を勧む」という文言があったようです（小山［1983］17頁）。

　ここで確認したいのは、日本語の「仲裁」には法律用語としての「仲裁」以外に「けんかの仲裁」のように「仲直りの取持ち」という意味がある点です。司法利用者・市民にとっては後者の意味の方が一般的でさえあります。最判昭和55年6月26日集民130号35頁（中村治朗裁判官反対意見）は、一般国民の間では「仲裁」を「あっせんや調停に類したもの」と受けとっているのが実情だといいます。

　川島武宜は、わが国の日常用語で「「調停」と「仲裁」という二つのことばの間には明確な区別がない」ことを『広辞苑』を引いて批判しました（川島［1967］155頁）。この点が、「調停と仲裁の未分化」「仲裁的調停」という定式で「「日本人の法意識」の問題点である」と厳しく批判されてきたのです。しかし現在、ひるがえって考えると、一般市民が司法に期待するひとつのイメージには、この「けんかの仲裁」「仲直りの取持ち」があるのではないでしょうか。「仲裁センター」（特に弁護士会仲裁センター）のネーミングは、そのような市民への吸引力をもつ可能性があります。仲裁センターのネーミングの由来は仲裁法にいう仲裁を行うという以上の意味はなく、特に「仲直り」させる機関ではありませんから、「仲直りさせてくれる」という「誤解」を招くかもしれませんが、そのニュアンスは大切にしてよいと思います。

　近時着目されている修復的司法（restorative justice）は、「犯罪は、犯人と被害者及び社会との間に生じた紛争であり、刑事司法の目的はその紛争を除去して法的平和を回復することにある」という考え方です（髙橋＝伊藤＝小早川＝能見＝山口編［2016］612頁）。たとえば、犯罪被害者保護法19条の刑事裁判における民事上の和解の制度などは、そのような考えの表れのひとつということもできます。こうした考え方との関係でも、「仲裁センター」という名称には、そのような「修復」手続に積極的な機関であるとのニュアンスを含められる可能性があります。この「仲裁」という日本語のもつ意義・ニュアンスが再評価されてよいのではないでしょうか。

イ）仲裁の特質

　仲裁の特質は，基本的には ADR 一般の利点・欠点とパラレルであり，裁判と比較して簡易性・迅速性，廉価性，専門性，秘密保持性，柔軟性がある。しかし，ADR 全体の中での位置づけを考えると，仲裁はあっせんや調停と比べて裁判に近く，手続は重装備となる。たとえば，各仲裁機関において各種の手続規程が設けられており，なかには相当詳細な規程を定めているものもあるから，必ずしも簡易迅速とはいえず，廉価でない場合もある。そして，これを当事者からみると，あっせんや調停に比べれば仲裁は裁判に近いため，申立書などの書類作成や各種手続遵守に一定の負担があり，たとえば当該手続を弁護士に委任するための費用も，調停よりは仲裁を依頼する方が裁判に近い費用を要することも少なくない。

ウ）仲裁の種類

　仲裁法上の仲裁と個別法[39]上の仲裁（手続根拠規定による区別），アドホック仲裁と機関仲裁（常設仲裁機関の有無による区別），国内仲裁と国際仲裁などの種類・区分がある。

エ）仲裁の歴史

　仲裁の歴史は，少なくともローマ法時代にまでさかのぼる[40]。ローマ法では，元来，仲裁契約（compromissum）は私的約条であったが，のちに仲裁判断後 10 日以内に当事者が異議を述べなければ承認したとみなされるようになり，不履行時は「仲裁契約の事実による訴権」（actio in factum）を提起でき，相手方はこれに対し抗弁（exceptio veluti pacti）を提出することが認められた。

　その後，各国により経緯は異なるが，ドイツ（ローマ・カノン法を継受），フランス（フランス革命初期に裁判所がアンシャン・レジームの遺物とみなされたことなどを背景に，1806 年民事訴訟法〈いわゆるナポレオン法典〉により制定），イギリス（源流はコモン・ローにおける仲裁法理にまでさかのぼり，仲裁の歴史は商人の自治的裁判権と国王裁判所〈King's Court〉の裁判権の戦いの歴史であった），ア

39）個別法によるものとしては，建設業法（建設工事紛争審査会），品確法（指定住宅紛争処理機関），労働基準法 85 条（行政官庁による仲裁）などがある。
40）小島［2000］57 頁は，「仲裁的なもの」が古代ギリシア・ローマに見出せるという。

メリカ（イギリスに遅れて整備され 1920 年のニューヨーク仲裁法，1925 年の連邦
仲裁法が特筆すべきものとされる）などで仲裁法制がそれぞれ整備され，仲裁判
断が多く行われてきた。

　このように各地で独自の歴史を積み重ねてきたにもかかわらず，それぞれの
仲裁法は訴訟法と比べ，はるかに同一化の方向に進んでいるものとされ，UN-
CITRAL モデル法（UNCITRAL Arbitration Rules：国際連合国際商取引法委員会
〈UNCITRAL〉の策定した仲裁に関するモデル法）にこれが結実している。中華人
民共和国の 1994 年仲裁法も同法に影響され，大韓民国の 1999 年仲裁法（かつ
ては日本民事訴訟法に影響された 1966 年仲裁法があった），そして日本の 2003 年
仲裁法（平成 15 年法 138 号）もこの UNCITRAL モデル法に依拠し制定された
ものであり，このハーモナイゼーションは深化を続けている。

オ）仲裁の現状と課題

　日本では国際・国内仲裁ともに不活発であると指摘されることが多いが，そ
の具体的原因や内容は異なり，国際仲裁では他国の仲裁機関が選択され日本の
仲裁機関が利用されない点，国内仲裁では仲裁機関が少なく，仲裁機関の看板
を掲げていても仲裁事件がほとんど存在しない機関も多い点が指摘される[41]。
これに対する対処策としては，「予防法務活動の拡充」だけでなく「契約書に
おいて余すところなく詳細な仲裁スキームを書き込むことも考えられてよい」
とするもの[42]，「ADR と相談過程の連鎖の機能不全」を直視し「制度利用者の
視点」に立って，相談担当者による情報提供の仕方の改善（たとえば，法律相
談で教示する紛争解決手段に，訴訟や調停に限らず仲裁も含むように努めること）
を示唆するものなどがある[43]。

　しかし，仮に件数が少ないとしても，こうした紛争解決の選択肢が存在する
こと自体に意義がある。多数の選択肢から各利用者が自分に適した紛争解決を
選択できることにすでに大きな価値があるのだから，利用件数が少なくても仲

41）その原因として，山本 = 山田［2015］298 頁は，日本では裁判所に対する信頼が厚いこ
　　と（日本人は仲裁より裁判を選ぶ）や，日本人は話し合いによる紛争解決を好むこと
　　（日本人は仲裁〈裁断型 ADR〉よりも調停など〈調整型 ADR〉を選ぶ）点を挙げる。
42）小島［2004］15 頁。
43）中村［2004］237, 242, 243 頁。

裁手続はそのユニークな特徴を活かした紛争解決の魅力的な選択肢のひとつと
して手続が維持されるべきである。そして，一方でそのような選択肢としての
魅力をさらにブラッシュアップして，裁判や調停と互いに競い合い，「よい選
択肢」を提供できるよう改善を続けることが司法制度の利用者にとっては重要
であると筆者は考える。

2 ）仲裁各論──日本の仲裁法について

　日本の仲裁法は，1890（明治 23）年民事訴訟法に「第 8 編 仲裁手続」が置
かれていたものを嚆矢とし，2003（平成 15）年に UNCITRAL モデル法に準拠
して制定されたものである[44]。以下はローヤリングの観点から特に重要と思わ
れる点についてポイントを絞って論じる（本項の条文は特段の断りがない限り，
仲裁法〈平成 15 年法 138 号。以下，本項では「法」〉の条文である）。

　ア）仲裁合意（2 条）

　弁護士としては，この仲裁合意（2 条）を取る（成立させる）ことは非常に難
しいというのが実務感覚である。この合意を行うと訴訟のような三審制の手続
保障もなくなり，当該仲裁人の仲裁判断に全てを委ねることになる（39，45
条）。

　棚瀬孝雄は(a)仲裁手続の利用と(b)最終的な解決案の提示の 2 段階で合意が必
要とされることを「二重の合意調達」と呼び，その難しさを分析する。上記の
うちでも，利用者にとっては(b)がより重要な問題で，(a)は理念的には重要だが，
ある意味(b)の解決案が承諾可能なら(a)は利用者にはどちらでもよいとさえいえ
る。その意味で(b)が(a)よりも圧倒的に重要で，(a)の手続に入る段階では(b)は見
通せないことが多いので仲裁合意を取ることは非常に難しいのである。

　イ）仲裁人選任（17 条）・手続準則（26 条）・準拠法（36 条）

　これらが「当事者の合意」にもとづくとされているのは ADR の本質に根差
すものであり，ローヤリングの観点からは，民事訴訟手続では(1)担当裁判官を
当事者が選任できない点，(2)当事者の合意による訴訟手続の変更は認められな

44）山本 = 山田［2015］303 頁。

い場合がある点（証拠契約など），(3)当事者の合意で適用する法律を選択することが許されないことがある[45]（法の適用は裁判所の職責）点に対し，(4)仲裁では「当事者双方の明示された求めがあるとき」は（法でなく）「衡平と善」により判断できる点（36条4項）などが重要である。

ウ）仲裁判断（39, 45条）・執行決定（46条）

「確定判決と同一の効力」（45条1項本文）の文言にもかかわらず，仲裁判断にもとづいて民事執行をするには別途「執行決定」（46条ただし書き）が必要である。民事訴訟における確定判決には当然に執行力が備わっていること（民事執行法22条1号）と比較して，仲裁判断の法的性質を理解することがローヤリングとしては重要である。

エ）和解（38条）──特に4項の問題

①訴訟上の和解との違い　38条1項は「仲裁手続の進行中」「当事者間に和解が成立し」たとき「当事者双方の申立て」があれば「当該和解における合意を内容とする決定」ができ，同決定は「仲裁判断としての効力を有する」（同条2項）とする。ローヤリングとしては，訴訟上の和解（民事訴訟法267条。和解調書記載により当然に確定判決と同一の効力を有する）との違いを理解することが重要である。

②仲裁人が和解手続を主宰することに対する批判について　他方，ここでの手続の主体が「仲裁廷」とされていることにつき，「仲裁人による個別面接方式による和解勧試」は「仲裁人がそこで得た情報を，他方当事者に反論の機会を与えないまま，仲裁判断において利用することになるので公平でない」ため，アメリカなど西洋諸国のスタンダードに反する[46]との強い批判がある[47]。38条4項は和解勧試自体に「当事者双方の承諾」を要求する規定となっている[48]が，ここでの批判はその承諾では払拭されない制度的な問題ということになる。批

---

45) ただし一定の場合に準拠法を指定できることにつき法の適用に関する通則法7条（当事者による準拠法の選択）など。
46) 早川［2004］18頁。同書19頁はADRの枠組みを借りた「ミニ裁判」が「現代的意味のADRの起源とは矛盾する」ことを批判する。
47) 谷口［2004］203頁は，この見解を「アジア諸国の国際商事仲裁における和解のやり方」への批判という形で紹介する。

判は理解できるが，これら批判の多くはアメリカの手続との比較で論じられている。和解手続についてアメリカと日本では民事訴訟手続の根本が異なる。アメリカでは，裁判手続でも訴訟手続に関わった裁判官が和解を主導することが少ないのに対して，日本は民事訴訟法において担当裁判官自身による裁判上の和解勧試・和解手続が制度上用意されている[49]（民事訴訟法 89 条）。（仲裁合意がなければ手続がスタートしない仲裁と異なり）応訴を強制される「訴訟」という手続でもそのような規律となっているのである。民事訴訟法改正その他立法措置を採らない限り変更しようがなく，その意味でこれに対する批判は解釈論ではなく立法論である。

　筆者自身，弁護士会仲裁センターの規則制定や書式作成にかかわった経験では，仲裁人が和解手続を執り行うことについての問題意識は確かに薄かった。それは上記のように裁判でさえ裁判官自身が和解勧試を主宰する手続に慣れきっているからであろう。そのような手続保障を期待する利用者のためには，別のメニュー（たとえば和解勧試は全く別の裁判官が担当するという新しい手続）があった方がよい。しかし，現在の民事訴訟法によって応訴強制がされている日本の法状況では，どちらにしてもファイナルステージで手続関与者が話し合いを主宰する法制度（裁判上の和解）が登場することが予定されている。とすれば，仲裁合意さえしている当事者の手続においてこれを批判するのは二重の意味で疑問がある。確かに「裁判官が和解を勧試しても中立性に問題がない」という考え方は，ちょうど刑事手続において「公判前整理手続（刑事訴訟法 316 条の 2 以下）に受訴裁判所裁判官がどれだけ関与していても予断排除の原則には反しない」「令状審査にあたった裁判官が本裁判に関与しても予断排除

---

48) 近藤昌昭判事は 38 条 4，5 項につき，「日本では仲裁廷等による和解の勧試が一般的」だが「国際的には必ずしも一般的とは言えず，その要件を定めておくことが日本の仲裁法の信頼をより高める」との観点から規定されたものとする（三木＝山本編 [2006] 303 頁）。

49) 裁判上の和解の強制的要素につき，石川 [2014] 43 頁，垣内 [2000]（特に 759 頁）。垣内 [2003] はドイツの議論を参考に(1)和解勧試できる場合を限定し，(2)強制の契機のともなわない限度で和解勧試を認め，(3)和解案の内容を実体法的に拘束するという 3 つの「法的規律に関する具体的なアプローチ」を検討し，一定の場合に当事者に心証開示請求権を認め解決を図ろうとする（これに対する批評として石川 [2012] 146〜150 頁）。

の原則に反しない」と説明されている（「裁判官の頭の中は，あたかもコンピュータの C ドライブと D ドライブのように分けられる」と説明する者もある）のに対する場合と同じような違和感があることは確かである。しかし，実際「和解により心証を取られて判決の結論が変わった」という例は聞いたことがなく，筆者自身体験したこともないし，日本の司法利用者が期待しているのはこのような「裁判上の和解」であるように感じられる。だからこそ，欠席判決を除いた事件では相当に大きな割合で事件が和解によって終結している[50]のであり，裁判所側からみてもこれによって解決・事件処理してゆくことに大きな役割を見出しているように思われるのである。

　さらにいえば，仲裁は曲がりなりにも仲裁合意という当事者の意思を基礎としているのに対し，裁判は応訴強制により相手方は否応なしに手続に引き込まれるのであるから，むしろ裁判の方が仲裁よりも手続保障が厚くなければならない。しかるに，判決を下す裁判官自身による裁判上の和解を認める民事訴訟法 89 条や同法 267 条を座視して仲裁人による和解を格別に非難するのはバランスを欠く。反対論者がいう手続保障の趣旨を徹底したいとすれば，まず攻略・打倒されるべきは訴訟上の和解に関する民事訴訟法 89，267 条その他の民事訴訟法の諸規定であり（すなわち立法論である），そこを乗り越えずして 38 条 4 項の問題（こちらも立法論である）にはたどりつけないのではなかろうか[51]。

　前掲図 6（小島「正義の総合システム」）の紛争解決手続の各「層」の境界を明確にしてこの点を整理する（図 7）とすれば，「裁判」と「訴訟上の和解」などの境界である手続層境界線Ⓐを突破して裁判官という同一手続主宰者とすることを放置して，同じ手続層境界線Ⓑ内にある「仲裁」と「訴訟上の和解」の混同を批判することは順序が逆であるように思われる。

　以上からすれば，まず真の「合意」を担保すること，そして和解協議の運営

50）補論 1 注 2 参照。
51）山田［2020］591 頁は Med-Arb（調停を先行させ不成功の場合に同一手続主宰者により仲裁を行う）を中心に，Arb-Med（逆に仲裁を先行させ，その中で仲裁人が調停を試みるもの）を併せた「ハイブリット型手続」を検討する論稿であるが，Med-Arb で調停のために提出された情報が仲裁判断の基礎となり得ることを理由に「手続公序違反とする法圏もあるが，近時は，実務の要請の強さの前に批判論は後退気味」であるとする。

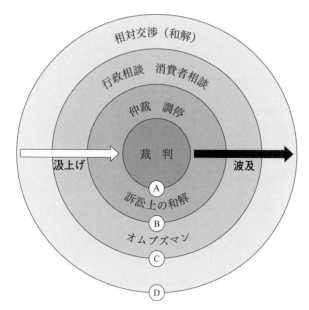

図7　「正義の総合システム」と各手続の「層」の境界線

出所）図6に同じ。

上仲裁人が利用者の自由な意思を制圧したりこれに影響を与えるような不当な
行動をとらないこと，及び利用者自身の合意に対する理解状況や納得の程度に
ついて十分な配慮をすることなどの前提条件は必要となるが，仲裁手続におい
て和解を試みる手続が置かれていること自体は積極的に評価してよいものと考
える。

3）調停総論

ア）調停の意義

「調停」は，一般に「紛争当事者が，手続主宰者（調停人）による仲介等の
援助を得ながら，解決合意の成立を目指す自主的手続」と定義される[52]。

イ）調停の特質

「調停は法規ないし条理にもとづく裁判である」とする考え方（調停裁判説）
と「当事者の合意こそが調停の本質である」とする考え方（調停合意説）があ

表4　同席型とコーカス型との比較

	同席型	コーカス型（別席型）
長所	・直接対話で理解が深まる ・相手の言動をチェックできる ・当事者が主体性を失わない	・感情の高ぶりを抑えられる ・言い分を聴きやすい
短所	・感情が高ぶる	・相手への疑心が増す ・相互理解の可能性が低い ・言動の誤りをチェックしにくい ・調停人に情報が集中して影響力が 　強くなりすぎる

出所）和田＝中西［2011］213頁をもとに作成。

るが，少なくとも日本の民事調停では当事者が合意をしても調停委員会が「不相当」と判断すれば「調停が成立しないものとして，事件を終了させることができる」との規定がある（民事調停法13条[53]）点で，調停合意説を徹底することは困難である。

ウ）調停の技法

①別席・同席調停の長短　　日本では歴史的に別席調停（≒コーカス[54]）の実務が行われてきた[55]。同席で手続を進めることとの比較（コーカスの長所と短所）は和田＝中西［2011］の整理によれば表4のとおりである[56]。

　特に1990年代に入ってアメリカの議論や実務も踏まえて，当事者自身が紛

---

52) 山本＝山田［2015］151頁。同書150頁以下では，アメリカ法，ADRに関するEU指令，日本の諸学説を引きながら，調停技法が多様で調停そのものについて論点が多くあることから「国内においても，調停の理論的定義は収斂をみておらず，国際的にも，普遍的な定義は見いだし難いのが現状である」と述べて，同書における調停の定義を上記引用のように記載している。

53) 家事事件手続法271条も調停委員会の判断で「調停をしないものとして，家事調停事件を終了させることができる」と規定する。

54) 調停人が一方当事者のみと話をし，その内容を相手方当事者は直接知ることができない調停技法（山本＝山田［2015］151頁）。同書は日本では「調停や訴訟上の和解で一般的にこの方法が採られ」「民間型調停においてもコーカスを原則とする機関は少なくない」とする。

55) 日本では，裁判上の和解手続も別席で行われるのが一般である。

56) 和田＝中西［2011］213頁。

争自体にむきあう努力をする解決の主体・中心であるべき（調停人への依存の排除），表情・言い方も含めたコミュニケーションを充実させるべき（調停人を介すと情報量が減少する）などの意見を根拠に同席調停の重要性が強調され，日本の調停実務でも活用が推奨された。しかし，(a)当事者の感情的対立が激化・深刻化することも少なくない，(b)DV事案など同席では心理的・精神的に十分発言できない当事者のこともあり，その場合新たな被害を誘発しかねない，(c)実施自体に相当の時間と手続を要し中途半端に行うとかえって紛争が錯綜するといった問題点もあり，現在の日本の調停実務では必ずしも主流とはなっていない。近時は，当事者双方が進んで話し合いに参加することを前提として開始されるアメリカの mediation とは違い，調停は過料の制裁を背景に半強制的に相手方をテーブルにつけることからスタートする（民事調停法 34 条，家事事件手続法 258，51 条）点に着目し，両者を同一には論じられないという指摘もなされている。

　ADR の良い点は手続が柔軟なところにあるのだから，良いローヤリングとしては，事案やポイントを見極めて（調停人ではなく）代理人弁護士の方から同席・別席の希望を積極的に述べて手続をリードしたり，事案の中でも事実経過確認は同席にして双方の譲歩の内容を探る部分では別席にしたりといった点を，（調停人任せにするのではなく）当事者・代理人の立場から積極的に提示して（これも一種の「選択肢の開発」である），当該当事者・当該事案に適した手続となるように努力することが重要である。

　②裁判上の和解技術論の援用　　かつては「双方に敗訴の可能性をちらつかせ恫喝して判決起案を回避する押し付け和解」「足して 2 で割る和解案」の問題点などを背景に「和解判事となるなかれ」などと説かれたこともあったが，とりわけ草野芳郎『和解技術論』（信山社，初版 1995 年，第 2 版 2003 年，さらに改訂・増補を経て 2020 年に『新和解技術論』として刊行〈草野［2020］〉）の影響は大きく[57]，裁判官の和解技術に対する理解や研究も進展し[58]実務も大きく改善した。

---

57) 垣内［2018］13〜34 頁。

58) 後藤 = 藤田編［1987］，裁判所職員総合研修所監修［2010］など参照。

　特に重要なのは，各種の説得技術[59]，和解案の類型[60]などの理論である。裁判官のこのような技法は，ローヤリングの観点から，弁護士の交渉技法としても応用が可能である[61]から，裁判官のこれらの技法について十分理解する必要がある。また最終的な和解・調停条項の書き方は当該合意が債務名義となることもあり，多様な選択肢を開発するうえで引き出しが多くある代理人弁護士の方がよりよい実務を行うことができる。その意味で，選択肢を豊かに開発し，また適切に絞り込むための準備としてこのような裁判官の和解技術に習熟することは重要である。

4）調停各論

　以下では，民事調停・家事調停について，ローヤリングにおける選択肢の開発と絞り込みの観点から当該作業に必要な知識として各制度の長短を検討する。

ア）民事調停

　民事調停は，「民事に関する紛争につき，当事者の互譲により，条理にかない実情に即した解決を図る」ことを目的とする（民事調停法1条）ADRである（ADR法1条）。

　①民事調停の長所　　ADR一般の長所として挙げられているもの（224〜225頁）の多く（自主性[62]，非公開性[63]，簡易・迅速で廉価[64]，専門家の知見[65]を活か

---

59) 草野［2020］46〜82頁は「四　説得技術」について，(A)基本型（当事者の言い分をよく聞く／誠意をもって接する／熱意をもって粘り強く頑張る／当事者の相互不信を解くよう努力する／当事者の心理状態をその人の身になって考える／真の紛争原因を探り，その解決を目指す／具体的話し方を工夫する／和解の長所を説き，良い和解案を出す／相手の逃げ道を用意し追い詰めない／現地を見分する），(B)応用型（基本型と逆の方向をとる／裁判官の職務を強調して強く出る／当事者の意識していない困ったことを指摘する／間を置く／発想法を転換する）に整理する。このような裁判上の和解の「説得」技法の型は調停手続にも影響を与えている。ただし，この「説得」はパターナリズムと隣り合わせ（やり方によっては，パターナリズムそのもの）であることに厳重な警戒が必要である。

60) 草野［2020］105〜142頁。多数の方法が整理されているがなかでも有効なのは「(2)応用型①金銭を支払う型⑦一部完済後免除型」である。この方法は実際の紛争に適合し当事者の心情にも沿う良い解決となることが多い。

61) 前注及び209頁参照。

したきめ細か[66]で実情に沿った解決[67]など）は民事調停についても基本的にはあ
てはまるとされるのが一般的である。これに加えてADRの中で特に民事調停に特
徴的な長所[68]としては，(a)解決結果が債務名義となる[69]点，(b)法曹資格をもっ
た公務員である裁判官（ないし民事調停官）が調停主任として関わる点，(c)高
い能力を有する裁判所書記官が調書作成のみならず手続進行のマネージャーと
して多く手続に関わる点，(d)幅広いバックグラウンドから選任された調停委員
の質が一般的には高い点，(e)長い歴史がある点，(f)手続機関たる簡易裁判所が
全国に配置されロケーションとして網羅的である点などが挙げられる。また，
(g)証拠調べなどが可能（民事調停法 12 条の 7）である点，(h)調停に代わる決定
（同法 17 条）などができる点も重要である。

　②民事調停の短所　　ADR 一般の短所や限界として指摘されている点（225
頁）は基本的に民事調停にもあてはまる。これに加えて，民事調停に対して特
にあてはまる短所としては，以下のようなものがある（その多くは，家事調停

---

62) 当事者の申立てにより開始し（民事調停法 4 条の 2），いつでも取り下げられる（同法
　19 条の 2）。事実調査・証拠調べにつき当事者に申立権があり（同法 12 条の 7），当事
　者の互譲（同法 1 条）にもとづいた調停の成立は，一定の例外（同法 17 条など）を除
　き「当事者の合意」を基礎とする（同法 16 条）。ただし，調停手続は裁判官たる調停主
　任（同法 7 条）の「指揮」による（同法 12 条の 2）などの点を勘案すると ADR の中で
　も「自律性」は低い手続と評価できる。
63) 民事調停法 22 条，非訟事件手続法 30 条本文。裁判官のみならず調停委員も守秘義務を
　負う（民事調停法 38 条）。
64) 申立てにあたっての貼用印紙は訴訟提起時（民事訴訟費用等に関する法律 3 条 1 項別表
　第 1 第 1 項）の半額である（同 14 項）。
65) 山本 = 山田［2015］表 2.1「民事・家事事件調停委員の職業別内訳」では弁護士だけで
　なく医師・大学教授・公認会計士・不動産鑑定士などが調停委員に選任されていること
　が分かる。
66) 手続面ではたとえば「事件の実情」に応じた「裁判所以外での調停」（現地調停。民事
　調停法 12 条の 4）。解決内容の実体では「条理」「実情に即した解決」（同法 1 条）。
67) 「条理にかない実情に即した解決」（民事調停法 1 条）。
68) 廣田［2001］114 頁は調停の長所として(1)ロケーションが網羅的，(2)人的配置（調停委
　員，裁判官，書記官，司法委員，調査官）・物的施設（整備された裁判所の建物），(3)国
　家予算で運営され当事者が低廉に利用できる，(4)公正性・中立性（それに対する人々の
　信頼が厚い）を挙げる。
69) 民事調停法 16 条，民事訴訟法 267 条，民事執行法 22 条 7 号。

の短所とも共通する）。

　すなわち，1960 年代に始まった川島武宜による批判（「仲裁的調停[70]」，「上から」「人々に権利義務を意識させず」「丸く納める」調停，そこに現れた「日本人の法意識」そのものなどが批判された），1990 年以降の弁護士会仲裁センター設立時になされた批判（調停委員を選べない，遅い〈期日が入らない〉うえに費用が高く不親切，紛争解決の対象範囲が限定される），廣田尚久『民事調停制度改革論[71]』（信山社，2001 年）などによる批判，早川吉尚「日本の ADR の批判的考察——米国の視点から[72]」などによる「仲裁と調停の混同」への批判及びアメリカの mediation や Med-Arb（242 頁）などとの比較からの批判などである。

イ）家事調停

　家事調停は，「家庭に関する事件」一般について行われる調停であり（家事事件手続法 244 条）[73]，ADR である（ADR 法 1 条）。

　①家事調停の長所　　ここでも，基本的には ADR 一般の長所[74]が家事調停に

70）川島［1967］168 頁以下は，借地借家調停法制定（1922 年）に始まる各種調停制度導入の狙いは(1)紛争を権利義務の関係として処理しないようにすること，(2)紛争を「丸く納める」こと，(3)この時期においてはもはや紛争を「丸く納める」力をもたなくなった「有力者」にかわって，裁判所を背景とする調停委員会（そのメンバーの 1 人は裁判官である）に上記のような「丸く納める」調停の役割を担わせることの 3 点にあったという（「仲裁的調停」の定式）。

71）廣田［2001］112〜123 頁は，調停が「ピラミッド型の司法行政に組み込まれ」限界を越えられないとして，以下のような問題点を指摘する。すなわち，(1)調停主任＝裁判官・家事審判官が調停の場にほとんど同席しておらず，(2)裁判官に精確な情報は伝わっていない（少なくとも，多くの当事者はそう思っている）。そして，(3)時々しか顔を見せない裁判官にコントロールされ(4)調停期日が 1 カ月に約 1 度しか入らず 1 期日は 1〜2 時間，尻切れトンボで当事者に欲求不満が残り，振り出しに戻ることも不満のもとになる。さらに，(5)当事者が裁判官・調停委員を選べない，(6)調停委員の体系的トレーニングがされていない（されていても不十分），(7)「話し合いがつかないのならば，不調にして，訴訟を出したらどうですか」という調停人が少なくない，などの問題もある。これらをまとめ，廣田は，(8)上記問題点は「調停が訴訟の下位に置かれている」という事実から影響を受けて出てくるもので，「結局，調停がピラミッド型の司法行政にコントロールされているという元の問題に戻る」，すなわち「わが国の裁判所における調停の最大の問題点は，それが裁判所で行われていること自体にある」とする。

72）早川［2000］。調停と仲裁の連続による手続保障欠如の問題が批判される。

73）ただし，別表第一事件に関する事項（審判事項）を除く（同法かっこ書き）。

もあてはまる。家事調停に特徴的な長所としては，(a)民事調停の長所として指摘した点の多く[75]も家事調停一般の長所としてあてはまるほか，(b)家庭裁判所調査官・医師たる裁判所技官を活用できる[76]こと，(c)家事事件は男女で事件の見方が異なることも少なくないが，多く男女の家事調停委員がペアで担当するものとされている[77]ことなどがある。また，(d)家事事件手続法 53 条（258 条で調停手続に準用）は，電話会議・テレビ会議による調停手続を規定し，音声の送受信による電子機器などを用いた手続などの調停手続のために様々な規定を設けた。これまでは，物的設備の限界や関係者の ICT 技術の習熟状況などからか十分には利用されてこなかったが，近時「民事訴訟の IT 化」が進められていることに加えて，2020 年コロナ禍以降のリモート・ICT 利活用の進展状況から，今後は急速にこの活用が進むことが想定される。離婚調停など昼間に仕事がある中で調停期日への出頭確保に苦心していた当事者にとっては良い面もあるものの，ICT 上の手続によるコミュニケーションが十全に行い得るかどうかなど，新しい課題も生じてくると思われる。さらに，(e)家事事件は各種紛争の中でも特に人の心情に深く関係したり，DV・虐待その他の暴力をともなう事案も含まれる点に特色があり，これに対する各種配慮が家事事件手続法でなされている点は長所といえる。

74）自主性（家事事件手続法 255 条による当事者申立等），非公開性（同法 33 条），簡易・迅速で廉価（申立時貼付印紙は原則 800 円），専門家の知見（同法 264 条の家事調停委員の専門的意見聴取など）を活かしたきめ細かで実情に沿った解決（同法 265 条の現地調停など），証拠調べ（同法 258 条の準用する 56 条），合意に相当する審判（同法 277 条），調停に代わる審判（同法 284 条）など。

75）(1)解決結果が債務名義となる点（家事事件手続法 268 条），(2)法曹たる裁判官ないし家事調停官が調停委員会のメンバーとして関わる（同法 248，251 条 2 項）点，(3)裁判所書記官が調書作成（同法 253 条）のみならず手続進行のマネージャーとして多く手続に関わる点，(4)幅広いバックグランドから選任された調停委員の質，(5)長い歴史，(6)手続機関たる家裁が全国に配置されロケーションとして網羅的である点など。なお，家裁調査官は同じ家裁で少年事件の調査も行う。実際には離婚調停が係属する夫婦の子が同家裁の少年保護事件で審理対象となることもある。小規模家裁では裁判官など人的資源も共通し双方事件を同裁判官が担当することもみられる。

76）調査官による事実の調査（家事事件手続法 58 条），技官による診断（同法 60 条）など。

77）人員配置などの関係で同性のペアになることもある。なお，多様な性のあり方をどう考えるかということは今後さらなる検討が必要となろう。

②家事調停の短所　　民事調停と同様に ADR 一般の短所・限界として指摘される点[78]は基本的に家事調停にもあてはまる。なかでも特に「上から」「人に権利義務を感じさせずに」進められてきたという批判は家事調停に対してもむけられてきた。また，家庭に関する問題については年齢による捉え方も異なり，家事事件の多くを占める離婚事件では熟年離婚の事件もあるが 20〜30 代の当事者も少なくない中で，調停委員の最低年齢は原則として 40 歳とされており（民事調停委員及び家事調停委員規則 1 条），実際の調停委員は 60 代や 70 代の人が多数いる（調停委員の仕事には相当の時間を取られるため現役世代がフルタイムで仕事をしながら多数の事件を担当することは困難である）ため，調停委員と当事者との間に「親と子」ならず「祖父母と孫」ほどの年齢差がある場合もあり，それが当事者の固執するポイントと異なる観点を示せるメリットもあるが，あまりの懸隔が共感を形成するための障害となる場合もある。

5）その他の ADR

ア）弁護士会 ADR

1990 年第二東京弁護士会は「第二東京弁護士会仲裁センター」を設立した。当時，弁護士会に与えたインパクトは大きく，各地で同種のセンターが設立された。

①弁護士会 ADR センターの手続（愛知県弁護士会の例）　　具体的な手続などは各弁護士会によって異なるが，本書では筆者自身が運営委員として設立に関わりあっせん仲裁人候補者を務め，事件で実際に多数利用した経験がある愛知県弁護士会紛争解決センターの手続を以下に素描する。

(1)申立人がセンターに「あっせん・仲裁申立書」を提出して手続が開始される。(2)申立手数料は 1 件 1 万円及び消費税。期日手数料はなく，和解成立また

---

78) (1)家事審判のように相手方を手続に引き込む強制力がない，(2)裁判所の公的役割（法形成・法宣言）放棄，(3)当事者間格差の追認可能性（ラフ・ジャスティスや二流の正義，「声が大きい者・机をたくさん叩いた者が勝つ」といわれる問題），(4)真の合意の担保に関する疑義など。ただし，家事事件の本質的な非公開性（最大決昭和 41 年 3 月 2 日民集 20 巻 3 号 360 頁参照）ゆえ，「解決の公開性が失われる」という点は民事調停と同一には論じられない。

は仲裁判断時には成立手数料を双方が支払う。(3) ADR 調査室員（弁護士）が裁判所書記官的な職務を担い，手続実施者選定や期日調整などを行う。(4)あっせん・仲裁人は，センターが 1 人選任することが原則。事案によっては建築士や不動産鑑定士，カウンセラーなどの専門家仲裁人とペアで進行することもある。(5)複雑な事案などについては若手弁護士や弁理士などが専門委員として参加する手続もあり，(6)相手方から出欠の可否などの回答書，事案についての答弁書の提出を受けたうえで，(7)あっせん・仲裁期日が開催される。2 回目以降は概ね 2〜3 週間に 1 回開かれる（裁判が 1 カ月に 1 回しか開かれないことに対するアンチテーゼの意味もある）。(8)場所は弁護士会館（名古屋・西三河）が原則であるが，あっせん・仲裁人の法律事務所や事故現場・日照被害の現場（現地）開催も可能である。(9)最終的には仲裁判断のほか，和解による解決も可能であり，名古屋簡易裁判所（即決和解手続）・名古屋家庭裁判所（即日調停手続）との連携による債務名義化の方策も用意されている。

②弁護士会 ADR の現状と課題　　弁護士会 ADR に対しては，裁判制度の改革・改善への刺激として大きな期待が寄せられ，関係者の懸命の努力と働きかけによって充実した審理がなされているが，全国の ADR センターを俯瞰した場合，この仕組みは全国の全弁護士会に波及している段階にはいまだない。各センターにより事件の多寡もバラツキがあり，申立件数についても，残念ながら ADR 法制定後も必ずしも増加にはつながっていない。

イ）交通事故紛争処理センター

交通事故の主な ADR には日弁連交通事故相談センター（日弁連関連団体である財団法人日弁連交通事故相談センターが設立）と交通事故紛争処理センター（紛セ。損害保険業界〈日本損害保険協会〉が設立）がある。

費用が無料である点や，賠償基準が（自賠責基準や保険会社基準ではなく）裁判例の基準となっている点は双方に共通であるが，紛セにおける特徴的な手続としては，審査会の裁定についての片面的な拘束力（保険会社は異議を申し立てられない），保険金不正請求が疑われる事案に関する保険会社からの訴訟移行の申立て（認められると紛セの手続は終了する）がある。

ウ）アメリカの各種ADR

アメリカでは下記のような各種ADRの手続があり[79]，なかでも特に⑤最終提案仲裁は，日本の調停その他のADRにおいても応用可能かつ重要である。

①調停人による仲裁（Med-Arb）　まず調停人として和解契約の成立を目指し，不調時に今度は同一人物が仲裁人として仲裁判断を下すことをADR手続実施契約としてあらかじめ合意して行う手続をいう。当事者が両手続で主張を繰り返す必要がなく効率的であるが，調停段階の空洞化（主張立証の出し惜しみ・率直な心情開示の躊躇）や，調停と仲裁の連続による手続保障の難しさなどの問題がある。ただし，日本の実務は訴訟上の和解手続（民事訴訟法267条）自体に抵抗がない（232頁。そのこと自体にも批判がある）。アメリカの手続に対する考え方がそのまま日本に適用できるかどうかについては異論もあり得る。

②強制仲裁（Mandatory / Compulsory Arbitration）　裁判所付置の（court-annexed）裁断型ADRの一種であり，裁判所に提訴された事件のうち，訴額や紛争類型など一定の要件を満たすものは，裁判所付属の仲裁手続を経ないかぎり，正式な裁判（トライアル）を受けることができないとして，仲裁手続が強制されるものとされる。日本の民事訴訟や家事審判において付調停（民事調停法20条，家事事件手続法274条）の制度があるのにも類しているが，当事者の合意により最終的に成立する調停とは異なり両当事者を拘束する「仲裁」を強制する点が特徴的である。

③ミニ・トライアル（Mini-trial）　1977年にTRW社とテレクレジット社との間の特許権侵害事件の紛争解決のために用いられて以来，私的な裁判外紛争解決手続として高く評価され，訴訟係属中の紛争の和解にも積極的に利用されているといわれる。非公開手続であり，各当事者に選定された代表者と両当事者の合意にもとづいて選任された中立的助言者（neutral adviser）をメンバーとするヒアリング・パネルが構成され，当事者を代表する弁護士によるプレゼンテーション・証拠調べ・弁論などを経て，和解交渉の後，和解不成立時は，中立的助言者が拘束力のない勧告的意見を提示し，異議申立てがなければ，異議

79）以下は，小島［2001］31頁以下を参照した。

権不行使による判決（judgment by acquiescence）としての効力をもつという手続が一般的であるとされる。

④**早期中立評価（ENE：Early Neutral Evaluation）** 裁判所で行われる ADR の一種。プリトライアルの早い段階で，事件概要についての当事者及び代理人である弁護士の説明を聴き，中立的な弁護士が拘束力のない評価を行う手続である。

⑤**最終提案仲裁（FOA：Final-offer Arbitration）** 仲裁人が各当事者から提示された一定の金額のうち，いずれかをそのまま選択する手続である。なかでも，野球の年俸交渉に使われてきた手続である「野球式仲裁（Baseball Arbitration）」の方法（仲裁人があらかじめ自身の適切な金額を決めておき，それに近い金額を提示した方を採用する旨宣言して行う FOA）は非常に興味深い。単に，自分の欲望のままに金額を書けばよいのではなく「仲裁人はどう思うだろうか」「公平な金額は何か」ということを意識せざるをえない[80]。実際には，双方の提示が逆転することもあるといわれ，調停・裁判上の和解など他の ADR にも応用可能である。

⑥**レンタ・ジャッジ（Rent-a-judge）** たとえばカリフォルニア州法では，係争事項について専門知識を有する第三者（通常は退職判事）を起用して紛争解決を行うことが認められており，「裁判所で解決を望んでいる者に対し，正規の手続とは異なる特別の手続を取り決める途を開くことで，法的救済へのアクセス・ルートを多元化しようとする試み」であると評価される[81]。現職の裁判官が多様かつ多数の事件を抱えているのに対し，少数事件に特定の判断者を専従させ，しかも，当該判断者が当該種類の係争の専門知識を有していれば内容的にも充実した審理・判決が期待できるだろう。コストの問題や判断者の給源の問題はあり得ると思われるが，日本でも今後導入が検討されてよいのではなかろうか[82]。

80）極端な額を提示すると仲裁人が相手の提案を採用してしまうかもしれないからである（山本 = 山田 ［2015］27 頁）。
81）小島［2001］45 頁。

第 5 節　ADR の技法——各論 2

1 ）法律相談・交渉・ADR の技法の関連性

　ローヤリングにおいて法律相談や交渉で取り扱われる各種の技法（積極的傾聴，サマライジング，パラフレージング，リフレーミングなど）は，ADR の技法としても活用されることが多い。これは法律相談・交渉・ADR がいずれも「人間」を対象にするものである以上，共通部分があるからであり，この意味で各種技法は相互に関連・影響（クロスオーバー）しあって発展してきている。

2 ）各技法の位置づけの違い

　ただし，各技法についての位置づけは各手続で異なる面がある。

ア）積極的傾聴の位置づけについて

　たとえば積極的傾聴は，交渉や ADR よりも法律相談で強調されることが多い。法律相談における積極的傾聴は相談者との信頼関係を作りながら相談者の心情を理解してゆこうとする行為であるが，ADR ではたとえば同席調停など相手方もいる場面で一方当事者との信頼関係のみを形成すれば足りるのか，逆に相手方のことを気遣いながら話を聞いている手続主宰者について当該聴取を受けている者はどう感じているのか，その中で信頼関係を十分に形成していけるのかといった複雑な問題がある。

イ）パラフレージング・リフレーミングの位置づけについて

　また，逆に，パラフレージングやリフレーミングは，法律相談や交渉よりも ADR において強調されることが多い。ADR の方が，一方当事者が述べた事柄を他方当事者に伝えるという場面が多く，枠づけをし直したり（リフレーム）言い換えたり（パラフレーズ）する機会が多いことによる。法律相談でもそのような場面はあり得るが，相談者本人の言葉を言い換える必要がある場面は比

82）ただし，これを弁護士以外の者が行えば非弁行為（弁護士法 72 条）となり，退職裁判官などが弁護士登録して取り扱う場合も弁護士の中立調整的業務の可否という弁護士倫理上の問題がある。

較的少ないように思われる（勝手に言い換えること自体が難しい問題を孕む）。あえて考えられるとすれば，法律相談の中で相手方の言い分を説明する場合などに言い換えなどの有用性がある場合はあり得るが，ADR の場面ほど多くないだろう。

ウ）小　括

以上のように，法律相談・交渉・ADR の各場面で各技法の位置づけは異なる。しかし，相互に関連していることは間違いなく，今後もその点を十分に意識した研究と実践が必要になるものと思われる。

第6節　ADR と「選択肢の開発と絞り込み」

本書では，法律相談・面談，事件受任，交渉といったローヤリングの各場面において「選択肢の開発と絞り込み」が重要であることを説いてきた。このことは，ADR の手続においても[83]重要である。

上記過程で開発され絞り込みがなされてきた選択肢は，ADR 手続主宰者（仲裁人・調停委員など）とのさらなる「選択肢の共同開発作業」及び「選択肢の絞り込み作業」により一層純化・洗練・厳選されたものとなり紛争解決に適するものへと高まってゆき，これを関係者全員が納得し応諾したところで和解が成立して紛争は解決することとなるのである。

このうち「選択肢の開発」については，これまでの ADR 関係の文献でもふれられているものは少なくないが，必ずしも強調されてはこなかった。また，「選択肢の絞り込み」についても，ADR においては，ほとんど論じられてこなかったように思われる。

他方，ADR においても選択肢のパラドックスへの配慮が必要である。ADR 手続の中でも，「本当にこの選択で良いのだろうか」と悩む場面は多く，仮に弁護士その他第三者からせっかく良い案が提示されていても，一度当事者が家に帰り PC やスマートフォンで種々検索した結果，迷路に迷い込んでしまうこ

83）さらにいえば，ADR は「裁判」以外の手続の選択肢を増やすこと自体にも意味がある。

とも少なくない。ここで，ADR 手続主宰者が当事者と「一緒に[84]悩み，考える」ことによって，当該事案に適切な選択肢へと「絞り込んでゆく」ことには大きな意義がある。

　以上の点を，210 頁でまとめた「法律相談と交渉全体での「選択肢の開発と絞り込み」」に ADR 手続を含めて整理すると，「選択肢の開発と絞り込み」の理想的な形は，表 5 のようにモデル化できる（当事者 A が弁護士 L1 に依頼し，当事者 B が弁護士 L2 に依頼し，ADR 手続主宰者 M〈調停人など〉の ADR 手続が利用された場合。調停を例とした(Ⅶ)以降が ADR 手続）。この中でも(Ⅵ)の紛争解決手続の選択自体に幅広く豊饒な選択肢を用意することにこそ ADR を活性化させることの意義がある[85]。

　各紛争の当事者・弁護士・調停人・紛争内容が個性をもつのでモデルどおり進まないことも多いが，これまで日本の ADR では，多数の選択肢の開発は重要視されてこず，選択肢数も少なかった。しかし，この手続により，各当事者・弁護士・調停人が相互に情報を開示しあって必死に選択肢を開発して良いものに絞り込んだ結果，成立した合意内容が豊かなものになり，当事者の「納得」が得られると考えられる。これらについては，交渉で論じたことがそのまま ADR にもあてはまる。とりわけ，ADR で第三者の客観的視点が強く影響した作業になるため，依頼者の「納得」は相対交渉の時よりも高まる可能性が高い。

　ローヤリング科目では交渉や ADR の知識だけでなくこの「選択肢を開発しようとする姿勢」を法科大学院生に理解してもらいたい。アメリカのロースクールでも，限られた授業時間を背景に ADR の知識を「教え込もう」とする

---

84) この「一緒に」というところが難しい。中村［2004］249〜251 頁は「弁護士からすると，法的観点からのアドバイスが，眼前の事案における唯一の結論のように思いがち」だが，所詮それはひとつの見方にすぎず，「相談者がどのように受け止め自らの新しい物語を如何に作っていくかという部分では弁護士も専門家ではありえない」と指摘する。
85) 垣内［2015b］127 頁は，民事訴訟制度は，当事者の自己決定の条件を確保し，当事者個人の尊厳を確保するための手段であること，そして自己決定が十分な実質を得るためには，多様な選択肢が現実的に利用可能である必要があり，ADR の促進は当事者の自己決定権の豊饒化であることを明晰に整理している。

表5　法律相談・交渉・ADR全体での「選択肢の開発と絞り込み」

(I) 事前の法律相談①〈AとL1〉	AとL1が交渉前の事前の法律相談で多数の選択肢を開発し（A1〜An），3つに絞り込む（A1〜A3）。
(II) 事前の法律相談②〈BとL2〉	BとL2も交渉前の事前の法律相談で多数の選択肢を開発し（B1〜Bn），3つに絞り込む（B1〜B3）。
(III) 交渉〈L1とL2〉	L1とL2が交渉を行う。双方でラポールが醸成できたら，それぞれ持ち寄った選択肢（A1〜A3・B1〜B3）を提示しあい，さらに双方で新たな選択肢を開発する（P1〜Pn）。その上で，L1とL2で3つの選択肢に絞り込む（C1〜C3）。
(IV) 選択肢を持ち帰っての再度の法律相談（打合せ）	L1とL2は上記の新たな3つの選択肢（C1〜C3）を持ち帰り，それぞれの当事者（A・B）と検討する。それによって，さらに選択肢を新しく開発し，3つに絞り込む（AにつきA'1〜A'3，BにつきB'1〜B'3）。
(V) 再交渉〈L1とL2〉	L1とL2で(III)を繰り返す（ここで，この時妥結に至らなかった最終選択肢をX1〜X3とする）。
(VI) 紛争解決手続の選択〈A・L1／B・L2〉	相対交渉では解決しないことが明らかとなったとき，AはL1と，BはL2と，どの紛争解決手続を選択するか（訴訟か，仲裁か，調停かその他か），具体的にどの機関に申し立てるか（管轄に制限のない第二東京弁護士会の仲裁センターか，名古屋家裁の家事調停かその他か）などにつき，各機関や手続の長短，費用，期間，見通しなどを検討する中で協働して選択肢を開発しこれを絞り込む。調停や仲裁等手続選択に相手方の同意が必要なADRを選択しようとするときはL1とL2との間での協働作業（選択肢の開発と絞り込み）も必要である。このような作業を繰り返して紛争解決手段が絞り込まれてゆく。
ここからADR手続に入る	
(VII) 第1回ADR期日〈A・L1／B・L2とM〉	両当事者にMが加わる（方法は同席とコーカスがあり得る）。両当事者から交渉決裂時の最終選択肢（X1〜X3）についてMに説明し，Mも加わって，さらに選択肢を新しく開発し，3つに絞り込む（Y1〜Y3）。
(VIII) 選択肢を持ち帰っての再度の法律相談（打合せ）	L1とL2は上記の新たな3つの選択肢（Y1〜Y3）を持ち帰り，それぞれの当事者（A・B）と検討する。それによって，さらに選択肢を新しく開発し，3つに絞り込む（AにつきA"1〜A"3，BにつきB"1〜B"3）。
(IX) 次回ADR期日〈A・L1／B・L2とM〉	両当事者にMが加わり，A"1〜A"3，B"1〜B"3の選択肢を持ち寄って(VII)を繰り返す。
(X) 合意の成立(ADR手続の終了)	以下，(VIII)と(IX)を繰り返してゆき，最終的に両当事者が納得できたところで，合意が成立し，ADR手続が終了する。

ことが少なくないようだが，当事者の自律性を基礎とする ADR について「強制された ADR」「強制的に教え込まれた ADR」という考え方には根本的に矛盾がある。「何にでも使える万能薬はない。開拓すべき有望な複数の道があるだけである」というサンダーの言葉[86]は，このような選択肢の開発の姿勢を後押しする。

文献案内

(1)山本和彦 = 山田文［2015］『ADR 仲裁法（第 2 版）』日本評論社。
(2)廣田尚久［2001］『民事調停制度改革論』信山社。
(3)廣田尚久［2006］『紛争解決学（新版増補）』信山社。
(4)小島武司［2001］『ADR・仲裁法教室』有斐閣。
(5)太田勝造 = 垣内秀介編［2018］「利用者からみた ADR の現状と課題」法と実務 14 号。

読者への道しるべ　　(1)は ADR 法・仲裁法制定後の議論も踏まえたこのテーマの概説書。(2)〜(4)は両法制定前の文献ではありますが，(2)(3)の制度改革に向けた熱い想いや(4)の「正義の総合システム」の考え方は読者を突き動かす力を今ももっています。

　(5)は，ADR 利用者に対する調査を広く行った近時の文献です。なかでも石田京子「一般市民向けインターネット調査の概要と主要な結果」（224〜242 頁）が注目されます。「ADR は人気がないというより知られていない」「80％を超える回答者が ADR を全く知らなかった」（224 頁）とし，ADR という言葉を知っている者についても「弁護士等専門家を通じて知ったものが少ない」（雑誌・新聞等 32.9％，インターネット 27.2％に対し「弁護士・弁護士会に紹介された」は 6.4％にすぎない）ので，「今後，弁護士等，実際に市民の紛争に最初に関与する者に対して，ADR の有用性について理解を深める試みが一層必要」（242 頁）と述べます。

　まずは，弁護士である私たち，弁護士になろうとする法科大学院生のみなさんが，ADR の有用性について理解し，積極的に選択肢のひとつとして活用する意識が必要ではないでしょうか。

---

86) Rogers［2006］p. 459 が引用する Sander［1976］p. 133.

設例 5 を考える視点

　交渉が決裂しているので，訴訟提起・ADR 申立てなどの紛争解決手段の選択を依頼者と協働的意思決定をする中で検討してゆくことが考えられる。依頼者が，どのような点に価値を置いて紛争解決手続を選択しようと考えるか，「積極的傾聴」「共感」の技法などを使ってその考え・依頼の趣旨を理解し，訴訟やADR の長短（スピード・費用・内容）についての情報を依頼者に提供し，手続を協働で決定できるとよい。

　本件で訴訟を提起する場合の訴訟物は何で，実体法上の根拠は何になるか。判決が得られた場合の主文はどのようなもので，その判決の履行を相手方に強制するにはどのような手続がありいくらぐらいの費用を要するか。他方，相手方は「近所の人ともめたくはない」とも言っている。民事調停や他の ADR（たとえば弁護士会仲裁センター）に申立てをすることと訴訟とはスピード・費用・内容の 3 点でどのような違いがあるか。調停と弁護士会仲裁センターのうちから選ぶとすれば，本件はどちらが適しているのか。なお，公害等調整委員会の手続についても検討する余地がある。

第6章

委任終了時の作業・報酬金

設例6

　弁護士であるあなたは，依頼者Aから不動産明渡等請求訴訟の委任を受け，Aが相手方Bに賃貸していた不動産について賃料不払いがあったため解除したことを理由とした訴訟を提起した。数回の口頭弁論と証人尋問などで約1年間を要したが，不動産の明渡しと解決金の支払いを受ける内容で，次回期日において裁判上の和解が成立する見込みである。事件終了にあたって，どのような点に留意したらよいか。

第1節　委任終了とは

1) 委任終了の意義

　本書での「受任」の議論においては，「事件受任」を弁護士が依頼者との間で委任契約を締結すること（民法643条）と定義した（105頁）。本書でいう委任終了とは，このように弁護士と依頼者との間で締結された委任契約[1]が終了することをいう。

2) 委任の終了形態と依頼者の「納得」

　委任契約の終了形態には様々なものがある。一般には事件（訴訟事件・調停事件・交渉など）が終了して委任契約が終了する場合が多いが，依頼者・弁護士間で意見・方針・進め方につき考え方の違いが生じるなどの理由により事件

---

1) 準委任契約との混合契約である（I部2章注1参照）。

委任契約の終了形態　　　　　　　　　依頼者の納得

(a)事件**終了**による委任の終了
(b)事件**途中**での委任の終了
　(1)**合意解約**による委任の終了
　(2)**一方的意思表示**による委任の終了
　　(i)**依頼者**からの**解任**による委任の終了
　　(ii)**弁護士**からの**辞任**による委任の終了

大きい

小さい

図8　委任契約の終了形態と依頼者の「納得」

途中で委任契約が終了する場合もある。弁護士による辞任，依頼者による解任という一方的意思表示による終了もある[2]し，弁護士と依頼者との合意による委任契約の終了（合意解約）もあり得る。他方，委任契約が履行不能によって終了する場合もあり得る（民法648条3項1号参照）。

　事件終了により委任契約の目的を達したうえで委任契約が終了する場合は比較的問題が少ないが，事件は終了したが満足いく結果が得られなかった場合，依頼者には不満が残っていることが多い。依頼者の「納得」というローヤリングの目的との関係では(a)事件終了による委任終了より(b)事件途中での委任終了の方が問題が大きい。さらには，事件途中での終了は合意解約による場合でも相当の緊張関係が生じ，辞任・解任などの一方的意思表示による途中終了の場合にはさらに強い緊張関係が生じることになる（図8）。

　すなわち，(b)事件途中の終了のなかでも，(1)合意解約よりも(2)辞任・解任などの一方的意思表示による委任終了の方が問題が大きく，辞任と解任を比べれば(i)依頼者からの解任による委任終了よりも(ii)弁護士からの辞任による委任終了の方が問題が大きく[3]トラブルになりやすい。

　以上いずれの場合であっても，事件途中の委任契約の終了は，依頼者とのトラブルや懲戒申立，場合によっては損害賠償請求などの紛争に発展するリスクもあり，弁護士倫理との関係でも十分な配慮が必要である。紛争解決後も依頼

2）民法651条1項によって，いずれも一方的に解約できる。その趣旨は，委任が信任関係を基礎とする点にあるとされ，弁護士につき特にあてはまる。

者との関係が直ちに終わるわけではない。民法の委任契約の性質にもとづく余後効[4]にあたる義務（民法654条の委任契約終了後の受任者の善処義務など）が弁護士に生じる場合もある。

第2節　委任終了時の基本的技法

1）依頼者の意思の十分な確認

　紛争が生じやすい事件途中の委任終了の場合はもちろんであるが，事件終了による委任終了の場合でも，終了前の十分な打合せが欠かせない。たとえば事件終了による委任終了の場合であっても，裁判上の和解の際に裁判所に依頼者を同行するなどにより依頼者の意思を十分に尊重・確認することが重要である。ほかにも，次回期日で裁判上の和解が成立しそうな場合，まず，その後の予定を十分あけておく。そして，和解成立後に喫茶店などに誘い，ある程度長い時間（少なくとも30分〜1時間）をかけて「この和解が成立してどれだけ良かったか」を十分説明して納得が得られるように繰り返し話すことを心がけるという方法がある。和解は互譲（民法695条）が要件であるから，その成立にあたって当事者は必ず何らかの譲歩を強いられている。しかも（同席ではなく）別席調停（≒コーカス）が基本のわが国の和解・調停手続（234頁）では，相手方が裁判所から譲歩を求められている場面を直接目撃することは基本的にないため，常に自分ばかりが譲歩を強いられた気持ちになる場合も少なくない。そのような中で最終的に和解が成立しても，依頼者は「もっと主張できた」「譲歩しすぎた」「こんな言い方をすればよかった」という納得しきれない思いを

---

3) ただし，ここでいう「辞任」とは依頼者からの一方的な委任契約の終了の意思表示に対比するものとして，弁護士からの一方的な委任契約終了の意思表示を指している。実務上，「代理人辞任届」のように裁判所や相手方に対して委任契約が終了した場合一般（それが合意解約によるかそれ以外のものによるかを問わない）を指す場合もあるが，ここでいう「辞任」は，それとは異なる概念である。たとえば，依頼者と弁護士の合意により委任契約を終了させ（合意解約），裁判所に代理人の辞任届を提出するということは実務上よくみられることである。

4) 内田［2011］21頁の図を参照。余後効はドイツ法学の用語にならったものとされる（同書110頁）。この余後効とローヤリングの関係につき榎本［2007］参照。

もつことがむしろ通常である。しかし，いったん本人同意のもとで和解が正式に成立した以上，弁護士としては当該和解の良い点を十分に依頼者に理解してもらい，この手続に「納得」を感じてもらうことが重要であり，そのためには，ここで当該和解の意義を分かりやすい言葉で粘り強く強調することに意味がある。

　このように弁護士が事件終了時の「納得」を重視する必要性は，経済学でいう「ピーク・エンドの法則[5]」とも整合する。この法則は「記憶に基づく評価は，ピーク時と終了時の苦痛の平均でほとんど決まる」というもので，「終わりよければすべてよし」という日本語とは若干意味が異なるが，「終了時」の心情が重要であるという点では重なる部分があるともいえる。訴訟や交渉などの法的紛争の終了は，依頼者をはじめとする当事者が記憶にもとづいて紛争の意義を評価する典型的な場面のひとつであり，終了時の苦痛（もしくは納得）の大きさを重視することにはこのような理論的正当性も認められる。

2）合意書・和解書の作成

　裁判外の和解の場合，和解契約は無方式の契約であるから口頭でも成立するが，後日の立証も考え必ず合意書・和解書[6]などの書面を作成すべきである[7]。

　裁判上の和解や調停の成立の場合，和解調書・調停調書が裁判所書記官により作成され，債務名義となる（民事執行法22条7号）ので，執行できない条項で調書が作成されないよう注意しなければならない。裁判所書記官むけの書籍が多く出版されているので，これらを参照して十分な検討をし，きわめて単純な事案の場合を除き事前に和解条項案・調停条項案を念入りに準備し，裁判所や相手方とも FAX その他の方法で書面のやり取りをして成立前に確認しておくのがよい。

　その場合，Ⅱ部 4 章で述べたとおり（186〜187 頁），和解条項案（調停条項

5）以下，カーネマン［2014］265 頁。
6）裁判外での和解成立を証する書面には，合意書・和解書・協議書・覚書・確認書・念書など様々なタイトルが付されるが，効力には基本的に違いがない。深井［2009a］226 頁参照。
7）深井［2009a］参照。

案・和解契約書案）を（相手方や裁判所ではなく）できるだけ自分で起案することが重要である。

3) 合意内容の確実な履行

給付条項の場合，最も確実な履行は，席上払い・席上の引き渡しや引換給付であるが，それが難しい場合，確実な履行が受けられるよう書面の内容に事前に十分留意しなければならない。

他方義務を履行する側の代理人となった場合，本来の受任事務義務の範囲は，合意の成立（事件の終了）までであるともいえるが，履行について全く関知しないという立場を取ることは，状況によっては民法654条の委任終了後の応急処分義務の観点から問題となり得る。同条にいう「急迫の事情」がない場合であっても，相手方に弁護士が選任されている場合には他の弁護士との信義（弁護士職務基本規程70条）という観点から，義務の履行についても合意書に沿った履行を行ったかなどについて一定程度確認する，少なくとも相手方から問い合わせがあった場合に確認するなどの配慮をすべきであろう。この点も上記で論じた委任契約の余後効の一種であるともいえる。

第3節　委任終了後の作業

1) 報酬金の受領

事件終了は，弁護士が依頼者から報酬金[8]を受け取る機会のひとつである[9]。ここでは，前提として報酬金受領に関する弁護士と依頼者の立場について論じたうえで，具体的に，いつ（どのようなタイミングで報酬金を受領するべきか）といくら（どのように報酬金を算定して受領するべきか）について検討する。

ア）総論——弁護士と依頼者の立場

弁護士と依頼者は，初回の法律相談から事件受任を経て，紛争・事件の解決にむかって相手方の主張に協働して反論を加え，協力して証拠収集・調査により当該反論の裏づけ作業を行うなど，「ともに戦う仲間」だったはずであるが，この最後の報酬金請求の場面になると両者の間に利害の対立が生じる。

　事件受任時にも着手金の額やタイムチャージのあり方，最終的な報酬金の計
算方法など弁護士報酬を取り決めるタイミングはある（弁護士職務基本規程24,
30条，「弁護士の報酬に関する規程」〈会規68号〉5条によれば，むしろ着手時に明確
に決めなければならない。109頁以下参照）から，その時点でも「依頼者は着手
金が少ない方が良く，弁護士は多い方が良い」という一定の利害の対立はある。
しかし，(a)事件着手時には，これから事件を解決していく場面であるので双方
とも各自が求める「理想的な最終的解決」に対して考え方が前向きであるのに
対し，事件終了時は，これまでの事件経過を振り返るという回顧的・後ろ向き
な評価をしたうえでの金額決定になること，(b)多くの事件が和解で終わる[10]が,
和解の成立には必ず互譲があって，依頼者には一定の不満がある状況で事件が
終了することもあり，気持ちはより後ろ向きになりやすい[11]こと，(c)事件受任
時には抽象的であった最終的に依頼者の得られる経済的利益が，事件終了の段
階では具体的になっており，金銭等を受領する側で解決する場合は実際に手に
入る金額，払う側で解決する場合は実際に手元から支払わなければならない金
額が明確になる中で具体的報酬金額を確定すること，(d)事件受任時には，依頼
者・弁護士ともこれから一緒に事件を解決していかなければならないので「協
調関係を保ちたい」という人間関係維持の動機や遠慮が働きやすいのに対し，
事件終了時にはそのような解決のための人間関係維持の動機や遠慮は期待でき

　8）本書では「報酬」を着手金・報酬金を含めた「弁護士報酬」（弁護士職務基本規程24
　　条）全体と考え，「報酬金」を「事件等の性質上，委任事務処理の結果に成功不成功が
　　あるものについて，その成功の程度に応じて受ける委任事務処理の対価」（旧日弁連報
　　酬等基準規程3条2項）として区別している。
　9）旧基準規程によれば，解決による経済的利益がなかった場合（敗訴判決など）に報酬金
　　は受領できない（3条2項で報酬金は「その成功の程度に応じて受ける委任事務処理の
　　対価」とされているため）し，勝訴しても相手方が上訴して確定しない場合も報酬金は
　　受領できない（同規程第5条が「ただし，第三章第一節において，同一弁護士が引き続
　　き上訴審を受任したときの報酬金については，特に定めのない限り，最終審の報酬金の
　　みを受ける」と規定しているため）。
　10）I部補論1注2参照。
　11）依頼者と弁護士は，同じ紛争を紛争発生から解決までともにみていても，みている立場
　　が違う（当事者と第三者，非専門家と専門家）ので意見や評価が異なり得る。また，そ
　　もそも依頼者も弁護士も別々の人間であるから，その個性や考え方・人生観によって，
　　全く同じものをみていても見方や評価は異なり得る。

ない場合があること，(e)依頼者にとって，そこで支払う報酬金の具体的意味が
事件受任時より相当程度具体的になっていることから，利害対立が事件受任時
よりも先鋭的になりやすい状況にあることなどを背景として，事件終了時にこ
そ利害対立は先鋭化・顕在化しやすい。また，すでに述べたとおり，根本的に，
報酬金の多寡については，依頼者は少なく（できれば分割などによりゆっく
り[12]），弁護士は多く（できればすぐに全額）という利害対立がある。したがっ
て，どのようなタイミングでいくらの報酬金を請求するか[13]というのは非常に
難しい問題なのである[14]。

　イ）各　論

　①報酬金の請求時期・タイミング　　弁護士と依頼者の契約は委任契約である
から，当事者間に特約がない場合には，そもそも報酬金の請求ができないし
（民法 648 条 1 項），報酬金を支払う旨の特約がある場合でも「委任事務を履行
した後」でなければ報酬金は請求できない（同条 2 項，委任事務の先履行）。そ
のような状況で，たとえば，相手方から 3000 万円の支払いを受けるという場
合，そこから弁護士報酬がいくら引かれるかによって，依頼者の「手取り」は
変わってくる。したがって，和解が成立しそうな場合には，弁護士としては，
事前に「ここで解決した場合には，報酬金はいくらになります。だから，あな
たの手取り（または支出総額）は全部でいくらになります」と具体的報酬金額
を説明できるようになっていなければならない[15]。

---

12) 他方，依頼者によっては，「この事件のことは早く忘れたいから，一刻も早く弁護士さ
　　んへの報酬金も全額支払いすっきりしたい」と早期支払いを希望する場合もある。
13) 本来，受任時の委任契約で，報酬金の金額や支払時期は定まっているはずである（支払
　　時期は特約がない限り民法 648 条 2 項により委任事務終了時点になる）。にもかかわら
　　ず，事件終了時に具体的金額や請求時期が問題となるのは，(1)委任契約時の報酬金の定
　　め方は抽象的な場合がある（たとえば「得られた経済的利益の 16 ％」など）こと，(2)
　　委任契約で定めたとおり機械的に請求すると，和解を通じ譲歩している依頼者には不満
　　が残る場合も考えられること，(3)金銭授受をともなう和解の場合，当該債務自体の履行
　　時期が報酬金支払時期と大きく関係してくること（たとえば，受領側の場合には預り金
　　口座に振り込ませて報酬金を相殺することとし，別に請求しない方法によるなど），以
　　上 3 点による。
14) 報酬金につき，依頼者と紛争になってしまった場合には，所属弁護士会の紛議調停（弁
　　護士法 41 条）で解決するよう努めなければならない（弁護士職務基本規程 26 条）。

　このような報酬金自体が解決のバッファ（緩衝装置）の役割を果たす場合もある。たとえば，依頼者が5000万円を請求している訴訟で，相手方が3000万円の支払いであれば納得しているが，依頼者側は悩んでいるというケースを考える。受任時の委任契約に，旧基準規程によって計算すると約条してある場合，報酬金の標準は318万円及び消費税[16]となる。依頼者からすると，3000万円で応諾するということは依頼者自身の手取りは3000万円（和解金）－ 318万円（報酬金）＝ 2682万円（依頼者手取り）しかない。他方，弁護士としては「ここまできた以上，何とかここでまとめた方がよい」と考えた場合，たとえば「私の報酬金も200万円で結構です。あなたも，この案に納得がいかない点があると思うけれども，全体的にはここでまとめた方がよいと思います。手取りとしては2800万円になるけれども，どうでしょうか」と提案してみて，報酬金を明示し依頼者の手取り金額を明確にして説得する方法をとることがある。逆に，依頼者が報酬金分のみを気にしている場合（依頼者としては，自分の弁護士費用は相手方に支払ってもらいたいという心情を持つことも多々ある[17]），相手方と再交渉し「300万円上積みしてくれれば解決できます」と再検討を依頼して解決を図る方法もある。

　いずれの場合も，和解については，成立してからではなく成立する前に報酬金の具体的金額を明示することが，和解成立促進のために肝要である。ここで報酬金明示を怠るとトラブルが生じやすい。つまり，上記の場合，依頼者は譲歩して当該金額で妥協している[18]。その後に，報酬金の話を切り出されると，その譲歩を受け容れた時の辛い気持ちや（相手方弁護士ではなく）自分自身が依頼した弁護士から説得されたことのみが頭に残り，「弁護士は私を説得することばかりして，相手方を説得してくれなかった」という不満をもたれること

15）東京弁護士会民事訴訟問題等特別委員会編［2012］223頁は，「裁判が和解で決着する時には」「依頼者は「この和解金はすべて自分に入る」」と考えがちで，弁護士が自分の報酬金の計算の話をするのは「気が引ける」が，和解成立後に報酬金の話を切り出すと「エーッ！」と言われることが起こりがちなので「和解金の中に弁護士報酬もしっかり組み込んでおく」ことを提唱する。

16）以下，消費税は考慮しない。

17）「相手のせいで弁護士に依頼せざるをえなくなったから」という気持ちによる。

があり，その場合に報酬金を納得して支払ってもらうことは難しい。他方，弁護士としては依頼者の説得に苦労した案件であればあるほど労力がかかっており一定の報酬金を請求したくなる。そこに両者の意識のずれが生じて，紛争が起こりやすいのである。

②**報酬の実際の請求時期**　事件が終了したら，速やかに実際の報酬金を請求すべきである。事件終了時には様々な細かい事務手続が立て込むことも多く（調書・合意書などの原本の取扱いや諸事務〈送金・登記の移転・引渡し〉，離婚であれば離婚届や婚氏続称届出〈民法767条2項，戸籍法77条の2など〉），また，実費も一緒に請求することからその算定も煩瑣である場合もあるし，上記の諸事務が終わらないと具体的な金額が算定しづらいことなどを理由に，実際の報酬金の請求時期は遅くなることも少なくない。しかし，依頼者に気持ちよく報酬金を支払ってもらうためには一定の期限がある。ABA［1996］の満足度グラフ（図9）は非常に興味深い。

③**報酬金の算定**　弁護士職務基本規程30条によれば，弁護士は受任時に報酬金を含めた弁護士報酬全体の金額等を定めた委任契約書を依頼者との間で締結していることが原則である。とすれば，事件終了時に報酬金は当該契約の定めにより機械的に定まるようにも思われるが，ここには様々な問題がある。具体例をもとに検討しよう（以下では，甲弁護士の所属する法律事務所の報酬基準規程は，旧基準規程に準じて定められており，委任契約書では報酬金について「当法律事務所の報酬基準規程による」とのみ定められ，消費税は考慮しないという前提でそれぞれ検討する）。

【例1：離婚訴訟で和解したケース】A女は，夫であるB男がC女と不貞行為をしたことを原因とする離婚訴訟で離婚請求及び財産分与請求をし，さらに慰謝料500万円をB・Cに請求する訴訟を提起した（人事訴訟法17条の関連請求）が，証拠調べなどを経て裁判所から和解が勧告された結果離婚が成立し，Aは本件解決金として金300万円を受領し他に債権債務がないことを確認する旨の裁判上の和解が成立した。甲弁護士は訴訟提起段

18）和解が互譲を要素とする（民法695条）以上，必ず譲歩の要素は含まれている。

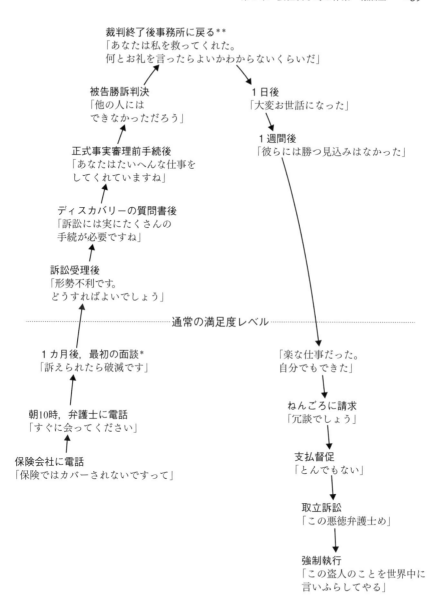

裁判終了後事務所に戻る＊＊
「あなたは私を救ってくれた。
何とお礼を言ったらよいかわからないくらいだ」

被告勝訴判決
「他の人には
できなかっただろう」

1 日後
「大変お世話になった」

正式事実審理前手続後
「あなたはたいへんな仕事を
してくれていますね」

1 週間後
「彼らには勝つ見込みはなかった」

ディスカバリーの質問書後
「訴訟には実にたくさんの
手続が必要ですね」

訴訟受理後
「形勢不利です。
どうすればよいでしょう」

通常の満足度レベル

1 カ月後，最初の面談＊
「訴えられたら破滅です」

「楽な仕事だった。
自分でもできた」

朝10時，弁護士に電話
「すぐに会ってください」

ねんごろに請求
「冗談でしょう」

保険会社に電話
「保険ではカバーされないですって」

支払督促
「とんでもない」

取立訴訟
「この悪徳弁護士め」

強制執行
「この盗人のことを世界中に
言いふらしてやる」

図9　満足度グラフ

注）＊報酬支払契約と着手金収受によい時期，＊＊心理的に最終請求を出すべき時期。
出所）ABA［1996］237 頁を一部改変。

階から A の委任を受け和解成立まで関与した。

　† 報酬金の計算：離婚が成立したことについて報酬金は 30〜60 万円までの範囲の額[19]，慰謝料請求について認められた部分について報酬金は 48 万円（300 万の 16 %）となる。

　† 検討すべき問題点：離婚と金銭請求は旧基準規程上，別個のカテゴリーとして規定されている[20]ため重ならないようにもみえるが，同規程 22 条 4 項は財産給付の実質的な経済的利益の額を基準として通常の報酬金の額以下の適正・妥当な額を加算請求できるとするため，上記計算となることが考えられる。

　なお，A の金銭的状況などによる減額が必要と判断したときは，同条 5 項の規定[21]を活用する。本件解決金 300 万円を B と C の共同不法行為による損害賠償請求（民法 719 条）であると考えると，両者の債務は不真正連帯債務となる[22]。「本件解決金」が全て不法行為にもとづく損害賠償請求権と言い切れるのかも問題で，実際上は，財産分与（民法 768 条）の趣旨が含まれていることも多い。とすれば，財産分与についての報酬金となる[23]のではないか，という点も問題となる。

【例 2：売買代金請求事件で分割払いの和解をしたケース】A 社は，B 社に納入した商品売買代金 5000 万円を請求する訴訟を提起したが，B 社は商品の契約不適合などを主張して支払いを拒絶し，審理を経たところで裁判所から和解勧告があり，金 5000 万円の支払義務は認めるが，内金 3000 万円を 10 回分割で毎月 300 万円ずつ支払い，期限の利益を失うことなく支払えば残余は免除する旨の裁判上の和解が成立した。甲弁護士は，訴訟提起の段階から A 社の委任を受けて，和解成立まで関与した。

---

19) 旧基準規程 22 条。この範囲内で各単位弁護士会が具体的金額を定めている場合もあり，愛知県弁護士会の報酬基準規程では離婚の報酬金は 40 万円と定められていた。
20) 「離婚事件」（22 条），「民事事件」（17 条）。
21) 同条 5 項は依頼者の経済的資力等により報酬を「適正妥当な範囲内で増減」できるとする。
22) 最判昭和 57 年 3 月 4 日集民 135 号 269 頁。
23) 旧基準規程 22 条 4 項参照。

†報酬金の計算：和解成立によってA社が得られた経済的利益3000万円の10％＋18万円にあたる318万円となる。

†検討すべき問題点：この和解は「実際の紛争に適合し当事者の心情にも沿う良い解決となることが多い」という理由で実務上よく用いられる「一部完済後免除型[24]」である。この場合，債務の存在は全額について確認する点を強調すれば経済的利益は5000万円とも考えられる。しかし，期限の利益を失わずに3000万円が支払われた場合には2000万円は免除されるし，実際に期限の利益が失われた場合，債務名義たる和解調書（民事執行法22条7号）上の債務を不履行とするほど相手方の財政状態は危殆に瀕している可能性が高く，実際にこの2000万円を回収することは困難な可能性も高い。以上から，この場合，報酬金算定に用いる得られた経済的利益は認めた債務全額でなく内金3000万円部分に限定することが適切である。

【例3：貸金請求事件で勝訴判決後，回収不能となったケース】A社は，Bに対し金1000万円を貸し付け，同額の支払いを求める訴訟を提起したが，Bは裁判に出頭せず，全額請求認容の判決がなされた。しかし，Bには目ぼしい資産がなく回収可能性がない。甲弁護士は，訴訟提起の段階からA社の委任を受けて判決取得まで関与した。

†報酬金の計算：1000万円の10％＋18万円にあたる118万円となる。

†検討すべき問題点：依頼者が実際には全く金銭を回収できない可能性が相当大きいことを考えると本当にこれを「得られた経済的利益」といってよいのかどうか疑問も残る。訴訟提起の段階で回収可能性がないことは十分検討したのか，そもそも訴訟提起が適切であったのかという問題もあろう。相手方が出頭もしなかったということで弁護士が費やした労力や時間も少ない。旧基準規程15条が「前条で算定された経済的利益の額が，紛争の実態に比して明らかに大きいときは，弁護士は，経済的利益の額を，紛争の実態に相応するまで，減額しなければならない」と規定していることを踏まえて，報酬金を減額する

24）209頁参照。

ことも検討すべきケースである。

　④報酬金の説明方法　　そもそも弁護士は，受任時に報酬金を含む弁護士報酬について十分に説明し（弁護士職務基本規程 29 条），依頼者の納得を得ておかなければならない。事件は生き物であり，多くの場合相手方があるから，受任段階で事件の見通しが完全に立っていることはまれである。とすれば，法律の専門家ではない依頼者にとってはなおのこと，受任時の段階で事件終了時の報酬金の説明をされても具体的なイメージをもつことには困難をともなう。それでも，というより，だからこそ弁護士は事件受任の段階で事件終了時の報酬金を想像力を活かしてできる限り明確に予測・検討し，具体的に分かりやすく説明しておくことが重要である。

　(1)報酬金請求前の振り返り：上記の意味において，報酬金を機械的に請求する前に「自分は，受任時に報酬金についてどれだけの見通しをもって，どう説明していたか」を振り返ることが重要である。このような振り返りが，実際の請求時に依頼者と弁護士との間のイメージのギャップを埋めるのに役立つ。また，その時点になって「ああ，こういうことがあるなら，受任時にこう説明しておくべきだった」「別の算定方法で説明し合意しておくべきだった」と気がつくこともある。大切なのは，この気づきができた場合，当該事件についての報酬金は，そのまま無理やり報酬金を請求するのではなく，受任時の自分自身の説明から合理的に導くことができる報酬金額に抑えた請求にとどめ，次回の同種事件受任時の委任契約の内容やその説明の改善に活かすことである。これにより，弁護士はより洗練された委任契約の内容を提案することができ，依頼者の納得を得やすくなる。

　(2)報酬金の具体的な説明方法：以下では，具体例にもとづいて報酬金の説明方法について検討する。

　まず，和解により終了しそうなケースでは，和解成立前に，報酬金の具体的な金額を明確に説明しておくのがよい。受任時には不明確であったとしても，和解成立が視野に入ってくれば具体的な報酬金額を計算できる場合がほとんどであろう。ここで和解成立前にきちんと報酬金を説明しておくことは重要である。依頼者が，相当高額の報酬金を覚悟していたり，漠然と高額な報酬金を心

配していたりするため和解に踏み切れないというケースは意外と多い。そのような誤解を解いて和解成立を促進する趣旨でも，報酬金の具体的な額を和解成立前に明確に説明することには意義がある[25]。

　次に，判決により終結しそうなケースである。上記とも関係するが，和解を受諾するかどうかというときに，弁護士は「委任契約書で定めた約条によれば，判決であれば報酬金は〇円だが，今，和解成立により解決するならば×円で結構です」という説明の仕方をする場合がある。執行は訴訟と別に着手金がもらえることもあり[26]，また上訴審では別に着手金がもらえる場合もあるから[27]，弁護士にとっては和解で終わる方が報酬金獲得のチャンスが少なくなるともいえる。しかし，判決で勝ったのにもかかわらず執行について別に弁護士報酬を請求することは実際には簡単ではなく，弁護士としても上訴審まで行かず早期に解決することには意味がある場合も多い。和解で解決する場合には判決と比べて相手方の履行の可能性が高いことや，上訴されて事件が長引くこともなく，このような報酬金についての説明を併せて依頼者にすることによって和解での解決を図っていくという方針も考えられる。

　最後に，敗訴しそうなケースについては，旧基準規程に準じて，「敗訴した場合には報酬金は受領できない」という報酬基準規程を定めている法律事務所が多い。そうしたことを考えれば，弁護士からみて敗訴の可能性が濃厚である場合には，和解できた場合の報酬金も標準的な金額からは相当減額することも考えられる。

　⑤報酬金の受領方法　　相手方から和解金を受領することによって事件を終了する場合，受領した金員から報酬金を差し引いて（相殺）返還する方法を採る場合がある。委任契約書上でその旨が記載されている場合もある[28]し，同様

25）日本弁護士連合会弁護士業務対策委員会編［1995］426 頁は「和解を成立させるときに報酬金額を説明し，この金額を織り込んで和解を成立させるか否かを判断すべきである」とする。
26）旧基準規程 26 条 3 項参照。
27）旧基準規程 5 条は「弁護士報酬は，1 件ごとに定めるものとし，裁判上の事件は審級ごとに」「1 件とする」と規定していた。
28）司法研修所［2019a］195 頁の委任契約書書式例（6 条）。

の規定が旧基準規程には存在した[29]。また，こうした契約ないし規定が存在しない場合であっても，民法 505 条にもとづく相殺として法律上は当然に許容される。しかし，弁護士によっては，こうした方法は紛議のもとである[30]としてあえて全額を返還して，あらためて請求書を出して振り込んでもらうという方法を採っている者もある。「差し引きますよ」と言われた依頼者は，「高すぎる」といった疑義も差しはさみにくい。他方，依頼者の中には，弁護士のサービスを十分受けながら報酬金支払いの段になるとこれを渋る者もきわめて例外的ではあるが存在する。こうした点を考えて必ず相殺することにしているという弁護士もいる。

　より紛議を生じにくくするには，報酬金を明記し，預かり金額から当該報酬金を差し引いた残額を振込してほしい旨の振込指図書を作成し依頼者の署名押印をもらう方法がある。この方法によれば，後から「同意を得ずに勝手に相殺された」との紛議は生じにくい。

２）記録の保存・保管

　令和 2 年改正（債権法改正）前の民法 171 条によれば，弁護士は事件終了の時から 3 年で受け取った「書類」の保存について責任を免れるものとされていた[31]が，債権法改正により同条が削除され[32]，また「書類以外の証拠物等」の保管義務については旧民法 171 条の文理からは外れ，「確たる見解はないから，各弁護士により異なるのが実情である」とされる[33]。委任契約は終了している

---

29) 旧基準規程 46 条は「依頼者が弁護士報酬又は立替実費等を支払わないときは，弁護士は，依頼者に対する金銭債務と相殺し又は事件等に関して保管中の書類その他のものを依頼者に引き渡さないでおくことができる」と定めていた。

30) 委任契約書を作成せず，依頼者の了解も得ることなく預かり金から弁護士報酬を差し引いたことなどが品位を失うべき非行であるとされた事例（業務停止 1 カ月。日弁連懲戒委員会平成 23 年 1 月 13 日議決例集 12 集 18 頁）につき髙中 = 市川 = 川畑 = 岸本 = 的場 = 菅沼 = 奥山編 [2014] 191 頁以下。

31) 他方，弁護士報酬請求権の時効は事件終了後 2 年とされていた（改正前民法 172 条）が，2020 年施行の債権法改正により民法 166 条の規定に服する（権利行使可能であることを知った時から 5 年，権利行使可能時から 10 年）こととなる。

32) これによれば，前注と同様，民法 166 条の規定に服するものと解される。

33) 東京弁護士会法友全期会民事弁護研究会編 [2019] 326 頁。

が，その後にも効力が持続するという講学上「余後効[34]」と呼ばれる委任契約の効力の一種であると評価することができる。

　法的義務はないとしても，後日の依頼者からの問合せや事後対応のための資料，他の事件を受任する場合における参考資料，後進弁護士の研修資料，不意の要求を受けた場合の自己防衛手段になる点では多くの情報を保管しておくことが便宜であるが，紙資料の厖大化による保管場所の費用や管理，データ保管とした場合のセキュリティや抹消事故への対策などの問題もあり，全ての情報を保管し続けることは実際上は困難である。紙・データを破棄する場合には，守秘義務（刑法134条，弁護士法23条，弁護士職務基本規程23条）に十分注意して，産業廃棄物処理法の許可を受けている産業廃棄物業者に依頼し溶解等の作業を行うことが推奨されている。

第4節　委任終了後の作業・報酬金と弁護士倫理

　本章1節のとおり，委任の終了には，事件自体が終了する場合と，事件途中で委任が終了する場合とがあるほか，後者の中でも合意による終了の場合以外に，依頼者からの解任や弁護士からの辞任があり，一般に前者より後者の方が依頼者と弁護士との間に緊張が生じる。

1）辞任に関する問題点

　上記各種の委任終了事由の中でも，辞任は「最初の法律相談から訴訟提起，その後の途中経過など弁護士業務全般の問題点が噴出する場面」「「日頃の弁護士業務」のあり方が鏡のように映し出される場面」であり[35]，弁護士倫理上の問題が生じることも多い。弁護士が事件の途中で辞任することは，本来は例外的な事態であり，相手方からみれば弁護士・依頼者間に方針などにつき見解の相違があったことを推測させ，事件解決にあたっても依頼者に不利益となることがある。

34）本章注4参照。
35）榎本＝宇加治［2019］120頁。

　これまで日本の弁護士は，民法 651 条 1 項の規定などを前提に辞任は自由で
あると考えてきたが，(a)辞任の時期等によっては損害賠償の原因となることが
ある（民法 651 条 2 項）こと，(b)辞任後の処置を誤ると依頼者の権利を不当に
害するおそれがあり，このことは委任契約の余後効や応急処分義務（民法 654
条），弁護士職務基本規程 44 条（事件結果の報告[36]）や 45 条（金銭の清算と預り
金品の返還[37]）も念頭に置いて対処することが必要であること[38]，といった点に
十分留意する必要がある。

2）委任の終了と報酬金

　民法 648 条 2 項は「委任事務を履行した後でなければ」報酬金を請求できな
い旨規定し，委任事務が先履行であることを規定している。事件途中の合意解
約・解任・辞任による終了の場合は，同条 3 項 2 号により「既にした履行の割
合に応じて」報酬金を請求することができる（なお，履行不能により終了した場
合には同項 1 号によることになる）。特約は可能であるが，消費者契約法の適用
を受ける可能性があることに注意が必要である。なお，みなし報酬による諸問
題については 119〜121 頁で詳述した。

3）後日の第三者からの問合せ

　事件終了後も，弁護士の守秘義務（刑法 134 条，弁護士法 23 条，弁護士職務基
本規程 23 条）は継続するから，事件終了後といえども第三者からの問合せに安
易に応じることは厳に慎まなければならない。

　ここでいう「第三者」にはこの事件を弁護士に紹介した「紹介者」も含まれ
るので注意を要する。紹介者は悪意無く，自分が紹介した事件が順調に進捗し

36）同条と民法 645 条後段の顛末報告義務の関係につき，榎本 = 宇加治［2019］119 頁。
37）(1)遅滞の場合，債務不履行となり，刑法上業務上横領罪となることもあり得るので十分
　　注意が必要なこと，(2)金品返還の相手方に十分注意が必要なこと，(3)報酬不払いを理由
　　に金品精算を拒絶することを旧基準規程が認めていたが，紛議のもとであり回避すべき
　　ことなどにつき榎本 = 宇加治［2019］117〜118 頁。
38）加藤 = 松下編［2018］186 頁は「訴訟代理人が辞任した場合，本人又は新しい代理人が
　　訴訟遂行できるようになるまで，本人を代理する義務（民法 654 条）がある」とする。

ているかが気になるといった理由で，弁護士に対し，自分が紹介した人の事件のその後の進捗等を質問することも少なくない。そのような状況への対処法としては，ひとつは日ごろから依頼者本人に対して「紹介してくれた○○さんにも，状況について説明しておいてもらってもよいですか」と依頼し，依頼者から紹介者に直接説明してもらっておく方法がある。依頼者が弁護士の事件の進捗方法についてその時点まで納得・満足してくれている場合には，紹介者に対してその点も伝えてくれることがあり，弁護士としては紹介者の理解も得られ，さらなる事件の紹介につながることもあり得る。他には，「弁護士がペラペラ話すのもよくないと思うので，○○さんから直接話してもらうように言っておきますね」と答え，やはり依頼者から紹介者に直接状況を説明させる方法も考えられる[39]。

4）その他

　その他事件終了時に問題となる弁護士倫理としては，処理結果の説明[40]（弁護士職務規程 44 条），書類等の返還（同規程 45 条），預かり金・立替金等の精算（同規程 45 条）などがある。

第 5 節　委任終了後の作業・報酬金と「選択肢の開発と絞り込み」

　以上で検討してきたように事件が終了する場面においても，その事件の終了の仕方（判決か和解か），終了の内容（判決内容や和解条項・調停条項・交渉結果の合意内容もしくは交渉の決裂や債権放棄など），当該事件の終了時の報酬金の提

39）ただし，このような対処が可能なのは，いずれも事前に依頼者自身の十分な理解と承諾が得られることが前提である。これが得られない場合には原則に戻り，守秘義務を遵守し「申し訳ないが，弁護士には守秘義務があり説明できない」と答えるべきであろう。ただし，その場合，杓子定規に答えると「何か隠している大きな問題があるのか」と紹介者に不要な推測をされることもあるので，相手の顔を見ながら誤解の生じないように説明することが重要である。

40）東京弁護士会法友全期会民事弁護研究会編［2019］324 頁が「弁護士が解任された場合」「弁護士が辞任した場合にも，依頼者に対する処理結果の説明義務を負うことには留意すべき」と指摘する点は重要である。

コラム⑨

「法サービス・モデル」と弁護士の使命

　弁護士論に関する法サービス・モデルを最初に論じられたのは法社会学者の棚瀬孝雄先生です。

　「プロフェッションと広告」（棚瀬［1987］119頁）などの諸論文で、「プロフェッション論」に漂う「特権意識」を論破してゆく言説は小気味よいですが、当時、弁護士を目指す学生・修習生だった筆者には「そこまで徹底的に批判しなくても……」という気持ちも拭いきれませんでした。

　「弁護士の大都市集中とその機能的意義」（同1頁）などを契機に弁護士論に取り組まれた棚瀬先生は、『本人訴訟の審理構造』（弘文堂、1988年）で、留学先であるアメリカ少額裁判所での原体験から理論を展開します。また、本書でたびたび引用した「語りとしての法援用」（棚瀬［1995］）は、法律相談・交渉の「物語（ナラティブ）」モデルを考えるうえでとても示唆的です。

　そして法社会学者として弁護士研究を極めた棚瀬先生の面白いところは、大学教授の仕事を終えた後、弁護士として活動されている点です。弁護士ドットコムタイムズのインタビュー記事「「法には曖昧なところが多い」法社会学者から弁護士に、棚瀬孝雄氏ロングインタビュー」（https://www.bengo4.com/times/articles/104/ 2022年4月9日最終閲覧）によれば、一方で東証一部上場企業を依頼者とするインドの租税訴訟でOECDの無形資産の議論を例にインド租税当局・裁判所を説得するビジネス法務最前線の弁護士実務を展開され、他方で、共同親権の事件にも心理学者である妻一代氏（故人・元神戸親和女子大学教授）とともに全力で取り組みます。このように依頼者への法的サービス提供を通じ基本的人権の擁護と社会正義の実現（弁護士の使命）を目指す棚瀬「弁護士」の実務は、理想的なプロフェッションの活動であると筆者は一方的に尊敬しています。棚瀬先生が従来のプロフェッション論を批判した気持ちも、今は少し分かったような気もします。

　ただ、棚瀬先生はもしかしたら、「頼まれたことをやっているだけ」（法サービスの提供）という気持ちなのかもしれません。そこがまた「カッコいい」のですが。

示や請求のタイミング，報酬金の具体的内容や支払方法について様々な選択肢
があることが分かる。

　上記のうち報酬金に関する点については，弁護士と依頼者で利益が対立する
部分もある。しかし，その中でもたとえば報酬金の支払方法について，いくつ
か選択肢を示せるならば（分割払いとしたり，一部を顧問料で受領する方法〈117
〜118 頁〉も検討するなど），そのような選択肢を開発することが望ましく，し
かもそれが多数に分散しすぎない中から選択できるのであれば，より依頼者の
「納得」に資するであろう。

　委任終了の場面での選択肢の開発・検討は，事件全体に対する依頼者の「納
得」を大きく左右する重大な作業である。判決と和解の比較はその典型であり，
単に勝つか負けるかだけでなく，債権回収の場合であれば回収可能性，離婚事
件であればその後の当人や子どもとの関わり方，和解後の相手方との人間関係
のあり方などについて様々な選択肢を開発・提示し，その中から依頼者が「納
得」できる選択肢を選べるよう弁護士が援助することが十分にできれば，法的
紛争を弁護士に依頼した依頼者の「納得」の程度は，そうでない場合より大き
く高まるだろう。

文献案内

(1)草野芳郎［2020］『新和解技術論──和解は未来を創る』信山社（初版 1995 年）。
(2)裁判所職員総合研修所監修［2010］『書記官実務研究報告書 書記官事務を中心とした和
　　解条項に関する実証的研究（補訂版・和解条項記載例集）』。
(3)東京弁護士会法友全期会民事弁護研究会編［2019］『事件処理のプロになるための民事
　　弁護ガイドブック（第 2 版）』ぎょうせい。

　読者への道しるべ　　訴訟事件の多くが和解で終わること（50 頁）からすれば，裁判官と
しての豊かな経験と洞察を踏まえて和解に関する基本的考え方や各種技術を論じた(1)は，
弁護士の委任終了時の技術に関する基本的な文献といえるでしょう。また，和解調書を執
行力や先履行・同時履行などの諸点に配慮して起案するには細心の配慮が必要となります
（253 頁）。(2)は裁判所書記官むけの著書ですが，弁護士が和解条項案を作成する際にも多

く参照されています。報酬の計算にあたっては，事件受任（II 部 2 章）の文献案内で紹介した吉原＝片岡編［2015］が，事件類型ごとの報酬計算の具体例なども多く挙げられており参考になります。(3)は事件終了時に限らず，弁護士報酬や受任など弁護士業務全般をカバーする手引書です。類書が多数あり，時節に応じて新しいものが発刊されるので，情報を集約し，日々（弁護士人生の終生）アップデートを図っていくことになります。

　そう思うと気が遠くなるような気もしますが，基本は，依頼者に「納得」してもらうためにどうしたらよいかということです。依頼者の「納得」を得るためには，弁護士の技術も最新で豊かな内容のものを備えなければなりません。

　ICT をはじめとする情報技術の発達や，法改正，新しい判例など学ぶべきことは日々発生しています。これを依頼者の「納得」のために学んでいく作業は，「他人の役に立つ」ための充実した，大変だが意味があり，「困難だがやりがいのある（チャレンジングな）」仕事だと考えることもできると思います。

┌─ 設例 6 を考える視点 ─

　和解成立前の依頼者の意思の十分な確認，及び和解条項案の積極的な起案（253 頁以下）が重要である。本件でも，(i)不動産明渡の時期，(ii)残置動産の処理，(iii)解決金の額や支払方法など，依頼者の意思を確認すべき事項がどこにあるかは，和解条項案を具体的に作成してゆく中で明確になってくることも多い。

　また，和解成立前に報酬金の額を計算して依頼者に説明し，その点も納得してもらったうえで和解を成立させること（256〜258 頁）も依頼者の「納得」を得るためには重要である。

　あわせて，和解成立後に預かり原本の返還や報酬金の請求を速やかにできるように手際よく準備しておきたい。

補論 2

ローヤリングと弁護士像

　ローヤリングが前提とする弁護士像については，大略すれば，(A)弁護士を「プロフェッション」とする考え方，(B)プロフェッション論と対峙する考え方（法サービス・モデル，ビジネス・モデル，パーティシペトリ・モデル），(C)司法改革後は企業内弁護士なども増えたため「統一された弁護士像」は観念できず，これを放棄するという考え方に分類することができる（I 部 1 章 4 節参照）。

　様々な考え方があり得るが，この補論 2 では，本書におけるローヤリング論の基礎となった弁護士像について筆者の試論を示したい。

第 1 節　弁護士像をめぐる複数の視点

1) 刑事弁護の考え方から

　上記(A)〜(C)とは異なる視点であるが，刑事事件の弁護人と依頼者との関係性から弁護士像を整理することもできる。たとえば，(a)「依頼者（被疑者・被告人など）は弁護士の指導に従うことがよい」とする権威主義的モデル（パターナリスティック・モデル），(b)「弁護士は依頼者の使用人のように，その指示に従うのがよい」とする使用人型（ハイヤード・ガン[1]・モデル），(c)上記(a)(b)の折衷的モデル（(a)に加え依頼者の利益も考慮する。(b)に加え弁護士独自の立場も考える）などである。

---

1) 訳語については補論 1 注 4 参照。

2）少年事件の考え方から

　この点，注目されるのは，少年事件で唱えられてきた考え方であるが，「「パートナー」「伴走者」としての付添人」を弁護士のあり方とする立場である[2]。

　この立場は，付添人[3]（少年法10条）の役割について，従来からの通説である二面性による説明[4]では両者の立場に「矛盾が生じ，一貫した付添人活動の指針を明確にできない」と批判し，付添人の役割は，少年の「成長発達権」（子どもの権利条約6条）にもとづき最善の個別処遇を要求し，審判での権利行使を援助する「少年のパートナー」である点に存すると説く。ここで付添人は，少年の「代弁者」である前に少年自身の自己決定・意見表明により主体的に手続に臨むのを助ける「援助者」「伴走者」であり，少年を説得する「裁判所の協力者」というより少年自身の「理解と納得」を助ける「助言者」であるべきで，少年の訴えに謙虚に耳を傾け少年とともに考える基本的態度が必要だという。

3）弁護士像をどのように考えるべきか

　以上のような議論の歴史がある弁護士像について，現代の弁護士である我々は，特に本書のローヤリングと関連する側面において，どう考えるべきか。

ア）出発点——解釈論と立法論の峻別

　本書のローヤリングの議論の前提は「日本の弁護士」（≠ Lawyer）である。法曹一元を前提とするアメリカと日本ではあり方が異なり，当然イギリス・フランス・ドイツとも中国や韓国などとも異なることを考慮しなくてはならな

---

2) 以下，多田［1994］428頁。多田は，家裁裁判官としての少年・家事事件の経験も豊富で，現在は子どもの権利を守る弁護士として活躍している。
3) 少年法は，付添人は弁護士の資格がある者に限定しない（10条）が，統計上は弁護士付添人が圧倒的に多い。したがって，ここでいう「付添人」の多くは弁護士ということになる。
4) 弁護人的役割（少年の利益を代弁し，適正手続履践を監視する）と，裁判所の協力者の役割（少年の健全育成を目的とする）の二面性。裁判所職員総合研修所監修［2017］49頁，田宮＝廣瀬［2017］154頁などが説く。

い[5]。

　そして，解釈論と理念論（立法論）を区別すべきである。私たちは法律家であるから，法律があれば，まずはその解釈作業から出発すべきである。そして，ここで解釈するのはアメリカの法律でも中国の法律でもなく，日本の法律である。上記(A)〜(C)の議論には大きな意義があると考えるが，惜しむらくは各々の理想とする弁護士像を主張しあった「空中戦」の感がある。法の解釈と適用を職務とする法律家としての弁護士像の議論は，まずは法律（弁護士法）及び弁護士職務基本規程[6]の条文解釈論として出発すべきである。

イ）解釈論

　では，現在の弁護士法・弁護士職務基本規程等の法解釈論として，弁護士像はどのように理解されるべきか。

　①弁護士法等の文理解釈　弁護士法・日本弁護士連合会会則・弁護士職務基本規程の条文に，直接「弁護士は「プロフェッション」である」と明言したものは存在しない[7]。そもそも「プロフェッション」という用語そのものがきわめて多義的であり[8]，一義的とは到底いえない。16頁に引用した石村の定義も，法律の条文から直接に導かれるものではない。石村［1969］が引用し，よく根拠とされるアメリカの法哲学者パウンドが行う定義（Pound［1953］p. 13）も絶対的なものではないし，同じアメリカの法律家であるブランダイスがいう

5）広渡編［2003］403〜408頁は，諸外国（アメリカ・イギリス・フランス・ドイツ・韓国・台湾・ポーランド・ロシア・中国）の法曹制度と比較し，弁護士制度の日本的特徴を，光の部分（(1)弁護士自治の強さ，(2)弁護士の人権擁護・公益弁護活動への強いコミットメント）と影の部分（(i)弁護士人口の少なさと地域偏在，(ii)高報酬で，また少数の限られた事件〈金銭回収・不動産事件・訴訟業務〉中心のため一般市民の日常的問題に必ずしも十分に対処できていない，(iii)小規模事務所が多く専門化が進んでいない）に分けて整理する。
6）弁護士職務基本規程は，弁護士法により高度の自治が認められた弁護士会（同法31，45条）が懲戒（同法56条以下）を背景に全会員に遵守を強制する「会規」（日本弁護士連合会会則16条の授権規定にもとづき総会の決議により定める。同会則6条2項）として定められていることにつき，髙中［2020］28頁。
7）日本弁護士連合会調査室編［2019］の弁護士法1条の注釈にも「プロフェッション」の語はない。日本弁護士連合会弁護士倫理委員会編［2017］3頁も「新時代に即したプロフェッション論として再構築されることが期待される」として統一した定義を放棄する。

「プロフェッション」の定義[9]とも異なる。パウンドは当然のことながらアメリカの Lawyer について論じているのであり，アメリカ以外の法律家についてはイギリスや大陸法系のヨーロッパ諸国の法律家でさえ検討の範疇にないことを明言している。同書はプロフェッションの定義を論じるために ABA から説き起こして議論をはじめ[10]，その次に有名なプロフェッションの三要素（専門性・公共性・自治性）について論じる。この構成から明らかなとおり，パウンドは弁護士の中から裁判官が選任されるアメリカの Lawyer の制度を前提にプロフェッションを論じているのであり，これは日本の「弁護士」と同じものではない。これは単純にアメリカが優れていて日本が劣っているということではない[11]。そもそも，各国の法律制度により「弁護士」「法曹」"Lawyer" の語の意義自体が異なる[12]。

　繰り返すが，本書は日本のローヤリングの入門書として，「日本の弁護士」（≠ Lawyer）の弁護士像を検討している。とすれば，日本の弁護士法や弁護士職務基本規程から出発すべきであり，そこに「プロフェッション」の文字が一切存在しないことが解釈論のスタートであるべきである。よって，法解釈論上[13]，「弁護士はプロフェッションである」という命題を弁護士法1条その他の規定により直接論証することは不可能というべきである。

---

8) 石村［1969］も，プロフェッションの「多様な定義」（17頁）を前提に，ライブラリアン（38頁）教師（41頁）等のプロフェッション性について検討し，石村自身の定義（本書13頁）は「仮の定義」にすぎないとする（石村［1969］27頁）。石井［1970］70頁以下も，広辞苑，英和辞典，パウンド・ウィグモア・ブランダイスの定義，石村の上記「仮の定義」を引くなどして各種の辞書・議論を総花的に紹介するが，同書自体は「プロフェッション」につき統一的定義をしない。石井同様の手法で現代の辞書・法律用語辞典をみても，「古典的プロフェッション」ともパウンドや石村の定義とも異なる定義が挙げられている（Pearson Education［2008］, Garner［2006］, 新村編［2018］。なお，高橋＝伊藤＝小早川＝能見＝山口編［2016］，法令用語研究会［2020］には「プロフェッション」の語の掲載がない）。以上要するに，日本語としても法律用語としても「プロフェッション」の定義は一定していない。

9) 石井［1970］73頁。

10) Pound［1953］p. 2 ff., "What is a bar association？"

11) Pound［1953］p. 3. むしろ，日本の弁護士制度は弁護士会への強制加入制度を取っている点で，アメリカの制度よりも弁護士自治が強固となっている。本章注5を参照。

12) 広渡編［2003］12頁以下「「法曹」の名辞」参照。

コラム⑩

プロフェッション論の現代的意義

　「法的サービス提供が弁護士の職務で，それに尽きる」という考え方は「ハイヤード・ガン」と一緒になる危険性を孕みます。他方，多数決から遠く位置する「司法」の中でも国民・市民・法人等の権利主体の最も近くに位置する弁護士は，国会で多数派を形成できない少数派の声を大切にすることを忘れてはなりません。

　依頼者のパートナーとして「ともに」考える立場からも，依頼者からの自由や独立は大切です。依頼者と一体化してしまえば「ともに」考える意味はありません。弁護士は，依頼者から独立した人格を保ちつつ依頼者と「ともに」考えるという「困難だがやりがいのある（チャレンジングな）」仕事なのです。

　弁護士職務基本規程も弁護士会「多数派」の価値観の表明にすぎません。筆者は本章で規程改正を論じましたが本当は各自の業務改善により「最近の弁護士はよく話を聞いてくれ，話が分かりやすく納得できる」と評価される実務の積み重ねが重要で，規程改正せずにすむならそれが一番です。他の弁護士に命じられた「職務」で依頼者の「納得」が得られるでしょうか。各弁護士の職務の「総和」により弁護士全体の「使命」が果たされるのであり，我々の日々の活動が問われています。

　我々現代の弁護士は，先輩弁護士たちの努力もあり一定の社会的評価を受けていると筆者は理解しています。筆者自身，1970年代に公害訴訟などの被害者救済に取り組む弁護士にも憧憬の念を覚えましたし，他方，ビジネス街でM＆A・企業法務の分野に注力するビジネスローヤーにもやりがいがあります。いずれの業務にも一定の社会的評価がされていますが，それは簡単に崩壊し得る儚いものです。もしかしたら，すでに私たちはそれを失いつつあるのかもしれません。「弁護士は他人の不幸を対象とする職業だ」とのプロフェッション論の指摘の価値は今も変わりません。

　アメリカには金儲けの弁護士を軽蔑するジョークが多数あります。日本でも，弁護士制度は「馬喰町人の喧嘩で蔵を立て」と揶揄された「公事師」の系譜を継いでいます（I部1章注18参照）。明治時代の「代言人」には高く評価される者もある一方，「三百代言」「三百」と軽蔑された者もありました（フラハティ［2019]）。

　現代の日本では，ワークライフバランス確保のため日々格闘しつつ，多くの弁護士がプロ・ボノ活動に取り組んでいます（原［2019] 164頁，官澤［2014] 113頁，長瀬＝長瀬＝母壁［2018] 12頁各参照）。先輩弁護士が築いた評価にフリーライドできないと，筆者自身，本書執筆を契機に1人の弁護士として心を新たにしています。

②司法制度改革審議会意見書と上記解釈　この点，2001 年の司法制度改革審議会意見書が「プロフェッション」の語を用いている[14]ことから，これが弁護士法・弁護士職務基本規程の解釈に影響を与えないかという点は検討の余地がある。しかし，上記意見書が出された後の弁護士法改正や，弁護士職務基本規程の制定にあたっても結局，「プロフェッション」の語はこれら諸規定の中に採用されなかったのである[15]。よって，上記①の解釈自体は司法制度改革審議会意見書によっても変更すべき点があるとは考えられない。

③現行弁護士法・弁護士職務基本規程の解釈　であれば，解釈論で検討すべきは結局，弁護士法 1 条の「使命」と同法 3 条の「職務」との関係をどのように位置づけるかという問題である。弁護士の「職務」は弁護士法 3 条記載の「法律事務」であり，弁護士はこれを行うことによって「基本的人権の擁護」と「社会正義の実現」をする「使命」を果たしてゆかなければならない。

　ここにいう「法律事務」には公害訴訟・えん罪事件における代理人・弁護人活動[16]だけが含まれているのではない。法科大学院・司法研修所の教材で取りあげられるような貸金請求訴訟・離婚調停といった「普通の事件」も，弁護士法 3 条の「法律事務」にもちろん含まれる。これら「普通の事件」と「基本的人権の擁護」や「社会正義の実現」とはどのような関係に立つか。たとえば，ある株式会社 X（これは，会社法 5 条により「法人」である）が別の株式会社 Y に対し貸金返還請求権（民法 587 条）を行使する訴訟代理人として活動する「法律事務」を受任した弁護士を考える。この「普通の事件」の「法律事務」

13) 文理解釈である。その重要性について五十嵐 [2017] 140 頁。文理解釈の重要性を強調することが法科大学院教育上も重要なことにつき，愛知県弁護士会法科大学院委員会編 [2012] 83 頁参照。
14) コラム⑤参照。
15) 8 条に公益活動努力義務の規定はあるが，これはプロフェッションの一側面を規定したものにすぎない。同規程制定時には，同規程前文に弁護士の社会的責任として「従来型の人権の擁護と社会正義の実現にとどまらず，さらに広げて「諸種の活動に進んで参加してその使命を果たす」「通常の職務を超えた，無償の人権擁護活動等の多様なプロボノ活動や，立法・行政への参加，後継者養成，弁護士任官等を行う」という公益性の観点も弁護士の共通項として挿入してはどうかという議論がなされたが，結論が得られず見送られ」た（日本弁護士連合会弁護士倫理委員会編 [2017] 2 頁）。
16) 1970 年代の 4 大公害，4 大えん罪事件に関する I 部 1 章注 21 参照。

のどこに「基本的人権の擁護」と「社会正義の実現」があるのか。

　弁護士法 1 条にある「基本的人権」は憲法 11 条及び 97 条の「基本的人権」と同義と解される[17]。このような「人権」は，歴史的には，自然人が対国家関係で主張できる権利であるとされてきた。しかし，私人間の権利の矛盾・対立の調整につき「立法措置によって是正を図る」ほかに「民法 1 条，90 条や不法行為に関する諸規定等によって適切な調整を図る方途」が認められる（最大判昭和 48 年 12 月 12 日民集 27 巻 11 号 1356 頁〈三菱樹脂事件〉参照）など一定の範囲で私人間効力が認められる（間接適用説）とも解されており[18]，法人にも「性質上可能な限り」「人権が認められる」と考えられている（最大判昭和 45 年 6 月 24 日民集 24 巻 6 号 625 頁〈八幡製鉄事件〉参照）。とすれば，このような貸金返還請求権を行使して権利（憲法 29 条の財産権）を確実にすることは「人権を擁護」することであるといえなくはない。これを三菱樹脂事件判決の文言に沿っていえば，貸金を返してもらう「権利」と借主の金銭についての「権利」との間の「権利の対立」については民法という「立法措置」によりすでに権利調整が図られ，代理人弁護士の権利行使は，このような「調整が図られた権利」を行使し[19]，「人権」を擁護しているともいえる。他方，「貸した金を返さない人から返してもらう」こと自体は一般には「社会正義」を実現する行為といえるだろう。妻は夫と離婚することが最終的に社会正義にかなうと考えるからこそ離婚訴訟を提起するのであろう。とすれば，このような貸金返還請求権を行使することも，離婚請求権（民法 770 条）を行使することも，人権擁護と社会正義の実現に資するものであると評価することは可能である。

---

17) 日本弁護士連合会調査室編［2019］10 頁。
18) ただし，三菱樹脂事件以降の最高裁の判例には，私人間の事件である北方ジャーナル事件（最判昭和 62 年 6 月 11 日〈個人×新聞社〉），南九州税理士会事件（最判平成 8 年 3 月 19 日〈税理士×税理士会〉）など間接適用説を論じていないものがある。この点，宍戸［2014］は，「ここも少し前まで通説は芦部説」が主流だったが，小山剛〈憲法〉が説く「基本的保護義務論」（これを踏まえた山本敬三〈民法〉の解釈論）が発表されたり，高橋和之の「新無効力説（無適用説）」や三菱樹脂事件の判決自体を「無適用説」で読み解く考え方（高橋［2020］117 頁参照）が現れたりなど，「次々と論文が登場して百家争鳴の情勢」と整理する（95 頁）。この点に関する宍戸自身の考え方については，宍戸［2010］参照。

　また，企業内（インハウス）の弁護士が，M＆A 契約のリーガルチェックを行って当該企業（法人）の財産を確保し逸失を防ぐことを通じて，株主に多くの配当がもたらされるように活動することは，当該法人の営業活動の自由（憲法 22 条）や財産権（同 29 条）を擁護し，そのような営業活動を自由かつ活発に行い，経済を発展させてゆくという社会正義を実現しているものと評価することもできる。

　このような私的利益を図るための「人権擁護」や「社会正義の実現」にどの程度の社会的意義があるのかは，事件・案件によっても様々であるし，依頼者や当事者によっても考えは異なり得る。そもそも人間は全てが異なった存在で異なる考えをもち，そうであるからこそ，そこに紛争や事件が生じることがあるのであろう。その結果「人権」が侵害された場合に「権利のための闘争」を実行する各人の行為に関わってこれを援助し，社会正義が脅かされたときに各人の行為に関わって様々な法解釈を施して[20]不正義を排し，各人が考える正義を実現しようと権利を行使する援助を行うのが弁護士の「職務」であり「法律事務」である。そのような権利擁護と社会正義実現のための援助（このような援助自体も大小様々であり，権利の種類も，内容もそれぞれ大きく異なったものとなる）のための助力を専門家として行い，そのような活動の結果実現した事実の「総和」が「社会正義の実現」となるのではないか[21]。

　他方，場合によっては弁護士が依頼者から受任する法律事務の中には，憲法でいわれている意味の「人権」を擁護するためのものとまでは評価できないものもあるかもしれない（この点は，上記のとおり基本的人権が沿革的に対国家の権利として観念されてきた歴史的経緯とも関わる）。しかし，弁護士の「職務」「法律事務」は，少なくとも「社会正義の実現」を目指すものであることは可能な

19）厳密には三菱樹脂事件判決は同じ私人間でも「一方が他方に優越し，事実上後者が前者の意思に服従せざるをえない場合」（私的支配関係にある場合）に上記論旨を述べたものである。よって「このような私的支配関係がない場合には判例の射程が及ばない」との解釈もあり得る。

20）太田［2020］44 頁は，弁護士などの法律家が，日々の通常業務の中で法解釈の専門家として創造的な法解釈によって自由かつ公正な社会に寄与することを「ミクロな法創造」と呼ぶ。

はずである。とすれば，弁護士の個々の法律事務は，このような「社会正義の実現」に資するものか否かを日々自らに問いかけ，確認しながら行われるべきものであろう（「正義」の意義については解説 3 参照）。

　法律の規定と条文は，以上のように個々の弁護士がそれぞれの「職務」を幅広い観点にもとづき広範な地域と分野で遂行し，それが積み重ねられることによってこそ，弁護士全体の「使命」は果たされる，としていると解されるべきではないか。弁護士にとってその「職務」は「一般の法律事務」である。とすれば，このような「一般の法律事務」を行って法的サービスを提供することにより，上記のような意味での「使命」（基本的人権の擁護と社会正義の実現）を図ることが弁護士法の規定上は想定されているというべきである[22]。

　（弁護士法 1 条からではなく）弁護士法 3 条の条文にもとづいて，同法 1 条も踏まえた弁護士像を示すこの考え方は，I 部 1 章 4 節でふれたモデル論の中では法サービス・モデル，ビジネス・モデル，関係志向モデルと親和的と考えるし，さらにいえば「パートナー」「伴走者」としての付添人の姿勢やパーティシペトリ・モデルにも通じるものと考える。しかしこれらモデルとの違いを強調するならば，弁護士が行う「法律事務」は常に弁護士法 1 条の「使命」を果たすことを目指すものでなければならない。逆にいえば弁護士の「法律事務」は，司法書士や行政書士，社会保険労務士，税理士や弁理士などの隣接士業の職務とは異なり[23]，常に弁護士法 1 条の「使命」を目指すという色彩を帯びたものであり，そうあるべきであるという点で，単なる「サービスの提供」や

21）森際編［2019］191 頁以下は，「弁護士モデル論」が「真正の論争であろうか」と問題提起し，「「法制度を用いて実現する正義とは，依頼者の権利を日々，地道に実現することである」というのが弁護士の実感であろうし，また，ローマ法以来の法伝統である」「社会的な弱者であろうと強者であろうと正義の女神は目隠しして差別しない」として，ローマ法大全（学説彙纂）の「正義とは各人に彼のものを与えんとする不断の意思である」（Digesta 1.1）を引く。

22）この点，日本弁護士連合会調査室編［2019］11 頁は「弁護士の職務行為自体が基本的人権の擁護と社会正義の実現という結果を直接もたらさなければならないとするものではないが，職務行為を行うに際しては，基本的人権の擁護と社会正義の実現ということを目指して行動することが要求される」とする。間接適用説などをどこまで意識した記述であるかは判然としないが，結論としては本書と同趣旨であると考える。

「ビジネス」とは異なる[24]。弁護士法はそのような形式と文言で立法されている[25]
点を強調したい。

　ここで，弁護士法 24 条が「弁護士は，正当の理由がなければ，法令により
官公署の委嘱した事項及び会則の定めるところにより所属弁護士会又は日本弁
護士連合会の指定した事項を行うことを辞することができない」と規定する点
が注目される。「官公署」や弁護士会が人権擁護・社会正義実現に資すると考
える事項を個々の弁護士に委嘱すれば，基本的人権の擁護や社会正義の実現に
役立つようにもみえる。弁護士職務基本規程 79，80 条も委嘱事項の不当拒絶

23）司法書士法には令和元年法 29 号改正によって，「国民の権利を擁護し，もって自由かつ
　公正な社会の形成に寄与する」という司法書士の使命が規定されたが（1 条），そこに
　「正義」の文言はなく権利主体も「国民」に限定される。また，税理士法には納税者の
　権利を守ることが税理士の使命とは規定されておらず（1 条参照），弁理士法にも基本
　的人権擁護や社会正義実現の文言はない。そもそも行政書士法には，行政書士の使命を
　規定する条文自体が存在しない。柴垣明彦は，行政書士などが「それぞれの業法の改正
　運動を進める中で，使命規定を新設して欲しいという要望をしています〔上記の司法書
　士法改正はそのような運動が実って改正された規定〕」「つまり，国民の権利を守るとい
　う使命を業法に入れて，矜持を保持したいというのです。若い弁護士には，他の業種は
　弁護士をそう見ているのだ，そういう職種なのだと自負を持ってもらいたいと思いま
　す」という（髙中＝石田編［2020］113 頁）。
24）この点，令和元年改正で「自由かつ公正な社会の形成に寄与する」との文言が加えられ
　た司法書士法 1 条は，文言こそ異なるが弁護士法 1 条の「社会正義の実現」と通底する
　点がある。太田［2020］48 頁は，(1)司法書士の不動産登記業務が不動産取引費用減縮
　を通じて不動産市場を支え，(2) 140 万円以下の小規模紛争解決代理業務や司法書士会
　ADR が市場取引の円滑や家庭生活の安寧を通じて人々の幸福度を高め，(3)供託業務が
　弁済の取引費用を低減することなどにより，「コースの定理」でいう「取引費用」低減
　という社会的使命を実践することによって司法書士が「自由かつ公正な社会の形成に寄
　与する」点を強調する。なお，「コースの定理」とは，法と経済学の理論で「取引費用
　がゼロ（ないし無視できる）ならば，法律のルールがどのようなものであっても，交渉
　を通じて社会状態は「パレート最適」（効率的）となる」という，経済学者コースが
　1960 年に発表した定理である（同 45 頁）。
25）弁護士法は，組織内弁護士（弁護士職務基本規程 50 条）であるか否か，事務所の大小
　や所在場所を問わず全ての「弁護士」の使命を統一的に弁護士法 1 条で定めている。た
　とえばドイツ連邦弁護士法（BRAO）46 条ではシンディクス弁護士（Syndikusrechtsan-
　walt）と呼ばれる組織内弁護士は雇用主の代理はできないなど，他の弁護士とは別の規
　律に服する旨を規定している（髙中＝石田［2020］224 頁）が，日本の弁護士法にはそ
　のような組織内弁護士を別カテゴリーとする規定は存在せず，全ての弁護士の使命が 1
　条で統一的に規定されている。

を禁じる。

　しかし，プロフェッション論の論者が考えていた「公益」活動は，「官公署」「弁護士会」「日弁連」が命じて行うものではなく，個々の弁護士が自由と独立を大切にしながら，個々の弁護士の信念にもとづいて行う「公益」活動であったはずである。社会の多数派である「官公署」や，弁護士会の中の多数派によって意見が決定される「弁護士会」「日弁連」が命じる「公益活動」だけが公益活動ではない。むしろ個々の弁護士の信念にもとづく公益活動こそが重要なのである。他方，そこには個々の弁護士の基本的人権や社会正義に対する高い意識や矜持があることが前提である。その点で弁護士法 1 条は，「その「職務」は，本当に「基本的人権」「社会正義の実現」に資するものであるや否や」という厳しい課題を，日々，個々の弁護士に突きつけているのであり，そのことを，筆者自身 1 人の弁護士として自戒しなければならないと感じる。

　ウ）立法論

　以上が解釈論であるが，以下は，弁護士法 1 条 2 項（法律制度の改善）の趣旨に鑑み，ローヤリングの観点からあるべき立法について論じる。

　司法制度改革審議会意見書は，検察官・裁判官を含めた「法曹」を「プロフェッション」そして「頼もしい権利の護り手」と位置づけ，あるべき弁護士論について詳論[26]し，弁護士には，「社会生活上の医師」として「「プロ・ボノ」活動等により社会に貢献することが期待され」るとする。しかし，その後なされた弁護士法改正（平成 15 年法 128 号）でも，その後に日弁連で制定された弁護士職務基本規程にも「頼もしい権利の護り手」「プロフェッション」などの文言は盛り込まれていない[27]。そもそも，依頼者の「納得」こそが弁護士の実務にとって重要であると考える本書の立場（補論 1 参照）からみると，「頼もしい権利の護り手」との文言には，弁護士のみが権利の存否を知り，パターナリスティックにそれを護っていくニュアンスが感じられるように思われる。むしろ，依頼者の「納得」のためには同意見書がいう「社会生活上の医師」の趣旨を踏まえた弁護士像を意識することが重要である。

26）コラム⑤参照。

　このような弁護士像を踏まえ，さらにこれを一歩進めて依頼者の「納得」を重要と考える観点から現行の弁護士職務基本規程を見ると，必ずしも依頼者の「納得」を重視した条文の構成とはなっていない。すなわち，1条（使命の自覚）が冒頭に置かれ，その次に2条（自由と独立）が規定されている。むしろ依頼者の「納得」よりは弁護士の自由と独立が強調される条文構成となっている。そして，弁護士が誠実に職務を行う旨の条項は，真実を尊重し，信義に従い，公正に職務を行うことと同列に，3条（弁護士自治），4条（司法独立の擁護）の条文の後に置かれている。

　また，依頼者との関係に関する規律（同規程3章）でも，20条（依頼者との関係における自由と独立）が明確に規定されているのに対し，22条では「依頼者の意思」は「尊重」するにとどめられている。また，29条（受任の際の説明等）では弁護士が一方的に説明することのみが規定される。組織内弁護士における規律（同規程5章）である50条（自由と独立）も「弁護士の使命及び弁護士の本質である自由と独立を自覚し，良心に従って職務を行うように努める」としているが，あくまで弁護士が依頼者から離れた立場で考えて依頼者に情報を与える，という弁護士像を前提としているように思われる。

　依頼者の「納得」のためには，「ともに考えるパートナー・アドバイザー」としての弁護士の立場をより明確に規定すべきではないか[28]。これを，弁護士法に規定することも考えられるが，弁護士自治の尊重の観点からは法を改正するよりは，弁護士職務基本規程の改訂によって実現される方が望ましい。具体的には，弁護士職務基本規程2条以下に，依頼者の自己決定を援助して職務を誠実に行うことに加え，依頼者の話に誠実に耳を傾けてともに考えることを規

27）ただし，「信頼しうる正義の担い手」という言葉については，「公益活動の実践」として弁護士職務基本規程8条に努力義務が規定されたほか，多くの各単位弁護士会では，会規において委員会活動等に参加することなどを会員の義務として定めており，一部公益活動を義務化している会の中には，一定の金銭の支払いによって公益活動従事義務違反を問疑しないとする規定を置いているところもある（日本弁護士連合会弁護士倫理委員会編［2017］21頁）。

28）渡辺［2001］173頁以下は「意見書が注目するような弁護士＝依頼者のコミュニケーションを弁護士の行為指針に組み込んだ「プロフェッション」を作り上げていく」必要性を指摘する。

定することが考えられる。もちろん，弁護士が独立して職務を行うことは重要
な価値であり，現行の弁護士職務基本規程のような規定は必要であるが，「社
会生活上の医師」であろうとするならば，より積極的に情報を提供することで
(Informed) 依頼者の自己決定がより豊かで納得できる（Consent）内実となるよ
うこれを援助してゆくことを弁護士職務基本規程に盛り込んでゆくことが考え
られる。

第 2 節　本書が前提とした弁護士像

　以上を踏まえて，本書のローヤリングが前提とする弁護士像を整理するとす
れば，それは，「職務」（弁護士法 3 条）の遂行を通じて「基本的人権の擁護と
社会正義の実現」（同法 1 条）という使命を果たす弁護士である。
　「基本的人権」（憲法 11 条）は歴史的に対国家の関係で主張されてきたもので
あり，私人間の紛争解決や権利行使については，いわゆる間接適用説（最判昭
和 48 年 12 月 12 日〈三菱樹脂事件〉参照）の立場に立つとしても当然には「基本
的人権の擁護」とは結びつかない場合がある[29]。しかし，少なくとも弁護士の
「職務」は「社会正義の実現」という使命を果たすものでなければならず，
ローヤリングが前提とする弁護士像はこのような使命を果たすために「誠実」
にこのような「職務」を遂行する（弁護士法 1 条 2 項，3 条）弁護士を前提とす
る。
　このような弁護士像は，いわゆる「プロフェッション」としての弁護士像と
重なる部分もあるが同一のものではない。プロフェッション論は，弁護士法な

---

29) 他方，近時の社会の変化にも着目すべきである。「企業の社会的責任（CSR）」を背景と
　　した国連「ビジネスと人権に関する指導原則」（2011 年）を受け，2020 年日本政府は
　　「「ビジネスと人権」に関する行動計画（2020〜2025）」を採択した。同計画では，(1)労
　　働（ディーセント・ワークの促進など），(2)子どもの権利の保護・促進，(3)新技術の発
　　展にともなう人権，(4)消費者の権利・役割などが横断的事項として挙げられている。歴
　　史的には対国家権であった「人権」が，「ビジネス」という私企業が営む事業の場面に
　　も今後さらに浸透していくことが想定され，「基本的人権の擁護」を使命とする弁護士
　　がそこで果たすべき役割は重大であるはずである。

どの法律に条文の規定がない「プロフェッション」という概念をもとに弁護士像を組み立てて，そこから弁護士法 1 条の「使命」や 3 条の「職務」の意義を解釈しようとする演繹的な考え方であるのに対し，本書が前提として想定するのは，それぞれ異なる個性をもった依頼者の委嘱を受けた「職務」を，同じくそれぞれ異なる個性をもつ弁護士が，特定の具体的な依頼を受けて遂行することによって，職業集団としてその使命を果たすことを目指す，という帰納的な弁護士像である。

　ローヤリングの考え方としては，個々の依頼者・当事者の気持ちや具体的な事件の現場において，弁護士法 1 条がいう弁護士の使命を果たすにはどのような技法を用いるべきかという観点から検討を行うことが重要であり，本書の各論における各場面（法律相談・交渉・ADR の手続など）では，そのような考え方で技法を整理・検討した。

おわりに

　ここまで，ローヤリング科目での学習を念頭に，実務の基礎的な考え方から始めて，法律相談～委任終了までの具体的な技法を論じてきました。ローヤリングの枠組みや趣旨，具体的問題点や考え方を十分お伝えできたでしょうか。ぜひ，みなさんの意見や批判を頂戴したく存じます。

　最後に，ローヤリングの今後の課題を整理し，改めて弁護士の仕事の楽しさとやりがいを強調して本書を閉じたいと思います。

今後のローヤリングにむけて

　「はじめに」で「標準的テキストを目指す」と宣言しましたが，目標を達成できているかについては自信がありません。不断の理論的・実務的検証が必要です。本書をまとめるにあたり，改めて様々な先行文献を拝読し，私自身，大変勉強になりました。しかし，特に実務科目では自分自身の体験談の披瀝に収斂するタコツボ化を警戒しなければなりません。もっと相互の理解を深めるような，他人のローヤリングを理解したうえで議論する多元的なフォーラムが必要ではないでしょうか。実際に物理的に集まっての議論だけでなく，文献上の活発な議論の機会がもたれてよいように思います。

　ローヤリング科目は法律相談・交渉・ADR のように広範な分野にわたり，全体的議論が難しい面もあります。しかし，たとえば「パラフレージング」について，法律相談と ADR で用い方を比較検討すれば長所・短所がより明確となります。ローヤリングの分野内のタコツボ化にも注意が必要であり，幅広い見解の持ち主による意見交換や議論の場が重要です。そのようなフォーラムを期待できるならば，まずは以下の点を訴えたいと思います。

　まず，ローヤリングは法科大学院で単位を取得して終わりという科目ではあ

りません。法科大学院における通常のローヤリング科目だけでなく，「3＋2」のシステムによる在学中司法試験合格者に対する実務との橋渡しを意識したローヤリング，司法修習におけるローヤリング，弁護士になってからの実務研修でのローヤリングなどの形で，生涯続く研鑽こそが重要です。各単位弁護士会の司法修習委員会や弁護士研修関係の委員会と，ローヤリングの考え方について共通認識をもち，連携することが必要ではないでしょうか。その場合，ローヤリングの技能を上の世代から下の世代に伝承する流れも重要ですが，逆に若い世代から新しい考えや感覚，ICT などの技術を学ぶ姿勢も大切にするのがよいと思います。

　また，心理学・医学などの関連分野との連携を図ることも重要です。各分野の最新の議論のキャッチアップと，法律分野からの発信・意見交換により豊かなフォーラムが形成されるとよいと思います。

　さらに，日本以外の国のローヤリングとの関係も大きな課題です。本書のローヤリングの考え方はその多くをアメリカの議論に負っていますが，アジア（たとえば中国や韓国など）やヨーロッパの議論などにも学んでゆくべきだと思います。

　他方，本書で提示した日本のローヤリングは，法律相談・交渉・ADR の垣根を超えて横断的であることがアメリカのローヤリングに関する多くのテキストとは異なっています。交渉論の分野では，法律家だけでなくビジネスマンや外交官なども様々な議論を行っています。ADR の分野では，カウンセラーや心理専門家，紛争解決にあたる市民（調停委員など）も議論に参加しており，人数は少ないながらも多様です。これに対し法律相談は，医療や心理学者など専門家で議論されている割合が高いと思います。一方で，議論の難解さでは ADR の分野が一番高度であり，法律相談，交渉の順で徐々に分かりやすい話になっていきます。

　私が最も重要であると考える依頼者の「納得」について理解するためには，弁護士だけで議論するのではなく，実際の依頼者や当事者自身の声に学ぶことが大切だと思います。また，司法書士や社会保険労務士などの他士業も「法律家」です。特に司法書士会では法律相談などのローヤリングに熱心に取り組ん

でおられますから，ぜひ広く議論をすべきではないでしょうか。他方，この横断的ローヤリングの状況を日本から海外へ発信する姿勢も大切でしょう。

ローヤリングの楽しさとやりがい

　私が本書をとりまとめた時期は，2020 年以降 COVID-19 によって，世界が暗転した時代と重なります。パンデミック後の世界や弁護士実務がどうなるのかは，まだ見通せません。

　日本の弁護士，とりわけ若手弁護士が置かれた従前より厳しい弁護士自身の経済環境，弁護士業務を取り巻く ICT 技術革新の高度化，依頼者や相手方の権利意識の高まりによる業務のハードさが強調される時代にあって，このような世界情勢は暗い影を落としています。当事者・弁護士のいずれにもメンタルに大きな負担を抱えている人が増えています（岡田編［2018］など参照）。司法制度改革審議会がデザインした法科大学院制度や法曹養成制度は大きな進路変更を強いられ続けており（森山［2017］），今後，法曹人口・弁護士人口がどのようになるかも明確ではありません。

　六本佳平『法社会学』（有斐閣，1986 年）は，1975 年に東京の弁護士 244 人から聴取した「弁護士の悩みと不満」を整理分析した結果を掲載しています（318 頁）。病気等の場合の保障がない，収入が不安定，忙しすぎるなどの職業に対する不満・悩みのほか，一般社会の態度，司法界・法・司法制度に対する不満・批判など，当時の弁護士も今と同じ悩みを抱えている様子がうかがえます。「忙しすぎる」「多忙のため思うような仕事ができない」というような不満は，50 年前より今の方が高まっているように思われ，むしろこれからの方が厳しい状況になるのかもしれません。これからは，弁護士の仕事，ローヤリングには夢ややりがいを感じられなくなってゆくようにもみえます。

　しかし，私は悲観的には考えていません。

　弁護士は，法律相談・交渉などを通じ，常に他人の気持ちを理解しようとする仕事です。他人の気持ちを理解するのは簡単ではありません。しかしその業務過程で，もし自分が他人を少しでも理解でき，もし依頼者が心から「納得」してくれたならば，弁護士は本当にやりがいある楽しく充実した仕事だと感じ

られます。

　私自身は，この仕事に就くことができて本当に幸せだと思っています。

　弁護士の仕事では，相手方にも弁護士が選任されている場合が多くあります。この場合，利害は対立していても職業理念は共有している双方の弁護士が，それぞれの依頼者からの聴取を含めた徹底的な事実調査，そして法律判例などの的確な理解にもとづいて，なれ合いではない厳しいやり取りをしながらも，紛争解決と各依頼者の「納得」のために十分な弁護士活動をすることが私の理想です。最近も，相手方に選任されたある若手弁護士との厳しくも充実した交渉の結果，双方が納得できた（と私は感じました）和解が成立した例がありました。そのようなローヤリングが，依頼者にも，さらにいえば相手方にも分かってもらえたとき，私はとても楽しく，弁護士としてのやりがいを感じます。

　本書を手に取って下さったあなたが，共通の理念のもとに厳しくも豊かな信頼関係にもとづいたローヤリングを通じて，依頼者や相手方，当事者のみなさんの「納得」と幸福の実現（それは基本的人権の擁護と社会正義の実現ともいえるでしょう）を図る仕事をされることを願うとともに，そんなあなたと一緒に弁護士の仕事＝ローヤリングができる日が来ることを，私は1人の弁護士として願っています。

参考文献

アーノルド，ジョン・H.（新広記訳）［2003］『歴史』岩波書店。

アイエンガー，シーナ（櫻井祐子訳）［2010］『選択の科学 コロンビア大学ビジネススクール特別講義』文藝春秋。

相澤眞木＝塚原聡編［2018］『民事執行の実務──債権執行編 上（第4版）』金融財政事業研究会。

愛知県弁護士会法科大学院委員会編［2012］『入門 法科大学院──実務法曹・学修ガイド』弘文堂。

愛知県弁護士会編［2020］『事件類型別 弁護士会照会（第2版）』日本評論社。

芦部信喜（高橋和之補訂）［2019］『憲法（第7版）』岩波書店。

アメリカ法曹協会（日本弁護士連合会編／宮澤節生＝大坂恵里訳）［2003］『法学教育改革とプロフェッション──アメリカ法曹協会マクレイト・レポート』三省堂。

アリストテレス（戸塚七郎訳）［1992］『弁論術』岩波書店。

飯島克巳［2006］『外来でのコミュニケーション技法──診療に生かしたい問診・面接のコツ（第2版）』日本医事新報社。

五十嵐清［2017］『法学入門（第4版新装版）』日本評論社。

幾代通＝広中俊雄編［1989］『新版 注釈民法（16）債権7 雇傭・請負・委任・寄託』有斐閣。

池田謙一［2000］『コミュニケーション 社会科学の理論とモデル5』東京大学出版会。

池田謙一＝唐沢穣＝工藤恵理子＝村本由紀子［2019］『社会心理学（補訂版）』有斐閣。

石井成一［1970］「職業としての弁護士とその使命」石井成一編『講座 現代の弁護士1 弁護士の使命・倫理』日本評論社。

石川明［2003］「ADR覚書」小島武司編『ADRの実際と理論I 日本比較法研究所研究叢書（62）』中央大学出版部。

石川明［2012］『裁判上の和解』信山社。

石川明［2014］「訴訟上の和解の効用と弊害──主として那須弘平論文及び出井直樹論文を読んで」法学研究〈慶應義塾〉87巻6号。

石田京子［2019］「ADRにおける弁護士の役割──実証研究の結果から」*Law & Practice* 13号。

石村善助［1969］『現代のプロフェッション』至誠堂。

伊藤眞［2020］『民事訴訟法（第7版）』有斐閣。

伊藤美奈子［2005］「リーガルカウンセリング」菅原郁夫＝サトウタツヤ＝黒沢香編『法と

　　心理学のフロンティア II巻 犯罪・生活編』北大路書房。

井上治典［1993］『民事手続論』有斐閣。

入江秀晃［2013］『現代調停論——日米 ADR の理念と現実』東京大学出版会。

内田貴［2000］『契約の時代——日本社会と契約法』岩波書店。

内田貴［2008］『民法 I ——総則・物権総論（第 4 版）』東京大学出版会。

内田貴［2011］『民法 II ——債権各論（第 3 版）』東京大学出版会。

ABA（日弁連弁護士業務対策委員会訳）［1996］『個人法律事務所の実務』（東京弁護士会・
　　第二東京弁護士会合同図書館所蔵）。

榎本修［2007］「実務基礎科目「ロイヤリング」の現状と課題」判タ 1224 号。

榎本修［2019〜21］「ローヤリング基礎論覚書（1）〜（8）」名古屋大学法政論集 282〜286,
　　288〜290 号。

榎本修＝宇加治恭子［2019］「民事における依頼者弁護士関係（3）——辞任・紛議」森際康
　　友編『法曹の倫理（第 3 版）』名古屋大学出版会。

大江忠［2021］『第 4 版 要件事実民法（5)-2 契約 II（補訂版）』第一法規。

大阪弁護側立証研究会編［2017］『実践！弁護側立証』成文堂。

大澤恒夫［2004］『法的対話論——「法と対話の専門家」をめざして』信山社。

大澤恒夫［2011］『対話が創る弁護士活動——交渉・ADR・司法アクセス・法教育』信山社。

大澤恒夫［2013］「ローヤリング教育の現場 VI 桐蔭法科大学院」日本弁護士連合会法科大
　　学院センターローヤリング研究会編『法科大学院におけるローヤリング教育の理論と実
　　践』民事法研究会。

太田勝造［2020］「司法書士の社会的使命——問題解決エクスパート」日本司法書士会連合
　　会司法書士法改正対策部改正記念事業 WT 編『司法書士法改正記念誌』日本司法書士
　　会連合会。

太田勝造＝垣内秀介編［2018］「利用者からみた ADR の現状と課題」法と実務 14 号。

太田勝造＝野村美明編［2005］『交渉ケースブック』商事法務。

大滝純司［2017］「患者へのアプローチの基本（医療面接と臨床推論）」矢﨑義雄総編集『内
　　科学（第 11 版）』朝倉書店（デジタル付録 1-2 収録）。

大竹文雄＝平井啓編［2018］『医療現場の行動経済学——すれ違う医者と患者』東洋経済新
　　報社。

大塚浩［2009］「コーズ・ローヤリングにおける弁護士——依頼者関係の実態と弁護士倫
　　理」法社会学 70 号。

大野正男［2013］『JLF 選書 職業史としての弁護士および弁護士団体の歴史』日本評論社
　　（初出は大野正男編［1970］『講座 現代の弁護士 2 弁護士の団体』日本評論社）。

オーフリ，ダニエル（原井宏明＝勝田さよ訳）［2020］『患者の話は医師にどう聞こえるの
　　か——診察室のすれちがいを科学する』みすず書房。

岡田裕子編［2018］『難しい依頼者と出会った法律家へ——パーソナリティ障害の理解と支
　　援』日本加除出版。

岡田悦典［2002］「アメリカにおけるリーガルカウンセリングの理論──依頼者中心モデル
　　を参考として」菅原郁夫＝下山晴彦編『21 世紀の法律相談──リーガルカウンセリン
　　グの試み』現代のエスプリ 415 号。

岡田悦典［2004］「協働的リーガル・カウンセリング・モデル」菅原郁夫＝岡田悦典編『法
　　律相談のための面接技法──相談者とのよりよいコミュニケーションのために』商事
　　法務。

岡田悦典＝藤岡淳［2004］「法律相談技術の実践──難しい相談への対応」菅原郁夫＝岡田
　　悦典編『法律相談のための面接技法──相談者とのよりよいコミュニケーションのた
　　めに』商事法務。

奥山倫行［2019］『弁護士に学ぶ！交渉のゴールデンルール──読めば身に付く実践的スキ
　　ル（第 2 版）』民事法研究会。

カー，E. H.（清水幾太郎訳）［1962］『歴史とは何か』岩波書店。

カーネマン，ダニエル（村井章子訳）［2014］『ファスト＆スロー──あなたの意思はどの
　　ように決まるか？』下巻，早川書房。

垣内秀介［2000］「裁判官による和解勧試の法的規律（1）」法協 117 巻 6 号。

垣内秀介［2003］「裁判官による和解勧試の法的規律」民訴 49 号。

垣内秀介［2015a］「裁判外紛争処理」長谷部恭男＝佐伯仁志＝荒木尚志＝道垣内弘人＝大村
　　敦志＝亀本洋編『岩波講座 現代法の動態 5 法の変動の担い手』岩波書店。

垣内秀介［2015b］「民事訴訟制度の目的と ADR」高橋宏志＝上原敏夫＝加藤新太郎＝林道
　　晴＝金子宏直＝水元宏典＝垣内秀介編『民事手続の現代的使命──伊藤眞先生古稀祝
　　賀論文集』有斐閣。

垣内秀介［2018］「訴訟上の和解の現在──『和解技術論』出現以後の展開を振り返って」
　　豊田愛祥＝太田勝造＝林圭介＝斎藤輝夫編『和解は未来を創る──草野芳郎先生古稀
　　記念』信山社。

柏木昇［2003］「弁護士の面接技術に関する研究」法と実務 3 号。

加藤眞三［2017］「「医師は冷淡だ」と感じるのには理由がある」（東洋経済オンライ
　　ン https://toyokeizai.net/articles/-/158933 2020 年 4 月 7 日最終閲覧）。

加藤新太郎編［2004］『リーガル・ネゴシエーション（民事プラクティスシリーズ 2）』弘文
　　堂。

加藤新太郎編［2009］『民事事実認定と立証活動』第Ⅰ・Ⅱ巻，判例タイムズ社。

加藤新太郎＝松下淳一編［2018］『別冊法学セミナー no. 256 新基本法コンメンタール民事
　　訴訟法 1──第 1 編：総則から第 2 編第 3 章：口頭弁論及びその準備まで（第 1 条〜第
　　178 条）』日本評論社。

加藤雅信［2003］『新民法大系Ⅱ 物権法（第 2 版）』有斐閣。

加藤良夫［2009］「依頼者への説明・報告──依頼者を説得し納得してもらうための基本的
　　技術」名古屋ロイヤリング研究会編『実務法律講義 3 実務ロイヤリング講義──弁護
　　士の法律相談・調査・交渉・ADR 活用等の基礎的技能（第 2 版）』民事法研究会。

鹿取廣人＝杉本敏夫＝鳥居修晃＝河内十郎編［2020］『心理学（第 5 版補訂版）』東京大学出版会。

川嶋四郎［2010］「「ADR と救済」に関する基礎的考察——民事紛争解決過程の統合と充実を目指して」仲裁と ADR 5 号。

川島武宜［1967］『日本人の法意識』岩波書店。

官澤里美［2014］『弁護士業務の勘所——弁護士という仕事をもっと楽しむために』第一法規。

岸盛一＝横川敏雄［1983］『新版 事実審理』有斐閣。

北川ひろみ＝豊川義明［2019］「民事における依頼者弁護士関係（2）——調査・事件処理」森際康友編『法曹の倫理（第 3 版）』名古屋大学出版会。

木村靖二＝岸本美緒＝小松久男編［2017］『詳説 世界史研究』山川出版社。

草野芳郎［2020］『新和解技術論——和解は未来を創る』信山社（初出は草野芳郎［1995］『和解技術論——和解の基本原理』信山社）。

群馬県弁護士会編［2016］『立証の実務——証拠収集とその活用の手引（改訂版）』ぎょうせい。

古賀正義［2013］『JLF 選書 日本弁護士史の基本的諸問題——日本資本主義の発達過程と弁護士階層』日本評論社（初出は古賀正義編［1970］『講座 現代の弁護士 3 弁護士の業務・経営』日本評論社）。

古賀保夫［1979］「ある小作争議指導者の生涯」教養論叢（中京大学）20 巻 2 号。

小島武司［1978］「正義の総合システムを考える——マクロジャスティス試論」民商 78 巻臨増 3 号。

小島武司［1993］『展望 法学教育と法律家』弘文堂。

小島武司［2000］『現代法律学全集 59 仲裁法』青林書院。

小島武司［2001］『ADR・仲裁法教室』有斐閣。

小島武司［2004］「制度契約としての仲裁契約——仲裁制度合理化・実効化のための試論」早川吉尚＝山田文＝濵野亮編『ADR の基本的視座』不磨書房。

小島武司編［1991］『法交渉学入門』商事法務研究会。

小島武司編［2010］『ブリッジブック裁判法（第 2 版）』信山社。

小島武司＝猪股孝史［2014］『仲裁法』日本評論社。

後藤勇＝藤田耕三編［1987］『訴訟上の和解の理論と実務』西神田編集室。

小林徹［2005］『司法制度改革概説 7 裁判外紛争解決促進法』商事法務。

小林秀之編［2012］『交渉の作法——法交渉学入門』弘文堂。

小山齊［2019］「交渉スキルをみがこう（若手会員対象）」日本弁護士連合会編『日弁連研修叢書 現代法律実務の諸問題（平成 30 年度研修版）』第一法規。

小山昇［1983］『仲裁法（新版）法律学全集 38-Ⅲ』有斐閣。

斎藤清二［2000］『はじめての医療面接——コミュニケーション技法とその学び方』医学書院。

裁判所書記官研修所監修［2003］『裁判所書記官実務研究報告書　和解への関与の在り方を中心とした書記官事務の研究』司法協会。

裁判所職員総合研修所監修［2010］『書記官実務研究報告書　書記官事務を中心とした和解条項に関する実証的研究（補訂版・和解条項記載例集）』。

裁判所職員総合研修所監修［2017］『少年法実務講義案（3 訂版）』司法協会。

坂下裕一［2004］「法律相談を受けるにあたっての基本的態度」菅原郁夫＝岡田悦典編『法律相談のための面接技法――相談者とのよりよいコミュニケーションのために』商事法務。

坂野雄二編［2005］『臨床心理学キーワード（補訂版）』有斐閣。

佐久間賢［2011］『交渉力入門（第 4 版）』日本経済新聞出版社。

笹瀬健児編［2021］『依頼者の心と向き合う！　事件類型別エピソードでつかむリーガルカウンセリングの手法』第一法規。

佐治守夫＝岡村達也＝保坂亨［2007］『カウンセリングを学ぶ――理論・体験・実習（第 2 版）』東京大学出版会。

佐藤鉄男＝吉田史晴＝橋本誠志［2003］「司法制度改革と ADR」小島武司編『ADR の実際と理論Ⅰ　日本比較法研究所研究叢書（62）』中央大学出版部。

佐藤昌己［2003］「ロイヤリングの試み」NBL 764 号。

佐藤昌己［2009a］「ロイヤリングとは」名古屋ロイヤリング研究会編『実務法律講義 3　実務ロイヤリング講義――弁護士の法律相談・調査・交渉・ADR 活用等の基礎的技能（第 2 版）』民事法研究会。

佐藤昌己［2009b］「調査・証拠収集の基本技術①②」名古屋ロイヤリング研究会編『実務法律講義 3　実務ロイヤリング講義――弁護士の法律相談・調査・交渉・ADR 活用等の基礎的技能（第 2 版）』民事法研究会。

佐藤昌巳［2009c］「取引契約型交渉の基本技術①②」名古屋ロイヤリング研究会編『実務法律講義 3　実務ロイヤリング講義――弁護士の法律相談・調査・交渉・ADR 活用等の基礎的技能（第 2 版）』民事法研究会。

潮見佳男［2017］『ライブラリ法学基本講義 6-I 基本講義　債権各論Ⅰ　契約法・事務管理・不当利得（第 3 版）』新世社。

宍戸常寿［2010］「私人間効力論の現在と未来――どこへ行くのか」長谷部恭男編『講座　人権論の再定位 3　人権の射程』法律文化社。

宍戸常寿［2014］『憲法　解釈論の応用と展開（第 2 版）』日本評論社。

司法研修所編［1986］『増補　民事訴訟における要件事実』第 1 巻，法曹会。

司法研修所編［2017］『刑事弁護実務（平成 29 年版）』日本弁護士連合会。

司法研修所編［2019a］『8 訂民事弁護の手引（増訂版）』日本弁護士連合会。

司法研修所編［2019b］『7 訂民事弁護における立証活動（増補版）』日本弁護士連合会。

司法研修所編［2020］『10 訂　民事判決起案の手引（補訂版）』法曹会。

島悟［2004］「法律相談の構造化――インテイク面接の可能性」菅原郁夫＝岡田悦典編『法

律相談のための面接技法——相談者とのよりよいコミュニケーションのために』商事法務。

清水哲郎［2005］「医療現場におけるパートナーシップ——意思決定プロセスにおけるコミュニケーション」学術月報 58 巻 2 号。

下山晴彦［2002］「カウンセリング的法律相談の可能性」菅原郁夫＝下山晴彦編『21 世紀の法律相談——リーガルカウンセリングの試み』現代のエスプリ 415 号。

下山晴彦［2007］「面接技法の訓練ポイント」菅原郁夫＝下山晴彦編『実践 法律相談——面接技法のエッセンス』東京大学出版会。

ジャクソン，ハウェル＝ルイ・キャプロー＝スティーブン・シャベル＝キップ・ビクスィ＝デビッド・コープ（神田秀樹＝草野耕一訳）［2014］『数理法務概論』有斐閣。

シュワルツ，バリー（瑞穂のりこ訳）［2012］『なぜ選ぶたびに後悔するのか——「選択の自由」の落とし穴（新装版）』武田ランダムハウスジャパン。

消費者庁消費者制度課編［2019］『逐条解説消費者契約法（第 4 版）』商事法務。

新堂幸司［1993］「民事訴訟法理論はだれのためにあるか」新堂幸司『民事訴訟制度の役割 民事訴訟法研究』第 1 巻，有斐閣（初出は判タ 221 号）。

新堂幸司［2019］『新民事訴訟法（第 6 版）』弘文堂。

新村出編［2018］『広辞苑（第 7 版）』岩波書店。

菅原郁夫［2004a］「これからの面接技術——リーガルカウンセリングの勧め」日本弁護士連合会編『日弁連研修叢書 現代法律実務の諸問題（平成 15 年版）』第一法規。

菅原郁夫［2004b］「法律相談における面接技術の意義と目的」菅原郁夫＝岡田悦典編『法律相談のための面接技法——相談者とのよりよいコミュニケーションのために』商事法務。

菅原郁夫［2004c］「「聴く」ための基本技術」菅原郁夫＝岡田悦典編『法律相談のための面接技法——相談者とのよりよいコミュニケーションのために』商事法務。

菅原郁夫［2007］「相談の現実と課題」菅原郁夫＝下山晴彦編『実践 法律相談——面接技法のエッセンス』東京大学出版会。

菅原郁夫［2009］「日本におけるロイヤリングの意義と今後」名古屋ロイヤリング研究会編『実務法律講義 3 実務ロイヤリング講義——弁護士の法律相談・調査・交渉・ADR 活用等の基礎的技能（第 2 版）』民事法研究会。

菅原郁夫＝岡田悦典編［2004］『法律相談のための面接技法——相談者とのよりよいコミュニケーションのために』商事法務。

菅原郁夫＝下山晴彦編［2002］『21 世紀の法律相談——リーガルカウンセリングの試み』現代のエスプリ 415 号。

菅原郁夫＝下山晴彦編［2007］『実践 法律相談——面接技法のエッセンス』東京大学出版会。

鈴木茂嗣［2005］「犯罪論は何のためにあるか——法科大学院・裁判員時代の刑法学」近畿大学法科大学院論集 1 号。

高中正彦［2020］『弁護士法概説（第 5 版）』三省堂。

高中正彦 = 石田京子編［2020］『新時代の弁護士倫理』有斐閣。

高中正彦 = 市川充 = 川畑大輔 = 岸本史子 = 的場美友紀 = 菅沼篤志 = 奥山隆之［2014］『東弁協業書　弁護士の失敗学——冷や汗が成功への鍵』ぎょうせい。

高中正彦 = 堀川裕美 = 西田弥代 = 関理秀［2018］『弁護士の現場力　民事訴訟編——事件の受任から終了までのスキルと作法』ぎょうせい。

高中正彦 = 山下善久 = 太田秀哉 = 山中尚邦 = 山田正記 = 市川充編［2016］『東弁協叢書　弁護士の経験学——事件処理・事務所運営・人生設計の実践知』ぎょうせい。

高橋和之［2020］『立憲主義と日本国憲法（第 5 版）』有斐閣。

高橋和之 = 伊藤眞 = 小早川光郎 = 能見善久 = 山口厚編［2016］『法律学小辞典（第 5 版）』有斐閣。

瀧川裕英 = 宇佐美誠 = 大屋雄裕［2014］『法哲学』有斐閣。

瀧本哲史［2012］『武器としての交渉思考』星海社。

竹内淳［2004］「法律相談における「バイステックの 7 原則」の適用」菅原郁夫 = 岡田悦典編『法律相談のための面接技法——相談者とのよりよいコミュニケーションのために』商事法務。

竹内淳［2016］「法的交渉の意義と技法」日本弁護士連合会法科大学院センターローヤリング研究会編『法律実務基礎講座　法的交渉の技法と実践——問題解決の考え方と事件へのアプローチ』民事法研究会。

多田元［1994］「少年事件の弁護はどのように行うか」竹澤哲夫 = 渡部保夫 = 村井敏邦『刑事弁護の技術』下巻，第一法規。

田中成明［1996］『現代社会と裁判——民事訴訟の位置と役割　法哲学叢書 7』弘文堂。

田中宏［2009］『弁護士のマインド——法曹倫理ノート』弘文堂。

棚瀬孝雄［1987］『現代社会と弁護士』日本評論社。

棚瀬孝雄［1988］『本人訴訟の審理構造』弘文堂。

棚瀬孝雄［1995］「語りとしての法援用——法の物語と弁護士倫理」民商 111 巻 4〜6 号（棚瀬孝雄［2002］『権利の言説——共同体に生きる自由の法』勁草書房，所収）。

棚瀬孝雄［1997］「脱プロフェッション化と弁護士像の変容」日本弁護士連合会編集委員会編『あたらしい世紀への弁護士像』有斐閣。

谷口安平［2004］「和解・国際商事仲裁におけるディレンマ」早川吉尚 = 山田文 = 濱野亮編『ADR の基本的視座』不磨書房。

田宮裕 = 廣瀬健二編［2017］『注釈少年法（第 4 版）』有斐閣。

田村次朗 = 隅田浩司［2014］『戦略的交渉入門』日本経済新聞出版社。

丹野義彦 = 石垣琢麿 = 毛利伊吹 = 佐々木淳 = 杉山明子［2015］『臨床心理学』有斐閣。

中央教育審議会［2002］「法科大学院の設置基準等について（答申）」。

東京地裁民事交通訴訟研究会編［2014］『民事交通訴訟における過失相殺率の認定基準（全訂 5 版）』判タ別冊 38 号。

296

東京弁護士会編［2012］『弁護士業務マニュアル──近代的な経営と業務改善のために（第
　4版）』ぎょうせい。

東京弁護士会調査室編［2021］『弁護士会照会制度──活用マニュアルと事例集（第6
　版）』商事法務。

東京弁護士会法友全期会民事訴訟実務研究会編［2017］『証拠収集実務マニュアル（第3
　版）』ぎょうせい。

東京弁護士会法友全期会民事弁護研究会編［2019］『事件処理のプロになるための民事弁護
　ガイドブック（第2版）』ぎょうせい。

東京弁護士会民事訴訟問題等特別委員会編［2012］『民事訴訟代理人の実務Ⅲ　証拠収集と立
　証』青林書院。

十時麻衣子［2019］「マネーロンダリング規制」森際康友編『法曹の倫理（第3版）』名古屋
　大学出版会。

豊田愛祥［2007］「弁護士から見た望ましい交渉者像」太田勝造＝草野芳郎編『ロースクー
　ル交渉学（第2版）』白桃書房。

長岡貞男［2020］「第4次産業革命と日本産業のイノベーション能力」矢野誠編『第4次産
　業革命と日本経済──経済社会の変化と持続的成長』東京大学出版会。

長岡壽一［2002］「法律相談の現状と課題」菅原郁夫＝下山晴彦編『21世紀の法律相
　談──リーガルカウンセリングの試み』現代のエスプリ415号。

長岡壽一［2004］「姿勢と態度」菅原郁夫＝岡田悦典編『法律相談のための面接技法──相
　談者とのよりよいコミュニケーションのために』商事法務。

長瀬佑志＝長瀬威志＝母壁明日香［2018］『若手弁護士のための初動対応の実務』日本能率
　協会マネジメントセンター。

中田裕康［2021］『契約法（新版）』有斐閣。

中坊公平・松和会［2006］『現場に神宿る──千日デパートビル火災／被災テナントの闘
　い』現代人文社。

中村真［2016］『若手法律家のための法律相談入門』学陽書房。

中村芳彦［2004］「ADR法立法論議と自律的紛争処理志向」早川吉尚＝山田文＝濱野亮編
　『ADRの基本的視座』不磨書房。

中村芳彦［2013］「ローヤリング教育の現場Ⅲ　法政大学法科大学院」日本弁護士連合会法
　科大学院センターローヤリング研究会編『法科大学院におけるローヤリング教育の理論
　と実践』民事法研究会。

中村芳彦＝和田仁孝［2006］『リーガル・カウンセリングの技法』法律文化社。

名古屋ロイヤリング研究会編［2009］『実務法律講義3　実務ロイヤリング講義──弁護士の
　法律相談・調査・交渉・ADR活用等の基礎的技能（第2版）』民事法研究会。

那須弘平［1997］「プロフェッション論の再構築──「市場」の中の弁護士像」日本弁護士
　連合会編集委員会編『あたらしい世紀への弁護士像』有斐閣。

奈良輝久企画／若松亮＝宮坂英司＝神田孝編［2020］『ケース別　法的交渉の実務──交渉

理論を習得したいあなたのために』青林書院。

西田英一［2019］『声の法社会学』北大路書房。

日弁連交通事故相談センター編［2022］『交通事故損害額算定基準——実務運用と解説（28訂版）』。

日弁連交通事故相談センター東京支部編［2022］『民事交通事故訴訟 損害賠償額算定基準 2022（令和 4 年）上巻（基準編）』。

日本弁護士連合会編［2016］『弁護士のための事務所開設・運営の手引き（第 2 版）』日本加除出版。

日本弁護士連合会編［2021］『弁護士白書』日本弁護士連合会。

日本弁護士連合会消費者問題対策委員会編［2015］『コンメンタール消費者契約法（第 2 版増補版）』商事法務。

日本弁護士連合会調査室編［2019］『全弁協叢書 条解弁護士法（第 5 版）』弘文堂。

日本弁護士連合会弁護士業務対策委員会編［1995］『法律事務所経営ガイド』弘文堂。

日本弁護士連合会弁護士倫理委員会編［2017］『解説 弁護士職務基本規程（第 3 版）』。

日本弁護士連合会法科大学院センターローヤリング研究会編［2013］『法科大学院におけるローヤリング教育の理論と実践』民事法研究会。

日本弁護士連合会法科大学院センターローヤリング研究会編［2016］『法的交渉の技法と実践——問題解決の考え方と事件へのアプローチ』民事法研究会。

野口悠紀雄［2019］『「超」AI 整理法 無限にためて瞬時に引き出す』KADOKAWA。

萩原金美［1983］「新しい法律相談のあり方」自正 34 巻 12 号。

長谷川寿一＝東條正城＝大島尚＝丹野義彦＝廣中直行［2020］『はじめて出会う 心理学（第 3 版）』有斐閣。

馬場陽＝宮田智弘［2019］「民事における依頼者弁護士関係（1）——勧誘・受任」森際康友編『法曹の倫理（第 3 版）』名古屋大学出版会。

濱野亮［1997］「法化社会における弁護士役割論——民事分野を中心として」日本弁護士連合会編集委員会編『あたらしい世紀への弁護士像』有斐閣。

早川吉尚［2000］「日本の ADR の批判的考察——米国の視点から」立教法学 54 号。

早川吉尚［2004］「紛争処理システムの権力性と ADR における手続の柔軟化」早川吉尚＝山田文＝濱野亮編『ADR の基本的視座』不磨書房。

原和良［2019］『改訂 弁護士研修ノート——相談・受任〜報酬請求 課題解決プログラム』第一法規。

平野裕之［2017］『民法総則』日本評論社。

廣田尚久［1999］『紛争解決の最先端』信山社。

廣田尚久［2001］『民事調停制度改革論』信山社。

廣田尚久［2006］『紛争解決学（新版増補）』信山社。

廣田尚久［2010］『紛争解決学講義』信山社。

広渡清吾編［2003］『法曹の比較法社会学』東京大学出版会。

ファイン，トニ・M.（牧野和夫監訳）［2007］『入門 アメリカ法制度と訴訟実務』雄松堂出版。

深井靖博［2009a］「合意文書の作成」名古屋ロイヤリング研究会編『実務法律講義3 実務ロイヤリング講義——弁護士の法律相談・調査・交渉・ADR活用等の基礎的技能（第2版）』民事法研究会。

深井靖博［2009b］「紛争解決交渉①交渉プランニングの方法／②交渉現場での対応」名古屋ロイヤリング研究会編『実務法律講義3 実務ロイヤリング講義——弁護士の法律相談・調査・交渉・ADR活用等の基礎的技能（第2版）』民事法研究会。

藤岡毅［2021］『Q & A 障害のある人に役立つ法律知識——よくある相談例と判例から考える』日本法令。

フラハティ，D. E.（浅古弘監訳）［2019］『近代法の形成と実践——19世紀日本における在野法曹の世界』早稲田大学比較法研究所。

法令用語研究会［2020］『法律用語辞典（第5版）』有斐閣。

ホロウェイ，ダニエル・E.（太田勝造監訳）［2021］『法実務と認知脳科学——交渉・説得・弁論』木鐸社。

前田雅英［2019］『刑法総論講義（第7版）』東京大学出版会。

増井聰彦［2002］「公的価格」塩崎勤＝澤野順彦編『新・裁判実務大系14 不動産鑑定訴訟法I』青林書院。

松浦好治［2009］「ロースクールと「ロイヤリング」」名古屋ロイヤリング研究会編『実務法律講義3 実務ロイヤリング講義——弁護士の法律相談・調査・交渉・ADR活用等の基礎的技能（第2版）』民事法研究会。

松浦正浩［2010］『実践！交渉学——いかに合意形成を図るか』筑摩書房。

松尾浩也［2004］「刑事訴訟法はだれのためにあるか」松尾浩也『刑事訴訟法講演集』有斐閣。

松村明編［2019］『大辞林（第4版）』三省堂。

三ケ月章［1982］『法学入門』弘文堂。

三木浩一＝山本和彦編［2006］『ジュリスト増刊 新仲裁法の理論と実務』有斐閣。

宮城哲［2013］「法科大学院におけるローヤリング教育の内容・方法等」日本弁護士連合会法科大学院センターローヤリング研究会編『法科大学院におけるローヤリング教育の理論と実践』民事法研究会。

宮城哲＝木村美隆＝川合伸子＝亀井尚也＝宇加治恭子＝榎本修［2016］「事件類型に見る法的交渉の実践」日本弁護士連合会法科大学院センターローヤリング研究会編『法律実務基礎講座 法的交渉の技法と実践——問題解決の考え方と事件へのアプローチ』民事法研究会。

三山峻司＝松村信夫［2005］『実務解説 知的財産権訴訟（第2版）』法律文化社。

無藤隆＝森敏昭＝遠藤由美＝玉瀬耕治［2018］『心理学（新版）』有斐閣。

村山眞雄＝濱野亮［2019］『法社会学（第3版）』有斐閣。

本林徹［2018］「現代弁護士論——弁護士を統合する理念は何か」司法改革研究会編『JLF
　　叢書 Vol. 23 社会の中の新たな弁護士・弁護士会の在り方』商事法務。

森際康友編［2019］『法曹の倫理（第 3 版）』名古屋大学出版会。

森山文昭［2017］『変貌する法科大学院と弁護士過剰社会』花伝社。

矢野誠［2005］『「質の時代」のシステム改革』岩波書店。

矢野誠編［2007］『法と経済学——市場の質と日本経済』東京大学出版会。

山浦善樹［2012］「講演録 民事訴訟における証拠採集」東京弁護士会民事訴訟問題等特別委
　　員会編『民事訴訟代理人の実務 III 証拠収集と立証』青林書院。

山田文［1994］「裁判外紛争解決制度における手続法的配慮の研究（3）——アメリカ合衆国
　　の制度を中心として」法学（東北大学）58 巻 5 号。

山田文［2004］「ADR のルール化の意義とその変容——アメリカの消費者紛争 ADR を例と
　　して」早川吉尚＝山田文＝濱野亮編『ADR の基本的視座』不磨書房。

山田文［2020］「ハイブリット型手続の光と影——Med-Arb を例として」三木浩一＝山本和
　　彦＝松下淳一＝村田渉編『民事裁判の法理と実践——加藤新太郎先生古希祝賀論文集』
　　弘文堂。

山田尚武［2009］「事件を受任する際の基本的技術」名古屋ロイヤリング研究会編『実務法
　　律講義 3 実務ロイヤリング講義——弁護士の法律相談・調査・交渉・ADR 活用等の基
　　礎的技能（第 2 版）』民事法研究会。

山本和彦＝山田文［2015］『ADR 仲裁法（第 2 版）』日本評論社。

吉原省三＝片岡義広編［2015］『新版 ガイドブック弁護士報酬——公正会創立 90 周年記念
　　出版』商事法務。

ラビノヴィッツ，R. W.［1957］「日本弁護士の史的発達」自正 8 巻 9 号。

ランプルゥ，アラン＝オウレリアン・コルソン（奥村哲史訳）［2014］『交渉のメソッ
　　ド——リーダーのコア・スキル』白桃書房。

レビン小林久子［1998］『調停者ハンドブック——調停の理念と技法』信山社。

レビン小林久子［2004］『調停への誘い 紛争管理と現代調停のためのトレーニング書』日本
　　加除出版。

ローディ，デボラ（石田京子訳）［2018］『プロボノ活動の原則と実務——公共奉仕と専門
　　職』早稲田大学比較法研究所。

六本佳平［1986］『法社会学』有斐閣。

六本佳平［2004］『日本の法と社会』有斐閣。

我妻榮［1965］『民事総則』岩波書店。

渡辺千原［2001］「プロフェッション概念に関する一考察——アメリカのプロフェッション
　　論・弁護士倫理の議論を参考に」立命館法学 275 号。

渡辺美季［2020］「過去の痕跡をどうとらえるのか——歴史学と史料」東京大学教養学部歴
　　史学部会編『東大連続講義——歴史学の思考法』岩波書店。

和田仁孝［2020］「家事調停における対話促進スキルの適合性」和田仁孝『法臨床学への転

回 第2巻 紛争過程とADR』北大路書房。

和田仁孝［2021］「弁護士役割の構造と転換――中立性と党派性の意義転換のなかで」和田
仁孝『法臨床学への転回 第3巻 過程としての裁判と法専門家』北大路書房（初出は和
田仁孝＝佐藤彰一編［2004］『弁護士活動を問い直す』商事法務）。

和田仁孝＝大塚正之編［2014］『家事紛争解決プログラムの概要――家事調停の理論と技
法』司法協会。

和田仁孝＝佐藤彰一編［2004］『弁護士活動を問い直す』商事法務。

和田仁孝＝中西淑美［2011］『医療メディエーション――コンフリクト・マネジメントへの
ナラティヴ・アプローチ』シーニュ。

Binder, David A. = Paul Bergman = Susan C. Price [1991] *Lawyers as Counselors : A Client-Centered Approach,* 4th ed., West Academic (first published 1991).

Cochran Jr., Robert F. = John M. A. DiPippa = Martha M. Peters [2014] *The Counselor-at-Law : A Collaborative Approach to Client Interviewing and Counseling*, 3rd ed., LexisNexis.

Fisher, Roger = William Ury = Bruce Patton [2011] *Getting to YES : Negotiating Agreement without Giving In*, 3rd ed., Penguin Group (first published 1981)（ロジャー・フィッシャー＝ウィリ
アム・ユーリー＝ブルース・パットン〈金山宣夫＝浅井和子訳〉［1998］『新版 ハー
バード流交渉術』TBSブリタニカ〈第2版からの邦訳〉）.

Garner, Bryan A. [2006] *Black's Law Dictionary*, 3rd ed., Thomson / West.

Kakalik, J. S. = Terence Punworth = Laural A. Hill = Daniel F. McCaffrey = Marian Oshiro [1997]
Just, Speedy, and Inexpensive? : An Evaluation of Judicial Case Management Under the Civil Justice Reform Act, Rand.

Krieger, Stefan H. = Richard K. Neumann Jr. = Renée M. Hutchins [2020] *Essential Lawyering Skills : Interviewing, Counseling, Negotiation, and Persuasive Fact Analysis*, 6th ed., Wolters Kluwer.

Mnookin, Robert H = Lewis Kornhauser [1979] "Bargaining in the Shadow of the Law : The Case of Divorce," *The Yale Law Journal* vol. 88, no. 5.

Pearson Education [2008] *Longman WordWise Dictionary*, 2nd ed., Pearson Education.

Pound, Roscoe [1953] *The Lawyer from Antiquity to Modern Times*, West Publishing.

Rogers, Nancy H. [2006] "No Panaceas, Only Promising Avenues : Frank Sander's Legacy for Dispute Resolution in Law Schools," *Negotiation Journal* vol. 22, no. 4.

Sander, F. E. A. [1976] "Varieties of Dispute Processing," *Federal Rules Decisions* vol. 70.

Shaffer Thomas L. = James R. Elkins [2005] *Legal Interviewing and Counseling in a Nutshell*, 4th ed., Thomson / West.

Shell, G. Richard [2018] *Bargaining for Advantage : Negotiation Strategies for Reasonable People*, 2nd ed., Penguin Books (G. リチャード・シェル〈青島淑子訳〉［2000］『無理せずに勝て
る交渉術』TBSブリタニカ).

Stuckey, Roy and others [2007] *Best Practices for Legal Education : a Vision and a Road Map* 〈https://www.cleaweb.org/Resources/Documents/best_practices-full.pdf 2022 年 4 月 24 日最終閲覧〉（ロイ・スタッキーほか〈宮澤節生監訳〉［2020～22］「法曹教育のベスト・プラクティス——アメリカ臨床法学教育学会の提言」神戸法学雑誌 70 巻 1～4 号，71 巻 1，3～4 号）.

Teply, Larry L. ［2016］ *Legal Negotiation in a Nutshell,* 3rd ed., West Academic.

Ury, William ［2007］ *Getting past NO : Negotiating in Difficult Situations*, Bantam Books.

付　　録

*以下の資料 a-e については，資料①〜⑨とあわせ，名古屋大学出版会 HP
（https://www.unp.or.jp/ISBN/ISBN978-4-8158-1093-1.html）に掲載した。
資料 a：除籍謄本，資料 b：改製原戸籍，資料 c：全部事項証明書（建
物），資料 d：弁護士会照会回答書，資料 e：文書提出命令。

資料①　戸籍謄本（戸籍全部事項証明書）

	(1の1)	全 部 事 項 証 明

本　　　籍	大阪府豊中市新千里北町一丁目1番地1号
氏　　　名	佐藤　太郎

戸籍事項 戸籍編製	【編製日】平成28年7月24日

戸籍に記録されている者	【名】**太郎**
	【生年月日】昭和43年2月8日　　【配偶者区分】夫 【父】佐藤栄作 【母】井上美津子 【続柄】長男
身分事項 　出　　生	【出生日】昭和43年2月8日 【出生地】愛知県岩倉市 【届出日】昭和43年2月9日 【届出人】父
婚　　姻	【婚姻日】平成28年7月20日 【配偶者氏名】美濃部陽子 【送付を受けた日】平成28年7月24日 【従前戸籍】愛知県岩倉市旭町3丁目15番地　佐藤栄作

戸籍に記録されている者	【名】**陽子**
	【生年月日】昭和60年2月3日　　【配偶者区分】妻 【父】　美濃部良吉 【母】　美濃部光子 【続柄】　長女
身分事項 　出　　生	【出生日】昭和60年2月3日 【出生地】名古屋市中区 【届出日】昭和60年3月20日 【届出人】父
婚　　姻	【婚姻日】平成28年7月20日 【配偶者氏名】佐藤太郎 【従前戸籍】東京都新宿区西新宿一丁目25番1号　美濃部良吉

	以下余白

発行番号　004517785-20210609-00000005-大阪府豊中市
これは、戸籍に記録されている事項の全部を証明した書面である。

令和3年6月29日

大阪府豊中市長　　北摂　学

資料②　住民票の写し

住　民　票

氏名	西岡　由紀		住民票コード	省略
			個人番号	省略
旧氏			住民となった	
生年月日	昭和５２年７月１３日　性別　女　続柄　世帯主		年月日	平成２６年９月　５日
住所	東京都世田谷区池尻１丁目１２番２３号 コーポ服部３０５	本　籍		名古屋市中区丸の内三丁目２番１０号
世帯主	西岡　由紀	筆頭者		西岡　幸司

平成２７年１２月　３日　春日井市高座台一丁目２３番４号から転入
平成２７年１２月　８日　転入届出

　　　　　　　　　　　　　　　　　　　　　　　０４住集管理第　　９７２３号　01/01

この写しは、世帯全員の住民票の原本と相違ないことを証明する。
　　　令和　４年　５月　６日

　　　　　世田谷区長　　　　　　　　　大村　教夫　　　　[東京都 世田谷 区長之印]

306

資料③　全部事項証明書（土地）

愛知県名古屋市千種区本山町一丁目２３　　　　　　　　　全部事項証明書　　（土地）

表 題 部　(土地の表示)		調整 平成12年6月13日	地図番号	D3 12-43-3

不動産番号	9876543210987		

所　在	名古屋市千種区本山町一丁目		

①地 番	②地 目	③地　積　㎡	原因及びその日付	登記の日付
23番	宅地	132 45	余白	法務大臣の命により移記 平成1年3月8日
余白	余白	余白	余白	昭和63年法務省令第37号附則第2条第2項の規定により移記 平成12年6月13日

権 利 部（ 甲 区 ）　(所有権に関する事項)				
順位番号	登記の目的	受付年月日・受付番号	原　因	権利者その他の事項
1	所有権移転	平成6年10月23日 第9723号	平成8年5月3日売買	所有者　千葉県浦安市遊牧町33番4 マウス土地株式会社 順位4番の登記を移記
	余白	余白	余白	昭和63年法務省令第37号附則第2条第2項の規定により移記 平成12年6月21日
2	所有権移転	平成23年12月6日 第12862号	平成23年12月5日売買	所有者　豊中市新千里北町1丁目23番 三木　麻宇須

権 利 部（ 乙 区 ）　(所有権以外の権利に関する事項)				
順位番号	登記の目的	受付年月日・受付番号	原　因	権利者その他の事項
1	根抵当権設定	平成8年4月8日 第9789号	平成8年4月6日設定	極度額　金2,500万円 債権の範囲　金銭消費貸借取引，手形債権，小切手債権，証書貸付取引 債務者　千葉県浦安市遊牧町33番4 マウス土地株式会社 根抵当権者　千葉県松戸市馬橋3番 馬橋信用組合 共同担保　目録(た)第2435号
	余白	余白	余白	昭和63年法務省令第37号附則第2条第2項の規定により移記 平成12年6月21日

これは登記記録に記録されている事項の全部を証明した書面である。

令和4年2月3日
名古屋法務局　　　　　　　登記官　　　瀬　尾　治　郎　　[登記官印]

＊　下線のあるものは抹消事項であることを示す。　　　整理番号 K14354　　(1/1)　1/1

資料④　履歴事項全部証明書

履歴事項全部証明書

名古屋市中区丸の内一丁目4番27号
株式会社佐々木金属

会社法人等番号	1800－03－048960	
商　号	株式会社佐々木金属	
本　店	愛知県愛知郡東郷村大字山村字池横1423番地の4	
	名古屋市中区丸の内一丁目4番27号	昭和45年　4月　1日変更
公告をする方法	官報に掲載してする	
会社設立の年月日	昭和43年6月13日	
目　的	1. 金属の製造及び販売 2. 上記に附帯する一切の業務	
発行可能株式総数	1万6000株	
発行済株式の総数並びに種類及び数	発行済株式の総数 　　　1万2000株	
株券を発行する旨の定め	当会社の株式については、株券を発行する	
		平成17年法律第87号第136条の既定により平成18年　5月　1日登記
資本金の額	金1000万円	
株式の譲渡制限に関する規定	当会社の発行する株式を譲渡により取得するには、株主総会の承認を受けなければならない。 　　　平成30年　1月25日変更　　平成30年　1月26日登記	
役員に関する事項	取締役　佐々木 太郎	平成30年　1月25日就任
		平成30年　1月26日登記
	愛知県北名古屋市上池町2124番地の4 代表取締役　佐々木 太郎	平成30年　1月25日就任
		平成30年　1月26日登記
登記記録に関する事項	平成元年法務省令第15号附則第3項の規定により	
		平成11年11月15日移記

これは登記簿に記録されている閉鎖されていない事項の全部であることを証明した書面である。

　　　　令和　4年　4月26日

　　名古屋法務局
　　登記官　　　　　　藤　田　光　信　　印

資料⑤　固定資産評価証明書

固定資産税（土地）評価額等証明書

年　度	令和３年度					
所　在	名古屋市千種区北山町一丁目２３					
地　目	原野	課税地積（㎡）	480	登記地目	宅地	登記地積（㎡）　480
特例区分						

所有者 質権者 地上権者	住所 （所在地）	名古屋市名東区藤が丘７０９番２
	氏名 （名称）	酒井　太郎

価格（円）	固定資産税課税標準額（円）	都市計画税課税標準額（円）
1,600,000		

その他
以下余白

1．税率は、固定資産税が１００分の１．４、都市計画税が１００分の０．３です。
2．この証明書の内容は、登記簿等の内容と相違することがあります。
3．上欄の所有者欄に記載されている方が納税義務者です。

上記のとおり相違ないことを証明します。
令和３年　１２月　１日
名古屋市栄市税事務所長　木　下　一　郎　㊞

資料⑥　弁護士会照会申出書

調査室	可	不可

照会番号（第　　　　号）

令和３年５月１４日

愛知県弁護士会会長　殿

事務所住所　〒４６０－０００２
名古屋市中区丸の内四丁目１９番１８号
ＬＭＮビル１１階
事務所名　名古屋ユニバー法律事務所
事務所電話番号(０５２)２３４－５６７８
ＦＡＸ番号(０５２)２３４－５６７９
弁護士　大　山　佳　代　㊞

照　会　申　出　書

　別紙のとおり依頼者から事件の受任を受けましたが、事件の処理上必要ですので、下記のとおり、弁護士法第２３条の２により照会されたく申し出ます。
　なお、照会先より請求のあった費用については、連絡のあり次第お支払いします。

記

１．照会先（所在地）〒486-0927　春日井市柏井町 2-31

　　　（名　称）　春日井保健所

２．照会を求める事項　　　　　別紙のとおり（３通添付）
３．受任事件及び照会を求める理由　別紙のとおり（２通添付）
４．「受任事件及び照会を求める理由」を照会先へ送付することについて希望しない
　　場合は、下記に理由を記載して下さい。

送付を希望しない理由：

※但し、理由不送付の場合、回答を得られない可能性が高くなります。愛知県弁護士会編集「事件類型別　弁護士会照会（日本評論社）」３４頁参照

（続き）

照会番号（第　　　　　号）

受任事件及び照会を求める理由

１．受任事件
　　（1）受任事件の表示　　　　　競業行為差止請求事件
　　　　　裁判所係属の場合　　　　　裁判所　　　支部・平成　年（　）　号
　　　　　裁判所未係属の場合　　　a．示談交渉　b．調査　c．その他（　　　　　）

　　（2）当事者の表示（カッコ内は原被告等の立場）
　　　　　依頼者名　株式会社ＡＢＣ　　（　　　　　　）
　　　　　相手方名　甲乙丙株式会社

２．照会を求める理由　　　以下のとおり

（照会事項と要証事実との関連及び照会の必要性を具体的かつ簡潔に記載して下さい。）

１　依頼者は相手方との間で、依頼者が運営するオムライス店「ＡＢＣ」について、相互に協力してフランチャイズ店を全国展開すること等を目的とする契約を締結しており、同契約では相手方が、依頼者に対し、フランチャイズ店で販売・提供している商品及び役務並びに類似商品及び役務をフランチャイズ店以外で販売・提供しない旨の競業行為の禁止を約しました。

２　しかるに、相手方は、上記１の約定に反して、ケチャップライス店「甲乙丙」を経営しており、依頼者はこれについて、法律相談するとともに、営業差止の仮処分及び訴訟を準備しているので、営業者名を調査したく本申出に及びます。

以　上

（続き）

照会番号（第　　　号）

照会を求める事項

　下記事項について、ご回答下さい。

1　春日井市鳥居松町山田一丁目2番3号まんぷくビル1階において「ケチャップ店　甲
　乙丙」または「甲乙丙」との名称で営業している飲食店については、食品衛生法に基
　づく営業の許可がなされていますか。

2　許可がなされていれば、下記各事項についてについて御教示ください（回答にかえて
　営業許可台帳の写しをご送付いただくことでも結構です）。

（1）営業者の氏名及び代表者名（名義人に変更がある場合は全ての名義人について）

（2）営業の種類

（3）屋号

（4）許可番号

（5）許可年月日及び許可期間

（6）食品衛生責任者の氏名及び住所

（7）その他営業者台帳記載事項

以　上

資料⑦　調査嘱託申立書

令和2年（ワ）第2345号　損害賠償等請求事件
原　告　甲　野　太　郎
被　告　乙　野　次　郎

調査嘱託申立書

令和3年9月23日

東京地方裁判所
　民事第28部ろ係　御　中

原告訴訟代理人

弁護士　　大　山　三　郎　㊞

第1　証すべき事実
　　　原告が、本件傷害行為について警察署に被害届を提出し、受理された事実。

第2　嘱託先
　　　警視庁　新宿警察署　署長　宛
　　　〒160-0023
　　　　東京都新宿区西新宿6丁目1番1号

第3　嘱託事項
　1　被害者甲野太郎が、令和2年12月24日に提出した同日の傷害被害にかかる被害届（受理番号234番）は、貴署において受理されていますか。
　2　前項の被害届の受理年月日。
　3　第1項の被害届の記載内容。なお、回答に代えて当該被害届の写しを御送付いただいても結構です。

以　上

資料⑧　文書提出命令申立書

令和3年（ワ）第234号　損害賠償請求事件
原　告　株式会社甲野不動産
被　告　乙野プランニング有限会社

文　書　提　出　命　令　申　立　書

名古屋地方裁判所
　　民事第3部イ係　御　中

　　　　　　　　　　　　　　　　申立人（被告）訴訟代理人

　　　　　　　　　　　　　　　　　弁護士　大　山　三　郎

申立人（被告）は、次のとおり文書提出命令を申し立てる。
1　文書の表示
　　　本件売買契約に係る契約締結証明書　1通
2　文書の趣旨
　　　原被告間で本件売買契約を締結した際にその証明をした文書である。
3　文書の所持者
　　　〒488-0016
　　　愛知県尾張旭市三郷町陶栄2340番地
　　　　株式会社丙野企画
　　　　　代表取締役　丙　野　五　郎
4　証明すべき事実
　　　原告と被告が本件売買契約を締結した事実
5　文書提出義務の原因
　　　本件文書は、被告の利益のために作成されたものであるから、株式会社丙野企
　　画は、民訴法220条3号に基づき、本件文書の提出義務を負う。

　　　　　　　　　　　　　　　　　　　　　　　　　　　以　上

資料⑨　文書送付嘱託申立書

令和2年（ワ）第456号　損害賠償請求事件
原　告　山　田　太　郎
被　告　佐　藤　次　郎

文　書　送　付　嘱　託　申　立　書

名古屋地方裁判所
　　　民事第3部イ係　御　中

　　　　　　　　　　　　　　　　　申立人（原告）訴訟代理人

　　　　　　　　　　　　　　　　　　弁護士　小　川　四　郎

原告は、次のとおり文書送付嘱託を申し立てる。
1　文書の表示
　　下記各医療機関における原告の診療録、看護記録、各種検査記録その他関連す
　る医療記録
　（原告の表示）氏　名　山　田　太　郎
　　　　　　　　生年月日　昭和43年5月3日生
2　文書の所持者
　（1）独立行政法人国立病院機構　名古屋医療センター
　　　　　　〒460-0001　名古屋市中区三の丸四丁目1番1号
　（2）医療法人山形病院
　　　　　　〒465-0032　名古屋市名東区藤が丘27番地の3
3　証明すべき事実
　　原告の上記医療機関における治療状況、原告の本件事故による傷害及び後遺障
　害の内容、程度
　　　　　　　　　　　　　　　　　　　　　　　　　　　以　上

あとがき

　「ローヤリング」という科目に私が出会ったのは，司法制度改革審議会意見書（2001 年）が発表され，名古屋弁護士会（現愛知県弁護士会）法科大学院特別委員会にロイヤリング部会が作られることになった時でした。法科大学院2004 年全国一斉開校という未知の世界にむかい，研究者と実務家が協力して教材を作ることになりました。当時のメンバーは（敬称略・所属は当時），研究者：池野千白（中京大）・菅原郁夫（名古屋大）・松浦好治（名古屋大），実務家（弁護士）：佐藤昌巳・山田尚武・加藤良夫（南山大）・深井靖博（愛知大）・私（愛知大）でした。私は一番の若輩者で教えていただくことばかりでした（その経過は，榎本［2007］で紹介させていただきました）。

　当時の名古屋弁護士会では法科大学院の設立準備作業が活発で，法科大学院特別委員会法曹倫理部会での議論を基礎として森際康友編『法曹の倫理』（名古屋大学出版会，初版 2005 年）が出版され，ロイヤリング部会での議論を基礎として共著で出版した教科書が名古屋ロイヤリング研究会『実務ロイヤリング講義』（民事法研究会，初版 2004 年）でした。私はその後，それらの教科書を使って，実務家教員として愛知大学法科大学院，名古屋大学法科大学院でそれぞれローヤリングや法曹倫理の授業をしてきました。そこでは，アメリカのロースクールでよく説かれる "think like a lawyer"（法律家のように考える）の意味を法科大学院生たちと一緒に学びました。私はこのような形で教壇に立つ一方，実際に１人の弁護士・法律家として日々法律相談や交渉などの実務において，各種の技法を使ってこのローヤリング理論を実践し，依頼者や相手方とむきあってきました。以上を通じて考えてきたことを，理論として単著でまとめたのが本書です。

　将来の自分たちの仲間である法曹の後輩の育成に関わることは幸せなことでした。私は，民法や会社法から，法文書作成・法曹倫理まで様々な科目を担当

しましたが，なかでもローヤリング科目には最初から関心があり，今も一番興味があります。それは，ひとつには法律相談・ADR などの弁護士の技法についてのアメリカや日本での議論や理論が純粋に学問的に興味深く刺激的だからですが，もうひとつには「毎日の自分自身の弁護士業務に役立つだろう」という，ひどく短絡的かつ利己的で実務的な動機があったことも告白せざるをえません。

考えてみれば「弁護士実務をいかに改善・充実させてゆくか」というテーマは，若手からベテラン・熟練弁護士に至るまで共通する終生の課題です。

私自身も，法科大学院で院生とディスカッションし，ローヤリングの考え方を実践しつつ弁護士実務を続ける中で，業務の進め方について考えが変わった点もあります。たとえば，ある相談者から法律相談を受けている最中，別件の相手方弁護士から電話がかかってきた場合，あなたは，目の前に相談者がいても事務局から電話をつないでもらいますか？ これまで私は，相手の弁護士も忙しいので，話すチャンスを逃さないために「つないでもらう」実務でした。しかしその後，ローヤリングの授業や研究を続ける中で考えを改めました。ICT 技術の発達した現代では，「遠くにいる連絡を取りにくい人」よりも，「今，目の前にいる人」との時間をもっと大切にすべきだと考えるようになったのです（81〜82 頁）。ローヤリングは，弁護士人生の一生をかけて，不断に振り返り，考え続けるべき対象であると思います。

これからの日本社会は超高齢社会ですが，弁護士の世界は「若手の割合が年々増える」という良い意味で社会に逆行する業界です（日本弁護士連合会編 [2021] 42 頁によれば，2021 年現在，60 期以降の若手弁護士〈23662 人〉は全体〈43206 人〉の 54.8％を占め，若手弁護士の割合は今後も増えてゆきます）。これからは，若手のみなさんこそが弁護士界の多数派です。本書を読んで「いや，自分はこう思う」「自分はもっとよいローヤリングを実践している」と教えていただけないでしょうか。私自身も司法サービスの利用者によりよいローヤリングを提供すべく研鑽に励みたいと思います。

本書の執筆にあたっては，太田勝造明治大学教授，齋藤宙治東京大学准教授

など研究者の先生方には主に法社会学会関東研究支部での研究会で，竹内淳弁
護士をはじめとする多数の弁護士の先生方には日弁連ローヤリング研究会など
で，それぞれ「ローヤリングの考え方」について非常に勉強になるご意見を頂
き，多くを参考にさせていただきました。また，本書の出版にあたっては，法
実務技能教育教材研究開発（PSIM）コンソーシアム（代表・藤本亮名古屋大学教
授）から助成金の交付をうけ，NITA 講師のシドニー・カナザワ（Sindey
Kanazawa）弁護士，J. C. ロア（Lore）ラトガーズ大学法科大学院教授に本書に
ついてのご意見を頂く法実務技能教育セミナーを開催いただいたほか，同事務
局大橋禎子さん，名古屋大学出版会の三木信吾理事・編集部次長，井原陸朗さ
んに大変お世話になりました。感謝の意を表します。ありがとうございました。

　2022（令和4）年4月

榎　本　　修

索　引

・各項目について，詳細な説明のある箇所を太字とした。
・語句ではなく，意味でとったものもある。

《著者略歴》

えのもと　おさむ
榎本　修

1968 年，愛知県に生まれる。1992 年，京都大学法学部卒業。1994 年，
弁護士登録（名古屋弁護士会）。名古屋簡易裁判所非常勤裁判官（民事
調停官），名古屋家庭裁判所調停委員，愛知県弁護士会紛争解決セン
ターあっせん・仲裁人候補者，愛知大学法科大学院教授，名古屋大学
法科大学院教授を経て，現在，ひかり弁護士法人アイリス法律事務所
弁護士。

ローヤリングの考え方

2022 年 7 月 15 日　初版第 1 刷発行

定価はカバーに
表示しています

著　者　　榎　本　　　修

発行者　　西　澤　泰　彦

発行所　一般財団法人 名古屋大学出版会
〒 464-0814　名古屋市千種区不老町 1 名古屋大学構内
電話(052)781-5027 / FAX(052)781-0697

© Osamu Enomoto, 2022　　　　　　　　　Printed in Japan
印刷・製本 ㈱太洋社　　　　　　ISBN978-4-8158-1093-1
乱丁・落丁はお取替えいたします。